Padres perfectos, hijos perfectos

Padres perfectos
Hijos perfectos

William Joseph Pieper
y
Martha Heineman Pieper

PLAZA & JANÉS EDITORES, S.A.

Título original: *Smart Love*

Primera edición: febrero, 2000

© 1999, Martha Heinemann Pieper y William J. Pieper
© de la traducción: Matuca Fernández de Villavicencio
© 2000, Plaza & Janés Editores, S. A.
  Travessera de Gràcia, 47-49. 08021 Barcelona

Printed in Spain – Impreso en España

ISBN: 84-01-01324-0
Depósito legal: B. 3.795 - 2000

Fotocomposición: Comptex & Ass., S. L.

Impreso en Hurope, S. L.
Lima, 3 bis. Barcelona

L 013240

Para nuestros niños

Índice

Prefacio

A todos nos gustaría que el ejercicio de la paternidad fuera una experiencia exclusivamente de alegrías y satisfacciones, pero para muchos padres constituye un período repleto de dudas, sentimientos de culpa e incertidumbre. La pregunta que atormenta a la mayoría de los padres es: ¿qué significa ser «buenos padres» y qué hemos de hacer para llegar a serlo? Por desgracia, nunca ha existido una respuesta satisfactoria o que goce de consenso universal.

En este libro compartimos nuestras ideas sobre el ejercicio de la paternidad con la esperanza de que resulten útiles a otras personas. Llevamos más de treinta años desarrollando y aplicando este enfoque. Nuestros hallazgos provienen de dos fuentes directas: la crianza de nuestros propios hijos y la investigación clínica realizada en nuestras consultas profesionales ayudando a niños, adolescentes, padres y otros adultos.

Martha es doctora en asistencia social clínica y tiene una consulta privada donde asesora a padres, practica la psicoterapia y supervisa a otros profesionales de la salud mental. También ha trabajado como asesora de agencias de adopción infantil y ha dado conferencias y escrito extensamente sobre investigaciones realizadas en este campo. Por su parte, William es psiquiatra y psicoanalista de niños y adultos y ha trabajado en agencias y clínicas para niños con problemas de desarrollo, además de enseñar en diversas academias profesionales. También él tiene una consulta privada donde atiende a personas individualmente, asesora a padres y supervisa a otros profesionales de la salud mental.

Ambos llevamos varias décadas disfrutando de la oportunidad de trabajar y aprender juntos como padres y profesionales. Las teorías reinantes sobre desarrollo infantil nos parecieron, desde un principio, insatisfactorias e incompetentes. En nuestra opinión, no hemos tropezado con ninguna teoría que ofrezca respuestas adecuadas a importantes cuestiones que tanto los padres como los profesionales de la salud mental deberían abordar. Las teorías existentes parecen no sólo contradictorias e inútiles, sino reñidas con la ternura natural que los padres sienten por su hijos. Nosotros deseábamos saber más cosas sobre preguntas como: ¿cuál es la naturaleza básica del bebé al nacer? ¿Cuánta felicidad pueden esperar los seres humanos por derecho propio? ¿Cuándo y por qué se transforma la felicidad en infelicidad? ¿Cuál es la tarea más importante de los padres?

De modo que nos lanzamos a buscar respuestas que nos permitieran ser mejores padres así como profesionales más eficientes. Aprendimos de las percepciones y dilemas de muchos padres, de nuestros propios clientes y del estudio de numerosos casos que llevaban otros profesionales de la salud mental. Evaluamos los resultados del asesoramiento brindado a los padres y a las agencias de adopción. Como método adicional destinado a comprobar nuestras ideas, creamos y dirigimos con éxito un programa de tratamiento para adolescentes «intratables» bajo tutela estatal. Nuestras investigaciones y experiencias nos enseñaron que los problemas emocionales de los niños y adolescentes no podían tratarse de forma fragmentaria o únicamente como conductas individuales a modificar. Comprendimos que resulta difícil ayudar a niños conflictivos porque éstos han aprendido a necesitar la infelicidad. Nos dimos cuenta de que el verdadero objetivo debía ser ayudarles a superar esa necesidad de infelicidad y, al mismo tiempo, redescubrir el deseo innato del placer de una relación positiva.

El trabajo con niños infelices y difíciles, la experiencia con niños felices y la responsabilidad como padres se unieron para enseñarnos lo importante que es para los niños verse como seres amantes y dignos de amor, y nos ofreció una nueva visión de los objetivos de la infancia y de la mejor forma de ayudar a los niños a alcanzarlos.

A partir de esta vasta experiencia elaboramos los conceptos que conforman este libro. Al principio expusimos nuestras conclusiones en el artículo «Humanismo intrapsíquico», un texto destinado exclusivamente a profesionales y académicos. Tras darse a conocer, nos preguntaron repetidas veces si querríamos escribir un libro dirigido concretamente a los padres. Éste fue el génesis de esta obra.

Aquí hemos reunido principios prácticos que permitirán a los padres dar a sus hijos exactamente la clase de amor que necesitan para convertirse en adultos felices y satisfechos. Hemos comprobado la eficacia del amor inteligente en niños, adolescentes y padres de todas las clases sociales, razas, etnias y culturas. Esperamos que los padres vean en *Amor inteligente* una herramienta indispensable para apoyar y alimentar el bienestar emocional de sus hijos.

Estamos en deuda con todas las personas que han creído en el enfoque del amor inteligente y que nos han ayudado a hacer realidad este libro. En primer lugar, querríamos dar las gracias a los padres, algunos de los cuales hemos conocido en persona, por encontrar tiempo en sus ajetreadas vidas para brindarnos sus inestimables experiencias y opiniones. Nos habría gustado mencionar sus nombres, pero son tantos que la lista sería interminable. Ellos sabrán darse por aludidos y esperamos que acepten esta expresión de gratitud.

Jane Jordan Browne vio el manuscrito inicial y no se separó de él hasta que le encontró un buen hogar. Jeffie Pike Durham trabajó incansablemente para mejorar nuestra comunicación con los padres y supo conservar la energía y el interés borrador tras borrador. El «grupo de estudio» también leyó numerosas versiones y nos beneficiamos de sus consejos profesionales y personales. Josef Blass combinó precisión y perspicacia psicológica en sus sugerencias. Jessica Heineman-Pieper fue, como siempre, una asesora penetrante. Victoria Heineman Stein nos brindó pródigamente su tiempo y sus conocimientos. Carol Fass se las arregló para ser exigente, profesional y tranquilizadora a un mismo tiempo. Por último, nuestro agradecimiento a los miembros de Harvard Common Press por ser tan buenos en lo que hacen y por su gran dedicación a este proyecto.

Introducción

¿Qué es amor inteligente?

Todos los padres quieren que sus hijos crezcan felices, pero apenas existe consenso sobre la mejor forma de conseguirlo. A lo largo de los años los padres han utilizado recetas de lo más dispares. Han sometido al bebé a un horario de comidas o le han alimentado cuando lo pedía; le han dejado llorar hasta dormirse o le han mecido al primer gemido; se han quedado en casa con el pequeño o lo han llevado a la guardería; han enseñado al bebé las letras y los números o le han mantenido la mente como una pizarra en blanco para que sus maestros escribieran en ella; han dado al niño todo lo que pedía o han hecho que se lo ganara; le han enseñado a ayudar en casa o apenas han pedido su colaboración; le han exigido buenas notas o han dejado que encontrara su propio nivel escolar.

Estas estrategias opuestas surgen de visiones muy diferentes en cuanto a la naturaleza de los niños y la infancia, y el papel de los padres. Algunos padres ven a sus hijos como seres sociales por naturaleza y opinan que su trabajo consiste en darles el espacio que necesitan para florecer, mientras que otros piensan que sus hijos son, por naturaleza, seres descontrolados. Hay padres que piensan que su hijo es moralmente inocente, mientras que otros lo consideran astuto y manipulador. Algunos padres ven a su hijo como una persona dependiente a la que hay que ayudar para que abandone el nido, mientras que otros están convencidos de que su hijo necesita atención y asesoramiento constantes.

Sea usted el padre o la madre de un recién nacido o de un adolescente, de un hijo o de cinco, es posible que le inquiete saber si responde debidamente cuando su hijo llora, pide, se asusta o quiere mimos u otras atenciones, o tal vez le preocupe que su hijo no haga lo que le conviene (por ejemplo, que se niegue a comer verdura, ir a la cama, hacer los deberes o llegar a la hora acordada).

Nosotros, como padres y profesionales de la salud mental, hemos vivido y luchado con esos mismos dilemas. Nuestros descubrimientos a lo largo de décadas de investigación sobre la verdadera naturaleza del niño y los ingredientes necesarios para que tenga un desarrollo emocional saludable, nos han aportado una nueva visión acerca de los niños y la infancia, lo cual, a su vez, nos ha llevado a elaborar unos principios que todos los padres pueden utilizar para ejercer su papel con amor, sabiduría y eficacia. De ahí la expresión *amor inteligente*.

En los tres primeros capítulos establecemos los principios básicos del amor inteligente para los padres. Por ejemplo, explicamos que es importante que usted se vea a sí mismo y al mundo a través de los ojos de su hijo; que a veces es preferible aceptar la inmadurez emocional del niño aunque se refleje en conductas como hacer trampas en el juego o negarse a compartir los juguetes; que los padres no están obligados a elegir entre una indulgencia excesiva y una disciplina severa porque el amor inteligente hace posible un término medio eficaz llamado *regulación con amor*; que los niños tratados con dureza terminan no sólo esperando la infelicidad, sino deseándola; que la creencia de que un exceso de atención positiva puede malcriar a su hijo es falsa, ya que grandes dosis de ésta harán de su hijo un ser independiente y no al revés; que la cantidad de tiempo es tan importante como la calidad; que las rabietas, las pesadillas, las peleas entre hermanos y otras muestras visibles de infelicidad infantil son evitables; y que la mejor forma de ejercer la paternidad consiste en utilizar la cabeza al tiempo que se confía en el corazón.

Los capítulos posteriores hablan de los momentos clave del desarrollo desde la primera infancia hasta la adolescencia para que usted sepa qué conductas son propias de cada edad. Cuando la conducta de su hijo requiera regulación, le demostraremos por qué es menos importante preguntarse «¿Cómo voy a conseguir que Jill se comporte como es debido en este momento?» que «¿Cómo puedo ayudar a Jill a convertirse en una mujer que desee y pueda cuidar de sí misma y se preocupe de los demás cuando yo no esté?».

Volvemos a la pregunta que Sócrates formuló dos mil quinientos años atrás: «¿Puede enseñarse la virtud? En ese caso, ¿cómo?» Todos los padres se preguntan cuál es la mejor forma de ayudar a sus hijos a adquirir la capacidad de autorregularse. La experiencia demuestra que no podemos fiarnos de los cuatro métodos más comunes destinados a enseñar autodisciplina a los niños: instrucción moral, medidas disciplinarias, indulgencia y recompensas. Le mostraremos otra forma de guiar a su hijo hacia la madurez responsable. La regulación con amor es una forma de proteger a los niños de las consecuencias de su inmadurez al tiempo que se les brinda amor y admiración. Si ayuda a su hijo a tomar decisiones constructivas con amor y comprensión, éste acabará reconociendo que la verdadera felicidad reside en amar y sentirse amado y digno de amor, no en satisfacer deseos u objetivos concretos. Su hijo aprenderá a gobernarse mejor no mediante el miedo a unas consecuencias negativas, sino por el deseo de ser más feliz y competente.

Usted aprenderá la mejor forma de satisfacer las necesidades de desarrollo de su hijo y a utilizar la regulación con amor para manejar sus comportamientos inmaduros. Con nuestras pautas podrá ayudar a su hijo a desarrollar un bienestar interior estable que no se verá afectado por los éxitos, los fracasos y los altibajos de la vida cotidiana y le permitirá alcanzar su máximo potencial.

~

Usted se beneficiará de este libro si:

- quiere ayudar a su hijo a alcanzar su máximo potencial y llegar a ser un adulto feliz y afectuoso;
- desea comprender la infancia desde el punto de vista del hijo;
- quiere mejorar y fortalecer la relación con su hijo;
- no le convencen las medidas disciplinarias que defienden la mayoría de los libros pero le preocupa malcriar a sus hijos si les brinda demasiado amor y cariño;

- no sabe cómo regular la conducta de su hijo sin aplastar su espíritu;
- es un padre o una madre muy ocupada que quiere pasar con su hijo la mayor cantidad de tiempo agradable y significativo posible;
- su hijo es infeliz (es difícil, temperamental o nervioso, o tiene problemas para dormir o mantener relaciones positivas, conflictos en la escuela, etc.); o
- en estos momentos no está criando a ningún hijo pero trabaja con niños y/o está interesado en comprender por qué algunos crecen felices y satisfechos mientras que otros se vuelven infelices y conflictivos.

Como padres, hemos experimentado de primera mano las alegrías y exigencias de la paternidad. Y gracias a nuestro trabajo terapéutico con cientos de familias de diferentes razas, etnias, culturas y niveles socioeconómicos, también sabemos que las pautas del amor inteligente funcionan con todos los niños y puede aplicarlas cualquier padre o madre. Los ejemplos que utilizamos a lo largo del libro para ilustrar los principios del amor inteligente son casos reales de padres poniendo en práctica el amor inteligente.

Hasta ahora, el amor inteligente únicamente lo han empleado y valorado nuestros clientes y los círculos académicos y clínicos.[1] Este libro es fruto de nuestro deseo de presentar el amor inteligente a un público más amplio a fin de que todos los padres tengan las herramientas que necesitan para criar hijos felices, satisfechos y cariñosos.

Uno

Principios básicos del amor inteligente

Independientemente de la edad que tenga su hijo, con ayuda de los principios del amor inteligente usted puede aplicar estrategias más eficaces y comprensivas a la hora de ejercer la paternidad. El amor inteligente le ofrece un calendario relajado y realista sobre el desarrollo emocional de su hijo; identifica los acontecimientos clave o hitos del desarrollo no reconocidos hasta ahora y le muestra la forma de ayudar a su hijo a alcanzarlos; le ofrece una forma de proteger a su hijo de los tropiezos causados por su inmadurez sin recurrir a medidas extremas como la indulgencia o la disciplina estricta (ambas contraproducentes); y hace posible que críe un hijo saludable y verdaderamente feliz. Por otro lado, si tiene un hijo infeliz y conflictivo, los principios del amor inteligente le mostrarán cómo recuperar el derecho innato de su hijo a la felicidad interior.

El amor inteligente ofrece una visión nueva de la trayectoria completa del desarrollo del niño que permite percibir el proceso a través de sus propios ojos. Si es consciente de los cambios que experimenta su hijo en su relación con usted desde la primera infancia hasta la adolescencia, estará más capacitado para proporcionarle la certeza permanente de que es amado y comprendido.

A través de este libro entenderá mejor el llanto de su bebé y por qué la palabra favorita cuando tiene dos años es «no». Descubrirá por qué los niños de cuatro años están convencidos de que no hay nada que no puedan hacer por sí mismos, y aprenderá que la mejor forma de motivar a los niños a hacer sus tareas domésticas y deberes es también la más amable y paulatina. Con la ayuda de los principios del amor inteligente usted y su hijo serán capaces de disfrutar de la adolescencia de este último.

Nos gustaría añadir que aunque a veces nos referimos a parejas heterosexuales, los métodos del amor inteligente son igualmente útiles en cualquier modelo de familia. Hemos escrito este libro para ayudar a todas las personas que ejercen la paternidad, y no queremos que ninguna se sienta excluida u olvidada.

La felicidad interior de su hijo

El criterio fundamental que conforma nuestro enfoque se basa en el punto de vista del hijo al nacer. Contrariamente a lo que dice la sabiduría convencional, el recién nacido no es un bulto indiferenciado que únicamente tiene conciencia de sí mismo. Nuestros estudios demuestran que cuando usted y su bebé se conocen, éste posee un gran optimismo en lo que a relaciones humanas se refiere. A diferencia de los adultos, los bebés están convencidos de que cuanto les ocurre es bueno porque sus amados padres han hecho que ocurriera. El recién nacido cree que provoca el amor de sus padres y que el cuidado que recibe es ideal. Si estas convicciones se confirman día a día, el niño crecerá con una felicidad interior inalterable. Como explicaremos más adelante, esta felicidad, a su vez, permitirá a su hijo alcanzar su máximo potencial.

Felicidad primaria

Ésta nace de la certeza que todos los bebés tienen al nacer de que sus padres, a quienes adoran más que a la vida misma, atienden amorosamente sus necesidades de desarrollo. La felicidad primaria se vuelve «inalterable» cuando el niño está seguro de que usted adora cuidar de él. A medida que crece, el niño utilizará cada vez más la idea de que usted le está ayudando a ser feliz y competente como su fuente de felicidad primaria. Una vez afianzada esta felicidad primaria, la felicidad diaria de su hijo ya no dependerá de que usted sea capaz de atender todas sus necesidades en todo momento.

«Hemos descubierto que los niños pueden obtener una felicidad primaria que no se tambalea con los altibajos de la vida, y que ése es el logro más importante de su desarrollo.» Aunque es posible que le hayan dicho que una dosis «saludable» de frustración crea carácter, son las respuestas afectuosas las que infunden felicidad primaria estable en el niño. Como veremos más adelante, las frustraciones y privaciones innecesarias impiden, de hecho, que su hijo adquiera una felicidad primaria estable porque hacen que desarrolle la necesidad de hacerse infeliz.

Felicidad secundaria

Mientras la felicidad primaria se genera dentro de la relación del niño con los padres, la secundaria nace del placer que generan las actividades cotidianas (por ejemplo, construir con cubos, vestir una muñeca, solucionar un problema de matemáticas, tocar el violín, jugar a béisbol). El desarrollo de una felicidad secundaria estable comienza cuando el niño cumple un año y finaliza junto con la adolescencia. Usted puede ayudar a su hijo a adquirir una felicidad secundaria permanente siguiendo las mismas pautas del amor inteligente que emplearía para fomentar la felicidad primaria estable.

Durante el primer año el bebé utiliza la satisfacción producida por las actividades intelectuales, sociales y físicas para proveerse de felicidad primaria. El hecho de ser alimentado fomenta la felicidad primaria de su hijo, pues refuerza la creencia de que está consiguiendo que usted adore cuidar de él. Si su hijo tiene entre uno y tres años, fomentará también su felicidad secundaria si deja que le ayude en la preparación de la comida (removerla, mezclarla y servirla).

Como ocurre con la felicidad primaria, la secundaria sigue una trayectoria de desarrollo. Al principio, la felicidad secundaria no es fiable porque depende de la capacidad del niño para conseguir sus deseos. Sin embargo, cuando la adolescencia toca a su fin la felicidad secundaria puede ser tan estable como la primaria porque el adolescente reconoce que tomar decisiones constructivas y llevarlas a cabo eficazmente le proporciona más satisfacción que conseguir lo que quiere cuando quiere. La felicidad secundaria estable va ligada al disfrute de actividades y persecución de metas, pero como no depende de los resultados, los contratiempos o frustraciones que seguro han de surgir no conseguirán tambalearla.

El ser todopoderoso y el ser competente

Durante los primeros años, la felicidad secundaria de su hijo se basa en la certeza de que es tan poderoso que puede hacer y tener lo que quiera. Esta creencia, derivada de su inmadurez cognitiva, es una de las razones por las que será vulnerable al daño físico autoprovocado. Si dejara solo a su hijo, éste podría, por ejemplo, decidir encender el fogón de la cocina, conducir el coche de la familia, nadar en la piscina o enchufar el secador sin sospechar que no está capacitado para llevar a cabo esas actividades.

A la certeza del niño, irresistible pero infundada, de que es capaz de satisfacer todos sus deseos la llamamos *ser todopoderoso*. Éste representa la primera búsqueda consciente de placer intelectual, social o físico. La influencia del ser todopoderoso se aprecia claramente en el niño de dos años que se empeña en llevar la pesada maleta de mamá y se enfada cuando ésta le sugiere que podría necesitar ayuda.

Conocemos a un niño de seis años que apenas sabía botar la pelota pero que aseguraba que podía ganar a Michael Jordan en tiros libres. Muchas veces los padres no saben cómo reaccionar cuando su hijo habla de sus extraordinarios poderes. Algunos padres tratan de devolverlo a la realidad de la forma más suave posible («¡Eres bueno para tu edad!»). Otros creen que es necesario frenar los «alardes» de su hijo, así que responden con una burla, un reto o un comentario de desaprobación. El principio del amor inteligente es que «dado que el bienestar interior del niño depende de la aprobación de sus padres, y que el ser todopoderoso del niño es un fenómeno propio de su edad que pasará con el tiempo, la mejor ayuda que puede ofrecer a su hijo es responder sencillamente con una aceptación positiva neutra ("¡Fantástico!")».

Cuando el niño madura, la fuente de felicidad secundaria sufre una transformación decisiva. A medida que experimenta la determinación de los padres de hacerle feliz incluso cuando no puede tener lo que quiere, su ser todopoderoso es sustituido poco a poco por una sensación de autogobierno radicalmente diferente, el *ser competente*. A éste, cualitativamente distinto del ser todopoderoso, le satisface el proceso de elegir metas constructivas y perseguirlas con eficacia, independientemente de que las alcance o no.

Al hablar de ser todopoderoso y ser competente no estamos diciendo que su hijo tenga doble personalidad, sino que existen dos fuentes de felicidad secundaria muy distintas: el éxito de su hijo a la hora de conseguir lo que quiere, y el placer de tomar buenas decisiones y llevarlas a cabo eficazmente. Si satisface dentro de lo posible los deseos de su hijo y se muestra comprensivo cuando éste se enfada porque sus deseos no pueden cumplirse, su fuente de felicidad secundaria pasará de la necesidad del ser todopoderoso de satisfacer sus deseos inmediatos a la habilidad del ser competente de tomar decisiones constructivas y llevarlas a buen puerto. En otras palabras, su hijo se sentirá cada vez más competente y seguro de sí mismo aun cuando la torre que está construyendo se derrumbe, su compañero de juegos no quiera compartir el camión o no pueda salir al patio porque llueve. Por ejemplo, cuando se le dice que es hora de acostarse, el niño cuyo ser competente está ganando terreno es capaz de interrumpir con ecuanimidad su actividad y disfrutar del cuento y el beso de buenas noches que conforman el ritual de ir a la cama. Si es más pequeño, el hecho de tener que interrumpir una actividad que le absorbe para tener que acostarse podría disminuir temporalmente su felicidad secundaria y provocar enfados o lágrimas.

Al final de la adolescencia, los niños cuyas necesidades de desarrollo están debidamente satisfechas poseerán una felicidad secundaria firme generada por la satisfacción de tomar buenas decisiones y llevarlas a cabo con competencia. Por el contrario, los niños cuyas necesidades de desarrollo no están totalmente satisfechas permanecerán bajo el dominio de su ser todopoderoso, de modo que su felicidad secundaria seguirá dependiendo de conseguir o no lo que quieren.

Por qué los niños se vuelven infelices y difíciles

Contrariamente a lo que se cree, el carácter no es el motivo por el que el niño se vuelve infeliz y desarrolla una conducta problemática. A través de nuestra vasta experiencia clínica hemos comprobado que los niños se vuelven infelices porque han aprendido a desear la infelicidad, y eso ocurre cuando, de forma sistemática, los padres les hacen sentirse infelices o no responden a su infelicidad con comprensión y cariño.

Como ya hemos dicho, todos los bebés son seres optimistas en lo que a relaciones se refiere. El bebé cree que sus padres son unos cuidadores perfectos que viven dedicados plenamente a él. Está convencido de que todo lo que le ocurre es por su bien porque es lo que sus padres pretenden y aprueban. Así pues, cuando, por la razón que sea, los padres son incapaces de atender sus necesidades de desarrollo, el hijo termina creyendo que su sentimiento de infelicidad o alienación es algo que sus padres aprueban y desean para él. Por amor a sus padres, y en un intento de cuidarse del mismo modo que ellos le cuidan, el niño, inconscientemente, desarrolla el deseo de provocarse exactamente el mismo malestar que cree que sus padres quieren para él. Estos niños piensan que están buscando la felicidad cuando intentan reproducir los sentimientos que experimentan en presencia o ausencia de sus padres. Esta necesidad, aprendida pero no reconocida, de experimentar infelicidad explica por qué tantos niños (y adultos) reaccionan ante el éxito con depresión o actos autoderrotistas. Los niños que han adquirido la necesidad de hacerse infelices puede que desarrollen síntomas como rabietas, depresión, dificultad para concentrarse, falta de autoestima o problemas con las drogas y el alcohol.

Pero nunca es demasiado tarde para ayudar a un niño infeliz y difícil. Las directrices del amor inteligente contribuyen a que los padres ayuden a sus hijos a cambiar de forma positiva y perdurable. Al aprender a fomentar en el hijo el deseo permanente de tener una relación positiva y amorosa con los padres, éstos pueden cambiar significativa y constructivamente su manera de cuidarles y, de ese modo, aliviar la infelicidad que experimenta el niño problemático de cualquier edad.

Nadie que observe a un bebé o a un niño pequeño pensará que está preparado para pasar todo un día en una cadena de montaje o frente a un ordenador. No obstante, los padres y los profesionales suelen dar por hecho que las respuestas emocionales y sociales de los niños deberían ser iguales que las de los adultos. Si se obliga a los niños a comportarse como adultos, su desarrollo emocional sale perjudicado y obtienen infelicidad interior. No nos cansaremos de repetir que no debería esperarse de los bebés y los niños la misma sensibilidad ética o el mismo autocontrol que los adultos. Los niños únicamente desarrollarán una auténtica capacidad de compartir y amar (ser buenos ciudadanos) si se les otorga el espacio y el tiempo necesarios para elegir libremente ser como las personas que aman y admiran.

Muchos cuidadores confunden conductas propias de la edad del niño con rasgos negativos del carácter que deben ser corregidos de inmediato. Hay padres, por ejemplo, que se preocupan innecesariamente por la angustia que su bebé padece ante los desconocidos o cuando se separan de él. Los padres se avergüenzan o sienten que han fracasado cuando su hijo extrovertido y alegre rompe a llorar al ver a la tía María o se pone a gritar sólo porque sus padres van a la habitación contigua a buscar un libro. Los padres preocupados porque su hijo se ha vuelto tímido o demasiado dependiente de ellos puede que traten de instarle a que se comporte como un niño mayor. La forma más útil de ayudar a su hijo cuando siente angustia ante los desconocidos o al separarse de usted es consolarle y tranquilizarle.

Otras vulnerabilidades son difíciles de aceptar porque se manifiestan con una agresividad extrema. Un ejemplo es la fase en que el niño agarra cuanto encuentra por delante aunque lo tenga otro niño o incluso un bebé. Los niños pequeños agarran porque están pasando por una etapa en la que el hecho de obtener lo que quieren cuando quieren les proporciona una felicidad secundaria que no pueden conseguir de otra manera. Los padres que no son conscientes de este fenómeno tienden a censurar a su hijo cuando actúa de ese modo y a obligarle a compartir sus juguetes con otros niños. Por desgracia, estas reacciones simplemente aumentan el malestar del niño, de modo que el conseguir lo que quiere se convierte en una necesidad aún más imperiosa. Si acepta la incapacidad de su hijo para compartir, él se sentirá amado y comprendido. La certeza de ese sentimiento restará intensidad al deseo de conseguir lo que quiere y acelerará la llegada de ese día en que querrá ser generoso porque la amistad le parecerá más importante que las cosas.

Muchos conflictos con los hijos, por ejemplo en cuestiones como compartir, «desobedecer», controlar los esfínteres o realizar las tareas, surgen únicamente porque los padres no se dan cuenta de que pueden confiar en que sus hijos madurarán siguiendo su propio calendario. Si se familiariza con los hitos del desarrollo descritos en este libro, se sentirá más seguro y disfrutará más de su relación con su hijo.

La regulación con amor

Todos los padres se plantean cuál es la mejor forma de ayudar a sus hijos a adquirir la capacidad de autorregularse. Antes, la *disciplina* parecía la única alternativa a su contrario, esto es, la *indulgencia*. Durante muchos años nuestra sociedad ha estado de acuerdo en que los padres, para manejar las conductas no deseadas, debían vincular éstas a consecuencias desagradables como el castigo, la desaprobación, el lenguaje enérgico o la retirada de privilegios. Se dice a los padres que si establecen límites rígidos e imponen consecuencias severas por incumplir las normas establecidas criarán hijos bien educados que no se meterán en problemas ni les darán preocupaciones. Sin embargo, semejante disciplina hace desgraciado al niño y no le beneficia en ningún sentido, pues castigarle por su comportamiento descontrolado entorpece su capacidad para aprender a autogobernarse. Nosotros defendemos el uso de la *regulación con amor*, una forma de alejar a los hijos de los tropiezos sin aumentar su infelicidad ni entorpecer el desarrollo de su felicidad interior. En otros capítulos estudiaremos las conductas de los hijos en las diferentes edades para que los padres sepan cómo aplicar los principios de la regulación con amor a medida que crecen.

Orientar sin castigar

No hay duda de que es necesario proteger a los niños pequeños de su propia inteligencia inmadura y evitar que se hagan daño. Por ejemplo, no podemos permitirles que enciendan una cerilla o crucen la calle solos. No obstante, a través de nuestro trabajo hemos aprendido que los padres tendrán más éxito a la hora de regular la conducta de sus hijos si utilizan el amor en lugar de la disciplina.

Puesto que usted es más grande y fuerte que su hijo, tiene el poder de aplicar una disciplina para frenar una conducta descontrolada, pero con eso está enseñando a su hijo —si bien inconscientemente— que su amor es condicional y que a veces desea hacerle infeliz. La mejor forma de responder a la conducta nociva o temeraria de un niño es detenerla sin imponer más consecuencias desagradables. Si descubre que su hijo de ocho años ha ido en bicicleta por la calzada, tiene sentido decirle que por el momento, como no parece capaz de permanecer en la acera, para velar por su seguridad sólo podrá montar en bicicleta cuando usted esté presente. Aunque es posible que su hijo proteste, también comprenderá que a usted le preocupa su seguridad, y el deseo de ser cauto se reforzará. Por el contrario, si impone consecuencias que no tienen relación con el asunto —por ejemplo, le retira la paga semanal, le obliga a lavar las ventanas o le prohíbe montar en bicicleta—, llegará a la conclusión de que usted quiere que sufra por el error cometido. Teniendo en cuenta que le adora y quiere ser como usted, su hijo aprenderá a adoptar una actitud severa consigo mismo cuando las cosas se tuerzan. Además, su capacidad para velar por su propia seguridad se debilitará.

Las restricciones, el castigo y otras formas de disciplina parten de la idea de que los padres que son demasiado benevolentes con los hijos que se portan «mal» están fomentando esa mala conducta. Sin embargo, la disciplina obstaculiza la fuente más constante y satisfactoria de bienestar interior del niño pequeño: la certeza de que sus padres adoran cuidar de él. Así pues, la disciplina hace a los niños más desgraciados y menos capaces de renunciar a sus deseos. Por el contrario, la regulación con amor les enseña que aunque tengan que renunciar a un deseo concreto siempre podrán contar con el placer de la relación con sus padres.

Incluso cuando los expertos definen la disciplina como «enseñanza», el elemento docente de su programa disciplinario siempre incluye medidas como sermones, consecuencias y, a menudo, desaprobación y castigo. Puesto que los niños adoran a sus padres y creen que son unos cuidadores ideales, si éstos les imponen continuamente consecuencias desagradables por su «mala» conducta, desarrollarán la necesidad de tratarse de ese mismo modo.

UNA NIÑA SE AUTODESAPRUEBA

Desde que tenía dos años Janet,[2] cada vez que se enfadaba, exigía algo o protestaba, sus padres le decían que estaban «decepcionados». A partir de los tres años, cada vez que hacía algo que pensaba que estaba mal, como derramar la leche o gritar a su hermana, exclamaba «¡Soy una niña mala!», corría a su habitación y se tumbaba en la cama. Sus padres tenían muchos problemas para conseguir que se uniera de nuevo a la familia. Cuando se dieron cuenta de que los períodos de aislamiento autoimpuesto iban en aumento, acudieron a nosotros. Hablamos de cómo podían utilizar la regulación con amor en lugar de la desaprobación para manejar las conductas problemáticas de Janet. Elaboraron nuevas estrategias. Por ejemplo, si la pequeña derramaba la leche y se mostraba afligida, sus padres le daban un abrazo y la tranquilizaban diciendo: «Es sólo un error. Todos derramamos cosas. Limpiémoslo y ya está.» Si gritaba a su hermana antes de la cena, decían: «Si estás cansada de jugar con Sarah, dínoslo. ¿Te gustaría ayudar a papá a poner la mesa y jugar luego a las damas?» A lo largo de los meses Janet fue apreciando el valor de buscar consuelo en sus padres cuando se sentía afligida o fuera de control. Y, lo más importante, siguiendo el ejemplo de sus padres empezó a tratarse con menos dureza. Sus períodos de aislamiento autoimpuesto disminuyeron significativamente.

La regulación con amor es un enfoque alternativo ante la conducta descontrolada del niño. De esta forma se frena la conducta no deseada sin crear en el niño más infelicidad aún ni privarle del cariño y la admiración de los padres. A diferencia de la disciplina, la regulación con amor no aliena al niño de los padres ni le enseña a desagradarse.

El amor inteligente rechaza el elemento punitivo, no el elemento regulador, a la hora de guiar la conducta del niño. Frustrar y hacer infelices a los niños no les enseña nada valioso. Su hijo aceptará mejor que no puede conseguir o hacer lo que quiere si puede contar con su comprensión y cariño. El objetivo a largo plazo es ayudar al niño a desarrollar la capacidad para tomar buenas decisiones y llevarlas a cabo de forma competente y sin conflictos. Los hijos aprenden a gobernarse de forma eficaz únicamente si se identifican con el cariño y el apoyo de los padres, no si éstos les hacen infelices. La auténtica autodisciplina la genera el amor abundante y asequible, no el «amor severo» que se raciona y es condicional.

Si tiene que intervenir para regular la conducta de su hijo, procure mostrarle que le preocupa cómo se siente con respecto a lo que está ocurriendo y que no hará caso omiso de sus protestas o su descontento. Si su pequeño está empeñado en tirarle de la cola al gato, probablemente tendrá que apartar el animal de su alcance durante un tiempo, pero también deberá consolar a su hijo e intentar implicarle en alguna actividad que le resulte atractiva. Con el tiempo el niño se dará cuenta de que, aunque los padres deben negarle algunos deseos, nunca abandonarán el apreciado objetivo de hacerle feliz atendiendo sus verdaderas necesidades. Si orienta a su hijo hacia la elección de metas constructivas en un contexto de constante unión con usted, poco a poco éste comprenderá que la verdadera felicidad proviene de sentirse amado y digno de amor más que de satisfacer determinados deseos.

Si utiliza los principios del amor inteligente, su hijo, como todos los niños, en ocasiones se comportará de formas inaceptables en un adulto —por ejemplo, el niño de año y medio que arrebata los juguetes a otros niños—, pero ello se debe a su inmadurez y será temporal. Su hijo abandonará esa conducta por decisión propia a medida que se vuelva innecesaria o pierda atractivo. Es demasiado pequeño para comprender por qué no puede tener lo que quiere, de modo que es mejor orientarle suavemente hacia una actividad más apropiada.

Evite mellar la felicidad primaria de su hijo

La regulación con amor supera a las medidas disciplinarias y la indulgencia porque es la única forma de regular la conducta inmadura del niño sin minar su felicidad primaria. Si usted apoya de manera constante la creencia innata de su hijo de estar logrando que sus padres atiendan con amor sus necesidades de desarrollo, le estará garantizando una felicidad primaria de por vida.

Evite que su hijo, cuando está enfadado o afligido, se sienta avergonzado, malo o indeseado. Muchas veces se aconseja a los padres que digan a los hijos que su conducta les enoja. Con todo, el niño no sabe distinguir entre el enojo de los padres debido a su comportamiento y sus sentimientos por él. Esto es cierto incluso entre los adolescentes, quienes poseen la madurez intelectual para comprender esta distinción pero, de todos modos, se sienten heridos. Cuando el niño experimenta repetidas veces la indignación de sus padres, acaba imitándoles y desarrollando la necesidad de sentirse indignado consigo mismo. Si un niño ya ha adquirido infelicidad interior, el enojo de los padres reforzará su necesidad de hacerse desgraciado.

También se aconseja a los padres que digan al hijo que, aunque les desagrada su comportamiento, le siguen queriendo («Me entristece que...»). Esta postura también resulta excesivamente negativa. Lo que el niño está oyendo en ese momento es que ha decepcionado a sus padres. Es necesario concentrarse en regular la acción que resulta peligrosa o inadecuada. Basta con decir: «No golpees la mesa con el martillo, por favor. Iré a buscarte tu tabla para golpes.» Si su hijo no reacciona, la frase «Si no dejas de golpear la mesa tendré que quitarte el martillo durante un rato» debería bastar. Si tiene que quitarle el martillo, trate de hacerlo de forma positiva y amistosa («Tengo que quitarte el martillo, pero podemos golpear este frasco con una cuchara»). El niño comprenderá que el martillo tiene que desaparecer, pero que el amor y cariño de sus padres permanecen.

El punto de vista de su hijo: si tú estás enfadado, yo soy malo

Las respuestas disciplinarias como contar hasta tres, aislar, gritar «¡No!» o retirar privilegios enseñan al niño que sus padres han decidido utilizar su poder de forma coactiva en lugar de compasiva. Las medidas disciplinarias pueden o no hacer que su hijo se comporte como usted desea, pero también le enseñarán, inevitablemente, no sólo que las decepciones son dolorosas de por sí, sino que hacen que sus padres se enfaden o le rechacen. Como el amor de su hijo por usted le lleva a emularle, aprenderá a emplear el enojo y el autorrechazo como una forma de gobernarse.

EL AISLAMIENTO CONVIERTE A UN NIÑO EN UN GNOMO

Una madre cuyos hijos no paraban de pelearse vino a vernos. Como ejemplo nos contó un incidente en el que Stephen, su hijo de cuatro años, arrolló a su hermana con la bicicleta de plástico mientras ella, la madre, hablaba por teléfono. La madre dijo a Stephen que su conducta era inaceptable, que la había hecho enfadar y que no saliera de su cuarto durante cinco minutos. Una vez liberado, Stephen se puso a dar saltos por detrás de los muebles haciendo muecas y gruñendo: «Soy un gnomo horrible.»

¿Por qué había reaccionado de ese modo? Cuando su madre, cayendo en el patrón de siempre, se mostró enfadada y castigó a su hijo, éste se sintió poco atractivo a los ojos de ella y, por tanto, a los suyos propios y los de los demás. Esta sensación de repulsa la expresó asumiendo la identidad del monstruo de uno de sus cuentos.

La siguiente ocasión en que Stephen empezó a empujar a su hermana mientras su madre estaba al teléfono, ésta recurrió a la regulación con amor. Dijo a su amiga que tenía que colgar, fue a consolar a su hija y luego le dijo a Stephen: «Cielo, sé que puede ser pesado tener que esperar a que termine de hablar por teléfono, pero no puedes hacer daño a tu hermana. He de llamar de nuevo a mi amiga. Toma un juguete y siéntate a mi lado hasta que termine de hablar. Luego jugaré contigo y con Clara. ¿Por qué no piensas en lo que te gustaría que hiciéramos los tres juntos?» De ese modo, la madre reguló la conducta agresiva de Stephen sin privarle del calor de su relación y, por tanto, sin minar los sentimientos positivos del niño con respecto a sí mismo.

Todos los padres tienen momentos en que se les agota por completo la paciencia, el sentido del humor y la objetividad. No hay duda de que aislar a los hijos en su habitación es preferible a pegarles, y es posible que de vez en cuando sea necesario un aislamiento para evitar una reacción más perjudicial. Con todo, es importante que usted reconozca que estos aislamientos son por su propio bien y no por el de su hijo. No debe presentar el aislamiento del niño como algo que «se merece» o como una forma de autosuperación. Así pues, existe otro enfoque: si siente que está a punto de perder los estribos, diga simplemente: «Me voy a mi habitación porque necesito tranquilizarme. Volveré cuando esté más calmado.»

Redefinición del concepto de independencia

A los padres les preocupa a veces que su hijo desarrolle una dependencia insana si satisfacen constantemente sus necesidades. Este temor es infundado, pues la verdadera *independencia* no se mide por el grado de distanciamiento emocional y físico del niño con respecto a sus padres. Los niños no son pajaritos que hay que arrojar del nido. Si usted satisface las necesidades emocionales de su hijo, estará fomentando un tipo de independencia genuino que nace de su reserva de felicidad interior y se expresa en su capacidad para tomar buenas decisiones y llevarlas a cabo con entusiasmo y competencia. La verdadera independencia significa que la felicidad interior de su hijo no depende de las experiencias diarias, como por ejemplo conseguir lo que quiere.

Los niños, los adolescentes y los jóvenes cuyas necesidades emocionales han sido debidamente satisfechas no están continuamente ampliando su círculo de intereses, relaciones y metas porque la familia los rechaza o se avergüenzan de disfrutar de la compañía de sus padres. Muy al contrario, les entusiasma buscar nuevas relaciones y poner a prueba sus aptitudes académicas y recreativas. Amplían sus horizontes sabiendo que pueden volver a casa, donde serán bien recibidos. Los individuos realmente autónomos alcanzan una vida plena sin alejarse de sus padres. Poseen una gran confianza en sí mismos y buenos sentimientos, lo cual se aprecia en todo lo que hacen. No salen al mundo con la necesidad de demostrar algo o de llenar un vacío.

Cuando un niño se aferra a sus padres y es incapaz de disfrutar de las actividades o amistades propias de su edad, generalmente se dice que los padres le han hecho la vida demasiado fácil o agradable, privándole así de toda su iniciativa. A ese niño, en realidad, no le falta motivación, sino un amor bien enfocado, informado y sensible. Los intentos de alejar al niño de los padres y obligarle a madurar sólo conseguirán que acabe dependiendo de placeres menos constructivos que la unión que todo niño desea experimentar con sus padres.

A lo largo de años de investigación y trabajo clínico con padres, hemos aprendido que los niños cuyas necesidades fundamentales están satisfechas se convierten en adultos poseedores de una autonomía personal y social nacida de una felicidad interior inquebrantable, una felicidad que ya no depende ni de la presencia continua de los padres ni de ninguna otra clase de satisfacción externa.

Dos

∽

El amor inteligente
en la práctica

Todos los padres quieren dar a sus hijos el don de la felicidad y la satisfacción permanentes, pero la necesidad de ganarse el sustento, las tensiones de la vida cotidiana y el bagaje emocional de la infancia que ellos mismos arrastran puede que les impida ser eficaces con sus hijos en todo momento. Por otra parte, los malos consejos abundan, provocando a menudo que los padres abandonen sus buenos instintos o bien se sientan innecesariamente culpables cuando siguen sus impulsos amorosos.

En este capítulo aprenderá a sacar el máximo provecho del tiempo que pase con su hijo y, contrariamente a lo que ha oído en otras partes, verá que su competencia como padre o madre aumenta si hace caso de sus inclinaciones afectuosas. Al comprender cómo y por qué los niños adquieren felicidad interior, será capaz de mejorar espectacularmente la calidad de sus propias respuestas, con independencia de la edad del niño y de su bienestar interior.

Encontrar el equilibrio entre el deseo de ejercer la paternidad y los deseos personales

Los padres de recién nacidos suelen contarnos que tienen problemas para adaptarse al hecho de que su horario esté determinado por las necesidades del bebé. Las reacciones de los padres a tener que estar continuamente en guardia varían. A algunos les complace y enorgullece ser necesitados y útiles; otros se sienten atrapados o agobiados. Con la filosofía del amor inteligente usted puede ver el mundo a través de los ojos de su hijo y experimentar que el hecho de responder positiva y generosamente a su necesidad de cariño y atención hará a su hijo más feliz y competente y evitará que desarrolle infelicidad interior y conductas problemáticas. Las directrices del amor inteligente también le ayudarán a diferenciar entre el ejercicio de la paternidad y los deseos personales.

El *deseo de ejercer la paternidad* es su intención de atender las necesidades de desarrollo de su hijo. Cuando cuida de su hijo, le está proporcionando la felicidad de saber que él le ha inspirado para que satisfaga de forma constante y cariñosa su necesidad de amor y atención. Al llegar a la edad adulta, esta felicidad interior permitirá a su hijo ser una persona atenta y afectuosa en las relaciones y vivir su propia vida de forma satisfactoria. Su amor y su deseo de ejercer la paternidad le permitirán despertarse en medio de la noche para atender a su pequeño porque llora o tiene sed y sentirse satisfecho de haberlo hecho aun cuando, antes de que naciera, ni la alarma del despertador conseguía despertarle.

Los *deseos personales* son intenciones que no van dirigidas a atender las necesidades de desarrollo de los hijos. No hay duda de que usted sigue teniendo necesidades personales tras haberse convertido en padre o madre. Tales necesidades no desaparecen cuando los hijos nacen. Los padres deben mantener la casa limpia, comprar, hablar por teléfono y llevar a cabo muchísimas tareas cotidianas. También tienen deseos románticos hacia su pareja.

Los padres que no están dominados por su propia infelicidad interior o por las presiones externas se sorprenderán de la fuerza de su amor por los hijos y de su predisposición a subordinar los deseos personales para ayudarles a ser felices y competentes. La vida cotidiana de los padres está llena de esta clase de elecciones. Cuando los padres se dan cuenta de que la necesidad de reestructurar sus planes para adaptarse a su hijo sólo durará unos años, aunque previamente disfrutaran de la libertad de satisfacer deseos espontáneos como hacer ejercicio, salir a cenar o practicar alguna afición, se mostrarán más dispuestos a destinar estas actividades a aquellos momentos en que el bebé duerme o a realizarlas en casa a fin de estar disponibles.

Al hacer estos ajustes, usted está respaldando la creeencia innata del niño de que puede provocar el interés y el afecto de sus padres, y le está ayudando a desarrollar felicidad interior. Su tiempo y su atención positiva son los regalos más importantes que puede hacer a su hijo. Esta dedicación vital creará la base de una relación positiva y amorosa de carácter permanente entre usted y su hijo y le ahorrará muchas preocupaciones a éste a medida que crezca.

Aunque satisfacer las necesidades emocionales de los hijos exige mucho tiempo, no existe una alternativa válida y tampoco hay lugar para atajos ni medias tintas. Los niños cuyas necesidades no son debidamente atendidas pueden sufrir problemas a la hora de dormir, comer, aprender, dominar las tentaciones de la adolescencia y convertirse en adultos felices y competentes. A largo plazo, los problemas que los niños sufren si sus necesidades emocionales no son atendidas absorberán el tiempo no sólo de los padres, sino también de los profesores y asesores profesionales. El tiempo que usted pase atendiendo debidamente las necesidades de su hijo estará lleno de amor y alegría por estar haciendo un buen trabajo, mientras que la interacción con niños infelices y difíciles, raras veces es sosegada y a menudo resulta desconcertante y compleja.

Los padres de niños pequeños a veces creen que atender las necesidades de los hijos es tan importante que no tienen tiempo para cenar con su cónyuge, hacer las tareas domésticas o ir al cine. El deseo de ejercer la paternidad y los deseos personales no debería excluirse mutuamente. Es posible encontrar formas de atender las responsabilidades y deseos personales que no entorpezcan el cuidado afectuoso de su hijo. Usted puede ser un padre o una madre eficaz aunque de vez en cuando contrate a una niñera. Si cuenta con amigos, familiares o niñeras que pueden sustituirle, podrá satisfacer las necesidades emocionales de su hijo al tiempo que encuentra espacio para atender sus propias necesidades y deseos personales.

Cuando su hijo haya crecido, tendrá más tiempo para cumplir deseos personales como leer, ver la televisión, hacer ejercicio o trabajar en el jardín, pero, aun así, seguirá prevaleciendo el mismo principio del amor inteligente, esto es, «dejar que las necesidades de desarrollo del hijo encuentren el equilibrio entre sus deseos personales y el deseo de ejercer la paternidad». No se tambalee si su hijo adolescente de repente le reclama todo su tiempo libre. Aunque es posible que a usted le cueste reenfocar sus propias prioridades, su hijo, como cuando era pequeño, está expresando la necesidad de atención propia de su desarrollo, y si usted la satisface estará favoreciendo su crecimiento emocional.

Comprender el origen de la infelicidad interior

A los padres se les suele aconsejar que permitan que sus hijos experimenten frustración porque ello les fortalece el carácter. Nuestras investigaciones y experiencia con padres e hijos nos han enseñado que el hecho de causar al niño una infelicidad innecesaria de forma sistemática tiene consecuencias negativas a largo plazo. El principio del amor inteligente en este caso dice que «antes de hacer algo que sabe que hará infeliz a su hijo, pregúntese si es realmente necesario».

Nuestros estudios demuestran que los niños que adquieren infelicidad interior lo hacen partiendo del mismo amor hacia los padres que capacita a los niños con necesidades debidamente atendidas para desarrollar una felicidad interior inalterable. Los niños pequeños perciben su mundo de una forma única. La diferencia más importante entre la mente de un niño pequeño y la de un adulto es que el primero está convencido de que lo que le ocurre es lo que sus padres desean para él y el resultado de un cuidado ideal. En *Cándido*, Voltaire retrataba esta visión a través del personaje de Pangloss, el tutor que recibía cada nueva desventura diciendo: «Puesto que todo existe por una razón, cuanto ocurre en este mundo, el mejor de todos los mundos posibles, es por nuestro bien.»

Los niños pequeños cuyas necesidades no están debidamente atendidas, sienten su malestar como el estado ideal pretendido por sus amados padres. Y, como es natural, quieren más de eso que perciben como algo bueno. Por eso los niños a quienes continuamente se les hace sentirse infelices acaban no sólo esperando la infelicidad, sino buscándola, pues de ese modo se sienten completamente amados. Un ejemplo sería el niño que se tira del pelo para consolarse o el que pega a la niñera para hacer enfadar a sus padres.

Obviamente, todos los padres quieren que sus hijos sean felices y ningún padre haría daño intencionadamente a su hijo. Los niños que no consiguen desarrollar una felicidad interior permanente es porque sus necesidades no han sido debidamente satisfechas, no porque sus padres no deseen satisfacerlas.

UNA NIÑA REACCIONA ANTE LA MUERTE DE SU MADRE

Jill, una niña de dos años, fue llevada a nuestra consulta después de que su madre hubiese fallecido en un accidente de tráfico. Aunque antes de la tragedia había sido una niña feliz con unos padres que atendían sus necesidades de desarrollo, tras la muerte de su madre había adquirido la necesidad de sufrir. Puesto que los niños menores de tres años creen que todas las conductas de sus padres son elegidas libremente y representan el cuidado ideal, Jill llegó a la conclusión de que la profunda infelicidad que sintió cuando su madre no regresó a casa constituía el amor ideal que su madre deseaba para ella. Así pues, la pequeña empezó inconscientemente a buscar experiencias que la hicieran infeliz, porque las relacionaba con el placer de sentirse próxima a su madre.

Cuando el padre vio que su hija estaba cada día más apática y que las pesadillas que tenía desde la muerte de su madre no remitían, la llevó a una psicoterapeuta que practicaba los principios del amor inteligente. Al principio Jill se ponía histérica cada vez que la sesión terminaba. Se aferraba a su terapeuta y le pedía que no la dejara ir. La terapeuta le dijo que comprendía su temor a que ella desapareciera como había desaparecido su madre y le prometió que siempre la encontraría allí cuando volviera. Poco a poco Jill empezó a creerse que su terapeuta estaría presente en cada sesión. Con los meses comenzó a reconocer que el mundo en general era tan estable como la relación con su terapeuta, y así empezó a sentir y a funcionar como la niña que había sido.

Los niños harían cualquier cosa por creer en el amor de sus padres

Los niños son seres sociales y la necesidad de creer en su habilidad para hacer que sus padres adoren cuidar de ellos es fundamental. Cuando los padres no pueden satisfacer las necesidades de desarrollo del hijo debido a problemas sociales, económicos, políticos o de salud; a los malos consejos; o a sus propios problemas para disfrutar de una relación estrecha con el hijo, éste haría cualquier cosa por mantener la ilusión de que sus padres son unos cuidadores ideales que viven enteramente dedicados a él. Esta necesidad tiene más peso incluso que el deseo de bienestar físico. Por ejemplo, el crecimiento físico de un niño menor de un año puede atrofiarse si no obtiene una felicidad interior mínimamente satisfactoria procedente de su relación con sus padres. Este niño es capaz de apartarse del mundo y refugiarse en su imaginación, donde puede crear la relación paternofilial que esperaba al nacer.

Si las personas tienen que elegir entre un nivel mínimamente aceptable de felicidad interior y uno de bienestar físico, elegirán la felicidad interior. Los niños y adultos que, por ejemplo, sufren anorexia nerviosa y dejan de comer hasta quedarse en los huesos (o incluso morir), pasan hambre. Soportar las dolorosas punzadas del hambre aumenta su sensación de bienestar interior, pues el hecho de decidir no comer y estar anormalmente delgados les demuestra que pueden ejercer un perfecto autocontrol. Algunas necesidades físicas no están tan sujetas a las influencias emocionales como otras, pero los deseos emocionales determinan cómo decidimos satisfacer esas necesidades.

Un ejemplo cotidiano de la necesidad del niño de proteger su bienestar interior a costa del funcionamiento físico se produce cuando se lleva las manos a los oídos para no escuchar la reprimenda de sus padres. El niño decide bloquear sus oídos porque el hecho de oír a sus padres le resulta más doloroso que privarse de ese sentido. Si ve que su hijo reacciona de esa manera, modere el tono y el contenido de sus palabras hasta que el niño se sienta lo bastante cómodo para escuchar.

Cómo aprenden los niños a desear infelicidad interior

Como ya hemos dicho, los niños pequeños cuyas necesidades no están debidamente satisfechas reciben la atención de sus padres como el cuidado ideal y quieren más de eso. Inconscientemente, confunden un precario estado de bienestar interior con la felicidad interior. Un niño de cuatro años que encontraba consuelo apartándose y chupándose el dedo pulgar creía que éste era el mayor placer que podía obtener en las situaciones sociales. Sólo los adultos que lo rodeaban podían comprender que se estaba perdiendo el placer superior de estar con sus amigos. Los niños que aprenden a anhelar experiencias infelices no reconocen esta deformación de su optimismo fundamental. Un ejemplo dramático son los niños maltratados. Por mucho dolor que le inflijan sus padres, estos niños recuerdan sus primeras experiencias con sus progenitores como ideales. No es de extrañar que los niños maltratados que ingresan en una familia adoptiva afectuosa ansíen volver con sus padres abusivos, olviden los abusos y, si se les obliga a pasar revista a las experiencias desagradables, generalmente se culpen a sí mismos del dolor infligido por sus padres.

MAMÁ ME HIZO DAÑO PORQUE FUI MALA

Alice, una niña de cuatro años, ingresó en una familia adoptiva después de que su madre le quemara repetidas veces con cigarrillos. La pequeña aseguraba que su madre había actuado correctamente porque ella había sido «mala». Suplicó que le dejaran volver con ella y prometió que esta vez sería tan «buena» que su madre jamás volvería a meterse en problemas por castigarla.

El terrible abuso que Alice había sufrido no había alterado su convicción innata de que su madre era una cuidadora ideal. La asistenta social dispuso que Alice siguiera una terapia de apoyo que la fortaleciera para enfrentarse a la realidad. Sólo mediante ese fortalecimiento sería capaz de renunciar a la creencia de que ella era la responsable del maltrato que recibía.

Aunque los niños mayores maltratados saben que no merecen esa crueldad, inconscientemente confunden el abuso con el cuidado ideal. Por eso cuando ingresan en una familia adoptiva cariñosa y compasiva hacen lo posible por hacer enfadar a sus nuevos padres y así recrear la infelicidad que experimentaban con sus padres biológicos.

Para explicar el proceso por el que los seres humanos adquieren felicidad interior nos ha ayudado la analogía de un ansarino que queda al cuidado de unos padres humanos. Se sabe que si un ansarino es separado de los demás gansos y atendido por una persona, irá tras ésta con la misma determinación que otros ansarinos siguen a su verdadera madre. El ansarino sigue resueltamente a su cuidador humano sin reconocer que no es el padre ni la madre ideal.

Dicho animal no tendrá un desarrollo óptimo porque el ser humano no puede proporcionarle los mismos cuidados que la madre gansa. Desde el día que salió del cascarón, el ansarino ha desarrollado inconscientemente un concepto distorsionado del cuidador ideal. Aunque la gansa aparezca posteriormente en escena, el ansarino no la reconocerá como su madre y continuará siguiendo al ser humano. Rechazará el cuidado ideal que le ofrece mamá gansa y buscará el cuidado inferior del padre o la madre humana.

El principal obstáculo que impide a las personas sanar estriba en que no son conscientes de que su bienestar interior no es óptimo. Los niños cuyas necesidades emocionales no están enteramente satisfechas carecen de un modelo comparativo que les advierta de que sus desagradables experiencias no constituyen la felicidad interior ideal. Cuando conocen a niños que poseen un bienestar interior estable, son incapaces de percibir la increíble diferencia que existe entre sus respectivas experiencias. Por ejemplo, los niños pequeños deprimidos generalmente dan por sentado que los demás niños también lo están, y que su estado emocional, aunque doloroso, es normal y óptimo. Los padres pueden hacer que su hijo infeliz sea consciente de su tristeza si le brindan experiencias positivas que le demuestren que desean cuidarle y fortalezcan su deseo innato de obtener placeres positivos. Los niños han de conocer la verdadera felicidad para poder percibir que sus sentimientos depresivos son indeseables.

La infelicidad autoprovocada puede evitarse

La infelicidad humana no provocada siempre ha interesado al pensamiento occidental y ha sido objeto de un siglo de observaciones psicológicas. No obstante, todavía no ha surgido una teoría que explique satisfactoriamente la infelicidad y la incompetencia cotidianas o proponga un camino fiable que conduzca hacia la felicidad interior estable. A todos se nos ha dicho que cierto grado de infelicidad interior y cierta incapacidad para regular nuestros apetitos y deseos son aspectos que forman parte de la naturaleza humana. De aquí se interpreta que cierto grado de infelicidad es normal y que no nos queda más remedio que vivir con ella. Como ejemplos tenemos el bebé que llora inconsolablemente, el niño de un año que se niega a acostarse, el niño de seis años que tiene problemas de comportamiento en la escuela, el adolescente taciturno y reservado, el universitario que escribe excelentes trabajos pero los entrega con retraso, o el empresario que no puede dejar de comer o es incapaz de hacer ejercicio.

Creemos haber encontrado una alternativa viable a este oscuro panorama. Estamos convencidos de que todos los niños pueden desarrollar una felicidad interior inquebrantable y la capacidad de tomar decisiones positivas. Por tanto, proponemos ampliar la definición del desarrollo emocional anormal para incluir la infelicidad interior adquirida y la consiguiente incapacidad de autorregulación. Nuestros años de experiencia clínica nos han demostrado que la infelicidad humana típica es corregible y evitable.

El bienestar interior de la población en general está por debajo del nivel de felicidad interior estable que puede alcanzar el ser humano. Entre las manifestaciones de infelicidad interior que suelen calificarse de normales están las pesadillas recurrentes, la depresión leve pero persistente, las dificultades crónicas para regular la vida personal, laboral o amorosa, la elección de amigos que no convienen, y los cambios de humor inexplicables. Puesto que todos tenemos la capacidad de poseer una felicidad interior estable y llevar a cabo elecciones constructivas, es esta condición la que debería considerarse «normal» y definirse como alcanzable. Esperamos que con esta nueva percepción de lo que es normal los padres sean más capaces de ayudar a sus hijos a conseguir este derecho innato.

Cómo saber si la conducta no regulada de su hijo se debe a una infelicidad interior

Todos los niños tienen a veces comportamientos no regulados. En otras palabras, no pueden o no quieren elegir una conducta que resulte segura, sensata, constructiva o socialmente aceptable. Por desgracia, la mayoría de la gente no se da cuenta de que gran parte de las conductas descontroladas de los niños son temporales y propias de la edad. Como padre o madre, usted puede aprender a distinguir entre la conducta no regulada producto de una inmadurez propia de la edad y la conducta no regulada producto de una infelicidad interior. En el primer caso, la conducta no regulada será esporádica. Por ejemplo, puede que un niño de seis años se muestre a veces enfadado y distante pero sea capaz de restablecer enseguida la relación afectuosa con sus padres. En uno o dos años el niño llegará a dominar las conductas descontroladas que son normales en esa etapa del desarrollo. Los niños que se resistían a irse a la cama, ahora lo harán sin protestar; los niños tercos estarán más dispuestos a cooperar, y los niños que arrebatan los juguetes a otros niños y se niegan a prestar los suyos empezarán a mostrar un deseo de compartir.

Pero si la conducta no regulada se debe a una infelicidad interior, los niños suelen mostrarse profundamente descontentos, frágiles, deprimidos, irascibles o distraídos. Estos niños no buscan consuelo en el amor o cuidado de los padres, y su conducta no regulada, con el tiempo, se hace más fuerte. Por ejemplo, aunque para los niños menores de un año es normal experimentar una timidez temporal, si el niño sigue aferrándose desesperadamente a sus padres en presencia de desconocidos y parece incapaz de superar esa tendencia, es probable que padezca infelicidad interior crónica.

Ciertas conductas no reguladas sólo se aprecian en niños con infelicidad interior adquirida, como por ejemplo depresión aguda, rabietas frecuentes, fobias que lastran su vida (por ejemplo, el niño que teme tanto los truenos que se niega a salir de casa cuando sólo llueve), conducta agresiva infundada (pegar, morder, insultar, maltratar a los animales) y aislamiento de los padres u hostilidad hacia ellos.

Lapsus de atención

En ocasiones incluso los padres más entusiastas y entregados tienden a perseguir objetivos personales cuando sus hijos necesitan su atención. A estos momentos los llamamos *lapsus de atención*. Seguro que hay ocasiones en que el cansancio o el estrés le impiden ver que la conducta inmadura de su hijo es temporal y propia de su edad, y es posible que se irrite o impaciente. O quizá esté pensando en otra cosa cuando su hijo le está hablando. Si usted es un padre o una madre entregada, los lapsus de atención no entorpecerán el desarrollo de la felicidad interior estable de su hijo, pues tales lapsus serán la excepción y no la regla. Existe una diferencia entre los lapsus ocasionales y la constante incapacidad de los padres de satisfacer las necesidades del hijo, experiencia que sí genera en el niño infelicidad interior. Si los padres atienden regular y afectuosamente a su hijo, los lapsus ocasionales no minarán el desarrollo emocional del mismo, pues la relación que mantienen hará que el hijo confíe en su habilidad para recuperar la atención de los padres comunicándoles la desilusión que está experimentando. Por ejemplo, una niña de trece años que le estaba contando a su madre que había tenido un mal día en la escuela porque el nuevo maestro era muy duro con ella, se dio cuenta de que su madre no la escuchaba y dijo: «¡Mamá, necesito que me escuches!» La madre enseguida concentró su atención en el relato de su hija.

UN PADRE ABSORTO EN UN PARTIDO DE BALONCESTO

Un padre que había aprendido a percibir sus lapsus de atención estaba un día viendo un partido de baloncesto por televisión cuando Alex, su hijo de dos años y medio, le pidió que le leyera un cuento. El padre, absorto en el partido, le dijo en varias ocasiones: «Espera un rato. Juega con tus camiones un poco más.» Al final Alex agarró un bate de béisbol y derribó una lata de coca-cola.

La conducta agresiva de Alex, inusual en él, conectó de nuevo al padre con las necesidades de su hijo. En lugar de enfadarse, el hombre declaró que no estaba bien derramar la bebida, pero también reconoció que lo había hecho esperar más de la cuenta. El padre limpió el suelo y luego leyó un cuento a su hijo. Ambos se sintieron aliviados y felices de haber restablecido su unión.

Algunos padres y expertos dirán que este hombre, al hacerse responsable del arranque de Alex, había premiado la conducta antisocial y animado a su hijo a ser más exigente y detestable. El padre, en realidad, había percibido que la reacción de Alex era propia de su edad. Había comprendido que del mismo modo que los niños de un año lloran cuando sus padres se van, los niños de dos años no pueden esperar mucho tiempo a recibir la atención de sus padres sin trastornarse. El padre sabía que aunque había esperado de Alex más paciencia de la adecuada a su edad, si reaccionaba a su conducta con amabilidad en lugar de desaprobación, su hijo se sentiría atendido y comprendido y, de hecho, sería más capaz de aguardar la próxima vez.

No estamos diciendo, ni mucho menos, que los padres deban disculparse cada vez que sus hijos se descontrolan. El caso que acabamos de exponer es especial, pues el padre había provocado involuntariamente la conducta de Alex al no prestar atención a sus necesidades. Si Alex hubiese adoptado una actitud destructiva sin motivo alguno, el padre habría reaccionado regulando la conducta de su hijo sin hacerse responsable de ella. Por ejemplo, le habría dicho: «Alex, cariño, no puedes comer galletas en el salón si piensas dejarlas en el suelo y pisarlas.»

A los padres se les suele exigir que encuentren suficiente tiempo y reserva emocional para atender a sus hijos. No obstante, las necesidades y deseos del niño no disminuyen porque los padres carezcan de recursos físicos, emocionales o económicos para satisfacerlas. Con el enfoque del amor inteligente los padres que se sienten agobiados aprenderán a recuperarse de los lapsus de atención que les llevan a tachar injustamente a su hijo de exigente o poco razonable cuando sólo está expresando una necesidad de amor y atención propia de esta etapa de su desarrollo.

EL AMOR INTELIGENTE AYUDA A UN PADRE
SEPARADO A SALVAR UN MAL DÍA

Un padre separado nos pidió consejo sobre su relación con sus dos hijos de cinco y tres años. Estaba resentido porque creía que sus hijos eran lo bastante mayores para comprender el estrés que él sufría como padre trabajador y separado, y opinaba que debían valorar más el esfuerzo que hacía por ellos. Así pues, nos centramos en hacerle comprender que sus hijos eran todavía demasiado pequeños para ver el mundo desde la perspectiva de su padre, sobre todo cuando las cosas iban mal.

Una tarde el padre, tras una larga y agotadora jornada de trabajo, fue a buscar a sus hijos a la guardería y al llegar a casa se encontró con el retrete atascado y el periquito muerto en su jaula.

Horrorizados por la muerte del animalito, los niños rompieron a llorar desconsoladamente. El padre hizo todo lo posible por calmarles. Habló de lo mucho que todos echarían de menos a *Bluey* y prometió que les compraría otro periquito al día siguiente. Luego se ocupó del retrete atascado. Al ver que los niños seguían llorando y exigiendo su atención, finalmente explotó. «¿No veis que tengo que arreglar el retrete? Id a vuestra habitación. Iré a buscaros cuando lo haya arreglado.» Al ver la exasperación del padre, los niños lloraron con más fuerza y se encerraron en su cuarto.

Durante el silencio que siguió, el padre se dio cuenta de que, debido a la irritación que le provocaba el retrete atascado, había dejado de percibir el dolor de sus hijos por la pérdida de *Bluey*. Por otro lado, recordó que sus hijos eran demasiado pequeños para comprender su crispación debido al problema que se había encontrado tras una jornada agotadora.

Así pues, abrazó a sus hijos, les secó las lágrimas y les explicó que no había sido su intención enfadarse y que él también estaba triste. Dijo que echaba de menos a *Bluey*, y que después de reparar el retrete celebrarían un «funeral» y compartirían sus recuerdos sobre el periquito. Calentó una pizza y les puso una película de vídeo. Una vez los tuvo cómodamente instalados, reparó el retrete. Los niños engulleron la pizza, disfrutaron de la película y se animaron aún más al hablar de *Bluey*. Y lo más importante, se alegraron mucho de que su padre volviese a ser la persona cariñosa y comprensiva de siempre. Así pues, el día tuvo un final feliz.

Las directrices del amor inteligente pueden ayudarle a comprender qué puede esperar de su hijo según la edad. De ese modo, cuando se sienta abrumado le será más fácil reaccionar y dar a su hijo el amor y la atención que necesita. Cada vez que se encuentre al borde de una ataque de nervios y su hijo siga actuando como el niño que es, usted será capaz de comprender la situación y de no sentirse traicionado o explotado.

Como ya hemos dicho, los lapsus de atención no crean en el niño cicatrices emocionales porque son excepciones dentro de una relación habitualmente satisfactoria. Considere estos lapsus como algunas hebras deshilachadas de un perfecto tapiz tejido por unos padres que constantemente fomentan y reafirman la capacidad de su hijo para despertar en ellos un amor incondicional. El desarrollo emocional del niño se verá mermado si los lapsus se convierten en la norma en lugar de la excepción.

«La unión incondicional con su hijo no nace del autosacrificio sino de satisfacer su necesidad de sentir que está haciendo que usted adore cuidarle.» A menos que las circunstancias externas o la infelicidad interior lo impidan, le sorprenderá descubrir que la satisfacción de ayudar a su hijo a desarrollar una felicidad interior y una confianza en sí mismo permanentes supera otros placeres que antes ocupaban un lugar predominante en su vida. Y dado que los niños cuyas necesidades emocionales han sido satisfechas son felices y afectuosos, usted será capaz de disfrutar del cariño mutuo en el que se apoya la relación paternofilial.

Padres que encuentran difícil disfrutar con sus hijos

Como es natural, a algunos padres les cuesta disfrutar del hecho de cuidar de sus hijos. Generalmente se sienten abrumados, agobiados por las dudas personales, enfadados, cansados o deprimidos. Si usted pertenece a esta categoría, puede aplicar los principios del amor inteligente para ser mejor padre o madre y, por tanto, ayudar a su hijo a ser más feliz y competente. Al adoptar este enfoque descubrirá que la experiencia de ser padre puede resultar mucho más gratificante. A medida que conecte con la dicha de ser padre, su hijo se mostrará más relajado, cariñoso y satisfecho.

Por desgracia, si la relación paternofilial se caracteriza por el conflicto constante, generalmente se aconseja a los padres que tomen medidas severas. Como resultado de ello, los niños se tornan más alienados e incompetentes y los padres se sienten más inútiles y distantes. Una forma más constructiva de abordar el problema consiste en ayudar a los padres a reconocer de qué modo sus necesidades personales entorpecen el cuidado de los hijos.

Padres emocionalmente incapaces de atender las necesidades de sus hijos

Estos padres probablemente no se dan cuenta de que sus necesidades personales obstaculizan sus esfuerzos por ser unos padres atentos y consecuentes. No es extraño que los padres cuya infelicidad interior les impide disfrutar de una relación paternofilial estrecha eviten satisfacer las necesidades de los hijos dejándose absorber por el trabajo o cediendo a la tentación de otras distracciones (como navegar por internet, ver la televisión y demás).

MAIZIE SE VA DE VACACIONES

En el cuento infantil *Horton incuba el huevo*, el doctor Seuss imagina que el ejercicio de la paternidad en los animales también fallaría si tuvieran a su disposición las mismas distracciones de que disponen los padres humanos. *Maizie*, un pájaro caprichoso y gandul que se ha cansado de permanecer sentado sobre su huevo, pide a *Horton*, el elefante, que lo cuide mientras ella se va de vacaciones a Florida. Los placeres de Florida son tan tentadores que *Maizie* no regresa nunca. Pese a sufrir numerosas tribulaciones, *Horton* permanece sobre el huevo, pues, a diferencia de *Maizie*, a quien los placeres personales la deslumbran, es tenaz y nada puede distraerle de su compromiso de incubar el huevo.

～

Hay otras formas en que las necesidades emocionales de los padres nublan su capacidad para satisfacer las necesidades de los hijos. Por ejemplo, hay padres que inconscientemente se ocupan de sus hijos para evitar áreas de su vida con las que tienen problemas (como la intimidad romántica); para explicar por qué se sienten desgraciados (lo cual se manifiesta en declaraciones como: «Si no tuviera que estar siempre cuidando de ti, tendría una vida mejor»); o para ocultar una depresión distrayéndose con continuas atenciones. Los niños que satisfacen estas necesidades paternas se sienten obligados a mantener el bienestar emocional de sus padres y, al mismo tiempo, se pierden la experiencia fundamental de verse a sí mismos como seres capaces de conseguir que sus padres adoren cuidar de ellos.

Una prueba que demuestra que las necesidades personales entorpecen la paternidad ocurre cuando el padre o la madre culpa al hijo de su propio malestar emocional, lo cual se expresa con sentimientos como el aburrimiento o la ira, o el deseo, por ejemplo, de distanciarse del hijo. En esos momentos resulta útil concentrarse en lo mucho que su hijo precisa su atención positiva. Si consigue tener un momento tranquilo a solas, trate de buscar las posibles fuentes de insatisfacción dentro de su propia vida y elaborar estrategias para hacer que sus días sean más gratificantes.

Padres a los que les cuesta tolerar las muestras de infelicidad de sus hijos

Algunos padres utilizan inconscientemente la actitud positiva de sus hijos hacia ellos para aliviar su propia infelicidad interior. Estos padres suelen renunciar a su función a fin de evitar que sus hijos se enfaden, pues establecer límites supone un riesgo demasiado alto.

ATRAPADA EN UN COCHE

Un padre que había ido a comprar con Nancy, su hija de dos años, pasó más de dos horas dentro del coche con la pequeña (y con un litro de helado derritiéndose) porque ésta había empezado a llorar y a darle patadas cuando intentó hacerle entrar en casa. Finalmente, cuando Nancy se hubo dormido, su padre la entró junto con la compra.

El hombre acudió a nosotros porque no sabía qué hacer cuando su hija se enfadaba. Se sentía desconcertado e impotente. Le explicamos que su incapacidad para actuar se debía a la necesidad que él tenía de que su hija nunca sintiera que él frustraba sus deseos. Sin embargo, si no conseguía regular su conducta, la niña recibía el mensaje de que su infelicidad era tan abrumadora para su padre como para ella.

Al analizar la situación, el padre comprendió que pudo hacer entrar a su hija en casa y, aun así, mostrarle que comprendía su pena diciendo algo como: «Sé que estás triste porque quieres quedarte en el coche, pero tengo que guardar la comida en la nevera.» Siguiendo el principio de la regulación con amor, pudo haber ayudado a Nancy a cambiar de actitud diciendo, por ejemplo: «Entremos en casa a jugar con las muñecas.» Si las protestas hubiesen continuado, el padre habría tenido que comprender al fin que querer evitar a toda costa que su hija llorara no la beneficiaba. Una vez en casa, podría haber hecho lo posible por animarla, proponiéndole algún otro juego.

El padre comprendió que su hija se beneficiaría de estas estrategias y empezó a aplicarlas. Aunque durante un tiempo Nancy todavía rompía a llorar cuando no quería salir del coche o tenía que irse de un lugar donde estaba a gusto, el padre descubrió que si utilizaba la regulación con amor Nancy recuperaba enseguida su equilibrio. La relación entre los dos mejoró gradualmente y él se sintió cada vez más competente como padre.

Algunos padres, a fin de mantener la paz, permiten que sus hijos tomen decisiones autodestructivas. Una madre cuya hija se resistía a irse a la cama permitía que ésta permaneciera levantada hasta altas horas de la noche; al día siguiente la pequeña estaba demasiado cansada e irritable para disfrutar de sus actividades. Los padres de un adolescente que acostumbraba llegar más tarde de la hora convenida callaban para no enfadarle. Como veremos cuando analicemos el tema de la indulgencia en este mismo capítulo, los niños salen perjudicados cuando los padres no establecen límites ni regulan su conducta de forma positiva y alentadora.

Padres que inconscientemente evitan el placer de ejercer la paternidad

A los padres que padecen infelicidad interior puede que les incomode tanto la idea de disfrutar de una relación paternofilial que la eviten. Sin darse cuenta, responden a la necesidad del hijo de experimentar con él una relación positiva creando situaciones de discordia, distanciamiento y aislamiento.

SOBRECARGA EN EL SISTEMA

Un padre vino a vernos porque su relación con su hija de cinco años no iba bien. Durante la conversación quedó claro que, inconscientemente, le incomodaba pasarlo bien con la pequeña. Por ejemplo, cada vez que su hija le preguntaba algo él le daba una respuesta demasiado larga y complicada para así, sin darse cuenta, crear un distanciamiento entre ambos. Durante la explicación la niña se aburría e inquietaba, y entonces el padre le reprochaba su falta de atención. De esta forma, ese momento de intimidad se convertía en un momento de conflicto e infelicidad.

Una vez el padre comprendió que era él quien alienaba a su hija y no al revés, aprendió a percibir los momentos íntimos y a controlarse para no estropearlos. Poco a poco el conflicto desapareció y el padre estuvo encantado con los buenos momentos que empezó a compartir con su hija.

Otros padres reaccionan ante el malestar que les provoca las relaciones paternofiliales estrechas evitando físicamente a los hijos. Son padres que probablemente llevan una vida muy ajetreada y dejan al niño con una niñera o incluso solo. Cada vez que estos padres se permiten el placer de atender las necesidades de su hijo, sienten que éste abusa de ellos. Por ejemplo, culpan al niño de privarles de sus satisfacciones personales con frases como: «He dejado de coser para ayudarte con los deberes de matemáticas, pero no habría sido necesario porque podías hacerlos solo», o «He dejado de leer para jugar contigo a cartas y ahora no prestas atención al juego».

Los padres que son conscientes de que el verdadero deseo del hijo es establecer una relación positiva, estrecha y amorosa, serán más capaces de ver que son sus propias necesidades personales y no las del hijo la causa de los sentimientos negativos que experimentan cuando cuidan de él. Esta toma de conciencia les ayudará a sentirse libres para buscar el placer de cuidar de su hijo.

Los padres que se enfadan con los hijos

Aunque todos los padres se enfadan de vez en cuando con sus hijos, el enfado nunca es una respuesta constructiva. Por desgracia, suele decirse que mostrar enojo es indispensable, que a los niños les conviene saber que ciertos comportamientos se salen tanto de la raya que hacen enfadar a sus padres. Por ejemplo, éstos consideran adecuado enfadarse cuando el hijo cruza solo la calle, juega con cerillas, contesta con desfachatez, escribe en las paredes o llega más tarde de la hora convenida.

Teniendo en cuenta que los niños, sean de la edad que sean, se inspiran en la relación con sus padres para alimentar su bienestar interior, la irritación de los padres nunca favorece su crecimiento. Como hemos dicho en el capítulo 1, si usted se enoja frecuentemente con su hijo, éste le imitará y aprenderá a tratarse mal. Si su hijo es demasiado pequeño para estar solo en la calle, procure permanecer siempre cerca de él; si le gusta jugar con cerillas, guárdelas donde no pueda alcanzarlas. Si usted se distrae en un momento dado y su hijo hace algo destructivo o peligroso, detenga la conducta pero intente ser positivo y muéstrese más atento en el futuro.

Comprender su propio enfado

Aunque es normal que a veces se enfade con su hijo, existe una gran diferencia entre creer que su irritación está justificada (lo cual refuerza la convicción de su hijo de que él es el responsable) y comprender que su irritación no favorece el objetivo de proporcionar a su hijo una felicidad interior y una confianza en sí mismo permanentes. Los padres suelen enfadarse cuando su hijo les da un susto, pero si comprendieran que al hacerlo pierden eficacia como padres, se sentirían motivados para reprimir su irritación, aliviando a su hijo de esa carga. Por ejemplo, si grita a su hijo porque se ha acercado demasiado a la calzada, siéntase libre para darle un abrazo y decirle: «Siento haberte gritado, cariño. No has hecho nada malo. Soy yo quien debe asegurarse de que no te acerques a la calzada hasta que seas lo bastante mayor para darte cuenta de que los coches pueden hacerte daño. Volvamos a los columpios.»

Los padres también tienden a enfadarse cuando su hijo se comporta de una manera propia de su edad, pues juzgan esa conducta de acuerdo con lo que sería inaceptable en un adulto. Puede que un adolescente se queje de tener que hacer ciertas tareas o deje distraídamente la puerta del congelador abierta. Los padres se enfadarán si piensan que su hijo se ha vuelto un egoísta irresponsable y desobediente. Pero conseguirán disipar o moderar su irritación y reaccionar constructivamente si tienen en cuenta que los vaivenes del desarrollo en esta etapa vuelve a los adolescentes temporalmente olvidadizos y obstinados.

Cuando la irritación se traduce en malos tratos

Algunos padres se enfadan tanto con sus hijos que acaban maltratándolos física o emocionalmente. A veces los padres abusivos culpan de su ira al niño. También es posible que piensen que los maltratan por su propio bien. Para ellos la violencia es un método de educación moral y los niños necesitan «aprender la lección». Por otro lado, quizá piensen que su hijo merece ser tratado con dureza porque les ha provocado deliberadamente. Otros padres pierden el control y luego lo lamentan. También existen padres abusivos mentalmente enfermos, con la capacidad de discernimiento tan deteriorada que ni siquiera se dan cuenta de que su hijo existe e incluso proyectan sobre él otras personalidades (como Satán).

Pero los padres abusivos también quieren a sus hijos y se preocupan por ellos aun cuando su objetividad se vea deformada por comportamientos impulsivos, paranoia, abuso de sustancias narcóticas o por otras formas de desasosiego interno. Si cree que está perdiendo el control con su hijo, busque ayuda.

La amabilidad de los padres no siempre favorece el desarrollo emocional

Quizá resulte difícil comprender cómo es posible que unos padres atentos y cariñosos produzcan un hijo infeliz e incluso incompetente a menos que lo atribuyamos a un problema de carácter o testarudez, a las influencias externas o a la posibilidad de que los padres le hayan tratado excesivamente bien (malcriado).

Cuando la amabilidad de los padres es producto de su amor y no de sus necesidades personales, nunca resulta excesiva. Cuando los niños saben que pueden inspirar y conservar el amor de sus padres, obtienen una felicidad interior esencial y permanente. El amor inteligente instruye a los padres sobre las necesidades de los niños. Quienes sigan sus principios criarán hijos felices, competentes y generosos en lugar de hijos «mimados», infelices, turbados o derrotistas.

Cuando los padres que son constantemente amables tienen un hijo infeliz e incluso incompetente, no es porque lo hayan malcriado con su amabilidad, sino porque, a pesar de sus buenas intenciones, el cuidado dispensado no ha sido el adecuado para satisfacer las necesidades del niño. Tal vez los padres tenían la necesidad de conservar su propia tranquilidad mental y, para ello, impedían con su amabilidad que el niño mostrara ira o infelicidad.

Cuando la amabilidad sirve para satisfacer las necesidades personales de los padres, se trata de una amabilidad condicional. Generalmente los hijos de esta clase de padres adoptan una autoestima condicional. Así pues, su bienestar interior puede evaporarse en situaciones cruciales de enfermedad, éxito o fracaso.

Conocemos a un padre que elogiaba profusamente a su hijo de ocho años por su don para el dibujo pero se sentía incómodo y daba muestras sutiles de desaprobación cada vez que el niño ponía cara de descontento. Los elogios del padre al talento para el dibujo de su hijo impedían, inconscientemente, que éste expresara su infelicidad.

EL OSO SALE VOLANDO POR LA VENTANILLA

Estábamos ayudando a una madre cuya amabilidad con sus hijos era, en cierta medida, producto de la necesidad personal de aliviar la propia infelicidad interior. Un día iba en el coche con Sam, su hijo de tres años, camino de la guardería. Hacía calor y las ventanillas estaban entreabiertas. Ignorando la fuerza del viento, Sam sacó su oso de peluche favorito por la ventanilla para que tomara el aire. De repente, el oso se le escapó de la mano y salió volando. El niño rompió a llorar y su madre se compadeció de él: «¡Qué pena! Si dejas de llorar, te compraré un oso nuevo y te lo llevaré a la escuela cuando vaya a recogerte.» Haciendo grandes esfuerzos, Sam detuvo el llanto.

Lo que Sam necesitaba realmente en ese momento era compartir su pena con su madre. Sin embargo, su madre no se lo permitió porque el dolor de su hijo la incomodaba tanto que enseguida le prometió un oso nuevo. Como ya había ocurrido otras veces, su generosidad estaba motivada, en cierta medida, por la necesidad personal de que su hijo no estuviera triste. Tras varias experiencias de este tipo, Sam acabó creyendo que la tristeza era un sentimiento vergonzoso. Si hubiese continuado sintiéndose indigno de amor cada vez que estaba triste, habría tenido muchas dificultades para afrontar los reveses y frustraciones inevitables de la vida.

Una vez su madre hubo comprendido el efecto de su conducta, aprendió a dejar que su hijo llorara cuando estaba afligido. Se dio cuenta de lo importante que era permitir que buscara consuelo en su relación con ella, y aprendió a ofrecer a su hijo un oído compasivo cada vez que éste estaba turbado o triste. Si Sam perdía o rompía un juguete, su madre era capaz de resistir la tentación de sustituirlo por otro a cambio de ciertas condiciones. Y lo más importante, no mostraba sorpresa, enfado ni decepción si Sam seguía llorando durante un rato a pesar de saber que otro juguete estaba en camino.

Los objetos no pueden sustituir al amor inteligente

Las cosas materiales no pueden reemplazar el placer de recibir atención, que es lo que los niños realmente desean. Tal vez a los padres les resulte difícil comprender que los niños «mimados» son infelices y se comportan de maneras que ofenden a los adultos porque en realidad han recibido muy poca atención positiva en lugar de demasiada. O quizá han recibido mucha atención pero no del tipo que realmente necesitaban.

El niño que recibe cosas materiales como sustitutos de la atención de los padres sale perjudicado, como mínimo, de tres maneras:

- No recibe la atención positiva de los padres que necesita para desarrollar una felicidad interior permanente.
- Aprende que la felicidad se mide por las posesiones materiales.
- Los padres le culpan de su infelicidad porque están convencidos de que ellos han hecho lo posible por satisfacer todos sus deseos.

Irritados por la conducta infeliz o «consentida» de su hijo, los padres le retienen los juguetes u otras recompensas. Esta privación hace que el niño se sienta aún más desesperado y alienado, pues ha aprendido a aceptar cosas materiales como sustitutos de la atención de los padres, que es lo que realmente desea. Cuando, ante tales privaciones, su conducta empeora, los padres se reafirman en su creencia de que han malcriado a su hijo con tantos regalos. Los objetos no fomentan ni inhiben la felicidad interior. No existe una conexión inherente entre riqueza y atención positiva de los padres o felicidad interna del niño, salvo en el hecho de que los padres han de tener los medios adecuados para disponer de tiempo y espacio para criar a su hijo.

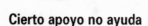

Cierto apoyo no ayuda

Los hijos, por naturaleza, necesitan y valoran la intervención de sus padres en los aspectos importantes de su vida, pero a veces el apoyo que los padres ofrecen a sus hijos nace de una necesidad personal. Es el caso del padre que necesita que su hijo sea como él o como la persona que le habría gustado ser. Conocemos a un padre ingeniero que se pasaba horas cada noche ayudando a su hijo con las matemáticas y que se sintió traicionado y furioso cuando el muchacho decidió estudiar filología inglesa en lugar de ingeniería.

A veces los padres apoyan los esfuerzos de sus hijos en parte porque su propio bienestar interior depende de los logros de éstos. En los concursos de ciencias siempre hay algún padre que ha dirigido el proyecto de su hijo para aumentar sus posibilidades de ganar. Semejante apoyo muchas veces resulta perjudicial, pues el niño acaba negándose o bien a participar o bien a alcanzar el nivel de trabajo establecido por su padre.

Como ya hemos explicado, una tarea fundamental para el desarrollo del niño es que éste aprenda a basar su felicidad interior en el placer de tomar buenas decisiones y llevarlas a cabo eficazmente, no en conseguir satisfacer un deseo específico. Cuando las necesidades personales llevan a los padres a implicarse demasiado en ayudar a su hijo a triunfar en una actividad dada, están comunicando al niño que lo importante es el éxito, no el esfuerzo y, por tanto, están entorpeciendo el proceso por el cual el ser todopoderoso del niño es reemplazado por el ser competente. Los niños que permanecen sometidos a su ser todopoderoso estarán motivados por los resultados y, por tanto, serán vulnerables a las desilusiones inevitables de la vida. En cambio, los niños que crecen hasta basar su felicidad secundaria en la satisfacción del esfuerzo prolongado no sentirán interrumpido su bienestar cuando las cosas no salen como ellos quieren.

La indulgencia no es amor inteligente

La indulgencia puede definirse como una forma de paternidad que no impone la regulación necesaria al comportamiento del niño. Los padres indulgentes creen que actúan así por el bien de sus hijos. La indulgencia tiene su origen en la incapacidad de los padres para soportar la rabia o la infelicidad del niño, lo cual les impide controlar la conducta inmadura del mismo cuando es necesario y, por tanto, protegerle de sus consecuencias. El problema no es que los padres indulgentes malcríen a su hijo por ser demasiado generosos o amables. Como decíamos antes, satisfacer los deseos del niño siempre favorece el desarrollo. La indulgencia perjudica al niño porque le enseña que su ser todopoderoso tiene razón al creer que es omnipotente. La indulgencia impide que los niños dejen de creer que su bienestar dependerá siempre de conseguir lo que quieren cuando quieren —un objetivo imposible— y entorpece el desarrollo de su ser competente.

PADRES CON PROBLEMAS PARA MANTENER EL CONTROL

Los padres de Tom acudieron a nosotros porque su hijo de cuatro años tenía problemas para autocontrolarse. Sus maestros y compañeros de la guardería se enfadaban constantemente con él por su conducta agresiva. Al hablar con los padres nos dimos cuenta de que cuando Tom deseaba hacer o tener algo que no era bueno para él, a sus padres les incomodaba oponerse a su deseo. Como consecuencia, Tom veía programas de televisión que le aterrorizaban, iba en bicicleta por la casa y pegaba y empujaba a sus padres cuando se enfadaba.

Pese a las sinceras intenciones de hacer feliz a su hijo y creer que lo estaban consiguiendo al no interferir en su necesidad de «expresarse», el fracaso de los padres a la hora de manejar su conducta descontrolada impedía a Tom desarrollar la capacidad saludable y estable de autorregularse. El desconcierto que Tom experimentaba cuando otras personas no satisfacían sus necesidades como hacían sus padres sólo conseguía aumentar su agresividad.

Mediante asesoramiento, los padres empezaron a comprender la importancia de mantener la conducta de su hijo dentro de unos límites constructivos y apropiados para su edad. Aprendieron a utilizar la regulación con amor para limitar la televisión a programas entretenidos y educativos, restringir la bicicleta al parque e impedir con amabilidad pero también firmeza que les pegara. Al principio, Alex se enfurecía cuando no veía cumplidos sus deseos. No obstante, nosotros habíamos ayudado a los padres a prever esta ira inicial y mantenerse firmes al tiempo que tranquilos y positivos. Con el tiempo, Tom aceptó las nuevas directrices impuestas en su casa. Su nueva capacidad para aceptar consejos de los adultos se trasladó a la escuela y su comportamiento en clase empezó a equipararse al de sus compañeros. Como resultado, comenzó a agradarle la escuela y a recibir invitaciones para ir a jugar a casa de otros niños.

El entorno también influye

Cuando afirmamos que usted puede ayudar a su hijo a obtener una felicidad interior permanente y la capacidad de regular sus propios deseos no estamos ignorando la existencia de desagradables sucesos a gran escala —como las sequías, el hambre, las guerras y la desigualdad social— ni las desgracias personales a causa de un accidente, una enfermedad o una muerte. Es cierto que unas condiciones sociales y económicas terribles pueden impedir que los padres ofrezcan un cuidado óptimo a su hijo pese a estar capacitados para ello. Hay niños que son separados de sus padres en tiempos de guerra. Los padres que viven en la pobreza tienen que trabajar muchas horas, por lo que apenas disponen de tiempo para estar en casa con sus hijos ni de medios económicos para contratar ayuda.

La aceptación por parte de la sociedad de que los niños tienen necesidades emocionales, y el desarrollo de medidas sociales que ayuden a los padres a satisfacer esas necesidades, son aspectos fundamentales a la hora de impulsar el bienestar humano a gran escala. Las mejoras sociales que benefician a padres e hijos (como subsidios que permiten a los padres quedarse en casa mientras su hijo es pequeño o leyes que impiden que los empresarios penalicen a los padres que deciden trabajar solamente media jornada cuando sus hijos son pequeños), han sido desarticuladas por muchas razones, entre ellas las teorías populares pero erróneas que afirman que las mejoras son inútiles porque las causas de la infelicidad humana son innatas; el fracaso de soluciones utópicas como el comunismo; la creencia extendida de que los beneficios económicos a corto plazo son preferibles a la felicidad humana a largo plazo; y no comprender el proceso que lleva a los niños a convertirse en seres equilibrados, felices y competentes o en seres crónicamente infelices e incompetentes.

Aunque en estas páginas dedicamos poco espacio a los complejos y arduos esfuerzos consagrados a encontrar soluciones a los problemas sociales acuciantes que entorpecen la capacidad de los padres para criar con éxito a sus hijos, creemos que tales problemas merecen una atención seria y constante. Esperamos que la visión de la infancia que exponemos en estas páginas contribuya a la creación de ayudas sociales y económicas significativas para los niños y sus padres.

Los niños con infelicidad interior que crecen en zonas de pobreza y violencia serán especialmente propensos a desarrollar síntomas de alienación, agresividad y falta de interés por su propio bienestar y el de los demás. El entorno influye en el desarrollo emocional del niño de dos maneras. En primer lugar, determina si unos padres capaces de satisfacer las necesidades emocionales de sus hijos tendrán la oportunidad de hacerlo. Y en segundo lugar, influye en la proporción del equilibrio interior del niño mantenido principalmente por el placer positivo y por el placer destructivo o las experiencias desagradables. La comunidad que ofrece un amplio abanico de oportunidades deportivas y culturales está ayudando a sus jóvenes a aprender a buscar el placer positivo.

El niño que ha adquirido infelicidad interior basa su equilibrio en una combinación de placer positivo, placer destructivo y experiencias desagradables. El entorno puede afectar radicalmente este equilibrio. Los niños con infelicidad interior que crecen en un barrio donde apenas hay oportunidades positivas debido a la falta de recursos, y donde existe la cultura de bandas que valora la violencia y acepta los problemas con la policía como una parte inevitable de la vida, tienen más probabilidades de utilizar las experiencias destructivas para mantener su equilibrio interior.

Necesitamos urgentemente reformas sociales que aseguren que los padres capaces de satisfacer las necesidades emocionales de sus hijos tengan la oportunidad de hacerlo, y que los niños que tienen la desgracia de padecer infelicidad interior gocen de la oportunidad de construirse una vida lo más satisfactoria posible. Los niños que tienen infelicidad interior pero están bien alimentados y vestidos y poseen unos padres que fomentan y cultivan sus aptitudes tendrán una vida mucho más satisfactoria que los niños con infelicidad interior cuyo entorno es peligroso y carente de oportunidades. Estos niños, además, corren el riesgo de morir cada vez que salen a la calle y pierden asiduamente a amigos y familiares a causa de las drogas y la violencia.

EL ARRESTO FAVORECE EL DESARROLLO DE ALGUNOS NIÑOS

La directora de un centro de menores pendientes de juicio observó que si los jóvenes eran arrestados y encarcelados avanzaban uno o dos cursos escolares en apenas unos meses. Tales progresos los atribuía al hecho de que «lo primero que damos a estos jóvenes es seguridad, esto es, un entorno donde las balas no atraviesan las puertas ni hay necesidad de arrojarse al suelo. Un niño aterrorizado no puede aprender; el miedo paraliza el cerebro».[3]

Muchos padres competentes son incapaces de cuidar eficazmente de sus hijos a causa de sucesos que escapan a su control, como una enfermedad grave, una convulsión social o una crisis económica que les obliga a trabajar fuera de casa cuando los hijos son todavía muy pequeños. A la hora de concebir iniciativas sociales, los legisladores deberían tener en cuenta las necesidades de niños y padres. Por ejemplo, si el gobierno empuja a los padres separados y con hijos pequeños que dependen de un subsidio a trabajar fuera de casa, los niños salen perjudicados y los padres acaban amargados, fenómeno que crea peores, que no mejores, ciudadanos.

En este capítulo hemos descrito cómo los niños pueden desarrollar inconscientemente una infelicidad interior crónica si:

- las circunstancias personales, sociales, políticas o económicas minan la capacidad de los padres para hacer del cuidado de los hijos su máxima prioridad;
- los padres no comprenden que los hijos interpretan cada experiencia, ya sea negativa o positiva, como el efecto derivado del cuidado ideal de aquéllos;
- los padres quieren atender positivamente a sus hijos pero no pueden evitar enfadarse, entrometerse, censurarles o mostrarse negligentes; o
- los padres son indulgentes. Es decir, sus reacciones positivas con los hijos se deben a la necesidad de aliviar la propia infelicidad interior y no a la capacidad para disfrutar del hecho de ayudar a los hijos a convertirse en seres realmente felices y competentes. Estos padres son incapaces de dar a sus hijos la regulación con amor que necesitan porque no pueden soportar la rabia ni las lágrimas del niño y, por tanto, no son capaces de dirigir su conducta descontrolada.

La culpa no es de los padres

Puesto que muchas veces se ha culpado a los padres de los problemas de los hijos, cuando afirmamos que éstos desarrollan una infelicidad interior cuando aquéllos son incapaces de atender sus necesidades, es posible que los padres, sobre todo las madres, den por sentado que les estamos culpando de los problemas de sus hijos. No es así. Sabemos que los padres se esfuerzan mucho por hacer felices a sus hijos y quieren comprender cómo y por qué éstos se vuelven infelices. Más aún, sabemos que desean fervientemente aprender a reconducir a su hijo infeliz por un camino que le lleve a una vida feliz y productiva.

El hecho de que a algunos padres les resulte difícil atender las necesidades de desarrollo de sus hijos no significa que sus intenciones no sean buenas, que no se estén esforzando o que no sean cariñosos y amables. Tal vez esos padres estén condicionados por limitaciones externas o por una enfermedad física, quizá hayan recibido malos consejos sobre cómo criar a los hijos y desconozcan las verdaderas necesidades de desarrollo de los mismos, o quizá padezcan infelicidad interior, hecho que minaría su capacidad para cuidar eficazmente de los hijos.

La causa y la responsabilidad moral no son sinónimos. Equiparar ambas cosas es como decir que la persona que no sabe que se está resfriando y difunde el virus en un ascensor lleno de gente es moralmente responsable del consiguiente contagio. Los padres, pues, no buscan deliberadamente que sus hijos desarrollen una infelicidad interior y, por tanto, no son moralmente responsables de la misma.

Los padres que padecen infelicidad interior pueden tener problemas para separar sus necesidades personales de las necesidades del niño. Ello explica por qué algunos niños con padres bienintencionados pueden desarrollar infelicidad interior. Supongamos que un niño pequeño se niega a irse del parque cuando su madre le dice que es hora de volver a casa. La madre no sabe cómo reaccionar. Si deja que se quede, ¿lo hace porque quiere satisfacer la necesidad de su hijo de tomar decisiones o porque no quiere que el niño se sienta infeliz ni se enfade con ella?

Supongamos que esta madre insiste en que hay que volver a casa. ¿Hace bien al juzgar que su hijo necesita más una siesta que satisfacer el deseo de jugar en el parque? ¿O insiste en irse porque la rebeldía de su hijo la desafía? Si el niño no da muestras de cansancio ni irritabilidad que indiquen que realmente necesita una siesta, no le hará ningún daño quedarse un rato más.

Todos los padres conservan el deseo innato (aunque sea en estado latente) de querer a sus hijos sin reservas. En todo nuestro trabajo clínico no hemos conocido ningún padre que no hiciese todo lo posible por tomar las decisiones adecuadas para su hijo.

Creer que los niños son infelices debido a su carácter innato o a la maldad o vileza de la naturaleza humana es un consuelo demasiado fácil. Si adoptamos esta creencia estamos aceptando que no podemos hacer nada para remediarlo. Sin duda, es más útil y esperanzador reconocer que los niños desarrollan una infelicidad interior crónica por amor a los padres y que éstos pueden aprender a aplicar los principios del amor inteligente para ayudarles a cambiar.

Tres

Reconocer la infelicidad interior del niño y hacerla retroceder

Para ayudar realmente a un hijo infeliz y difícil, los padres deben, en primer lugar, comprender cómo influye la infelicidad interior en su conducta y sus experiencias. Las dos consecuencias más importantes de la infelicidad interior del niño son: 1) que su bienestar permanece totalmente vulnerable a los altibajos de la vida cotidiana, y 2) que su bienestar está a merced de la necesidad inconsciente de causarse infelicidad, como le ocurre al niño que se golpea la cabeza contra el borde de la cuna o se muerde las uñas hasta sangrar.

La infelicidad interior hace a los niños especialmente vulnerables a los altibajos de la vida

Cuando el niño tiene sus necesidades atendidas generosa y positivamente, obtiene los recursos interiores necesarios para funcionar flexible y eficazmente en el mundo real. Por el contrario, el niño cuyas necesidades no son debidamente atendidas desarrolla una infelicidad interior que le vuelve vulnerable a las decepciones y deteriora su capacidad para enfrentarse a la vida diaria. Por mucho éxito que una persona alcance en la vida, si durante la infancia adquirió infelicidad interior las desilusiones cotidianas conseguirán alterar su bienestar, pues éste seguirá dependiendo de su habilidad para conseguir lo que quiere cuando quiere. Supongamos que la chica más popular del instituto no recibe la invitación a una fiesta a la que deseaba ir, el empresario más triunfador tiene un revés financiero, el político más carismático no consigue los votos que esperaba, el agricultor más competente pierde la cosecha a causa del mal tiempo y el atleta más poderoso pierde una final. Cuando esto ocurre, además de la frustración de no conseguir un deseo codiciado, el individuo carente de una felicidad interior estable sufre un deterioro de su autoestima. Los reveses en la vida son inevitables. Lo evitable es el sentimiento de desvalorización que los acompaña. Si su hijo parece especialmente vulnerable a los reveses cotidianos, aumentará su capacidad de adaptación si utiliza las directrices del amor inteligente descritas en este capítulo.

Puesto que el bienestar interior del niño infeliz y conflictivo depende de conseguir lo que quiere cuando quiere, cuando eso no ocurre rompe a llorar, aprende a mostrar indiferencia o se pone furioso. Del mismo modo que recibir un premio puede hacerle sentir dueño del mundo, no recibirlo puede hacerle sentir un inútil. La infelicidad interior puede hacer, incluso, que el niño experimente como una tragedia desilusiones aparentemente intrascendentes. Esta incapacidad para separar la infelicidad interior de la influencia de los acontecimientos externos dota a las desilusiones cotidianas —desde la pérdida de un juguete hasta un cambio de planes en el último minuto o una crítica— del poder de desequilibrar la vida del niño. Cuando los padres reconocen esta vulnerabilidad y escuchan compasivamente los lamentos de su hijo, éste obtendrá una fuente de bienestar alternativa que le permitirá sentirse tranquilo y valioso aun cuando las cosas no salen como desea.

El bienestar interior del niño que padece infelicidad interior depende de símbolos externos. La felicidad primaria inalterable del niño nace de la certeza de que sus padres se han comprometido incondicionalmente a satisfacer sus necesidades de desarrollo. Esta reserva de bienestar interior hace posible que el niño llegue al final de la adolescencia con la capacidad de tomar decisiones positivas y llevarlas a cabo con habilidad y placer. Desgraciadamente, los niños que no han desarrollado una felicidad interior auténtica deben, para proporcionarse bienestar interior, basarse en experiencias no relacionadas intrínsecamente con su valía personal. Puede que, consciente o inconscientemente, asocien su sensación de seguridad interior con símbolos sociales (por ejemplo, el hecho de ser aceptados en un grupo de amigos), materiales (poseer un juguete muy deseado) o categóricos (vestir ropa cara o tener un título académico). Gran parte de las agresiones humanas, desde las guerras hasta pequeños altercados, se producen porque la gente con infelicidad interior cree que su vida o su honor dependen de la conservación de determinados símbolos externos, esto es, religiosos, culturales, nacionales, regionales o familiares. La gente que se lanza a estas contiendas siente que está defendiendo o vengando su mismísima esencia. Aunque tales símbolos tienen un valioso significado personal, objetivamente pueden ser tan nimios como el cromo de un jugador de béisbol.

El niño que ha adquirido infelicidad interior mantiene inconscientemente la ilusión de que puede controlar todo lo que le ocurre. El niño que carece de felicidad interior se aferra, sin saberlo, a la supuesta capacidad de su ser todopoderoso de controlar las situaciones, pues no ha desarrollado fuentes alternativas de bienestar para superar el bache cuando las cosas van mal. Esta pertinaz ilusión del niño de que tiene o podría tener el poder de conseguir todo lo que desea explica su conducta irracional y autodestructiva (por ejemplo, el niño que salta de un árbol convencido de que aterrizará ileso o el adolescente que sabe que fumar puede provocar cáncer pero no cree que a él le perjudique).

El niño con infelicidad interior generalmente necesita dominar a los demás. Si su felicidad interior depende de conseguir lo que quiere cuando quiere, suele tener problemas para relacionarse porque siempre vive los deseos de los demás como una amenaza para su propio bienestar. Este niño puede arruinar amistades gratificantes debido a su fiero espíritu competitivo, porque experimenta el éxito de los demás como una forma de exponer su propia inaptitud, o por disputas interminables causadas por diferencias de opinión nimias pero inamovibles (por ejemplo, el niño que siempre tiene que decidir a qué jugarán él y sus amigos).

Los niños con infelicidad interior pueden reaccionar a las decepciones cotidianas de diversas maneras, por ejemplo, con una sensación constante de inseguridad, vergüenza, falta de memoria y distracción involuntaria, o enfado infundado con otra persona. Sus reacciones pueden alcanzar el suicidio o el homicidio (como la pareja de adolescentes que se suicida porque sus padres no les dejan salir juntos).

Sean reacciones leves o graves, los niños cuyo bienestar interior permanece vulnerable a las desilusiones cotidianas —incluso por sucesos tan insignificantes como perder un lápiz o llegar al cine y descubrir que no quedan entradas— carecen de la satisfacción profunda de saber cómo se sentirán al día siguiente o incluso dentro de una hora.

CAMBIO DE FORTUNA

Un niño de diez años se puso muy contento al comprar el Paseo Marítimo en el juego del Monopoly, pero se deshizo en lágrimas y arrojó las piezas al suelo cuando le arrebataron las casas. Los niños que gozan de felicidad interior estable se decepcionan cuando la suerte les da repentinamente la espalda, pero no tienen el impulso de destrozar el juego para recuperar el equilibrio.

Los padres que comprenden los motivos de los arranques aparentemente infundados de su hijo, sabrán que no deben estimular su infelicidad interior mediante críticas o castigos. Si se muestran compasivos contribuirán positivamente al desarrollo de un bienestar interior estable y, por tanto, ayudarán a su hijo a ser menos vulnerable cuando las cosas vayan mal.

Síntomas de infelicidad interior

Éstos se traducen en patrones de conducta poco regulada que no se deben al desarrollo inmaduro del niño. Muchos de los síntomas considerados típicos o benignos por una determinada sociedad suelen pasar desapercibidos, mientras que los atípicos o disfuncionales se consideran anormales. Los padres y profesionales suelen responder a los síntomas como si éstos fueran el problema principal, cuando en realidad los síntomas solamente indican la presencia de infelicidad interior.

Como ya hemos comentado, en ciertas culturas un leve nivel de infelicidad se considera una consecuencia normal del hecho de ser humanos. En la cultura occidental, algunos síntomas de infelicidad que se perciben erróneamente como normales son:

- expresiones que denotan falta de autoestima («Siempre me equivoco»);
- sentirse ligeramente «deprimido»;
- tener problemas para estudiar o trabajar, controlar el peso o actuar en beneficio propio; y
- sensación constante de desasosiego y descontento.

Es posible que otros síntomas de infelicidad interior pasen desapercibidos porque la persona que los sufre los considera normales. La propia cultura valora algunos de estos síntomas (por ejemplo, en Occidente se valora el exceso de trabajo, el materialismo y el perfeccionismo).

Algunos niños que tienen infelicidad interior aseguran ser felices y estar «bien» aun cuando sus padres y maestros los encuentran decaídos. Además, la infelicidad interior no impide a los niños mostrarse alegres y risueños. Pero su necesidad de crearse infelicidad encontrará otras formas de expresión. Por ejemplo, puede que elijan amigos que siempre les decepcionan o que se mantengan emocionalmente desequilibrados olvidando hacer tareas importantes.

En general, los niños que adquieren la necesidad de ser infelices suelen crearse problemas sin saberlo. Ello se observa claramente en aquellos que inconscientemente corren hacia el desastre y se sienten víctimas cuando éste se produce, por ejemplo el adolescente que, por esquiar descontroladamente, hiere de gravedad a alguien y le culpa de haberse cruzado en su camino, o el niño que se rompe la pierna al bajar por un pasamanos y culpa a su hermana de haberle desfiado.

Estos niños suelen sabotear las relaciones porque se impiden a sí mismos aceptar la amabilidad, la amistad o el amor de otra persona. Por muy bien que ésta les trate, estarán esperando que surja el auténtico ser (irritado, malo, desagradable). Cuando unos padres dijeron a su hijo pequeño que le querían, éste exclamó «¡No es cierto!». Los padres, que nos visitaban por la depresión de su hijo, no se tomaron la respuesta como una ofensa personal, sino que reaccionaron con compasión. «Debe de ser muy doloroso para ti pensar que no te queremos. Seguiremos ayudándote para que comprendas que sí te queremos.»

Es cierto que los niños con una felicidad primaria estable se sienten a veces infelices (por ejemplo, cuando tienen la gripe). Esta infelicidad, sin embargo, no corrompe la sensación de bienestar interior y, aún más importante, estos niños no provocan su propia infelicidad. En cambio, aquellos cuyas necesidades emocionales no están debidamente satisfechas desarrollan inconscientemente la necesidad de reproducir la infelicidad interior que en un principio experimentaron en la relación con sus padres.

Cuando los niños se enfrentan a experiencias traumáticas, como el abuso emocional, sexual o físico, su necesidad de provocarse sufrimiento puede traducirse en una conducta seriamente disfuncional. El comportamiento sintomático severo incluye psicosis infantil, fobia escolar crónica, conducta antisocial y trastornos alimenticios. Si estos niños no responden a los principios del amor inteligente, es posible que necesiten tratamiento psicológico.

El suicidio (o el intento de suicidio) es la manifestación más extrema de infelicidad interior. La mayoría de las personas que se suicidan lo hacen pese a gozar de un buen sustento y una buena salud. Se quitan la vida porque creen que sólo con la muerte encontrarán la paz interior. Por las razones que sea, esta gente no encuentra la forma de satisfacer su necesidad, adquirida pero inconsciente, de infelicidad interior salvo quitándose la vida.

Por fortuna, la mayoría de la gente que necesita infelicidad puede satisfacer esa necesidad sin recurrir al suicidio. Generalmente bastará con un período de depresión o autocensura. Trascurrido éste, la persona será capaz de mantener su equilibrio interno sin necesidad de quitarse la vida.

EL NIÑO QUE NO SALIÓ ELEGIDO

Un niño que padecía infelicidad interior no fue seleccionado para hacer el papel que deseaba en la obra de teatro de su clase. Al principio reaccionó con un ataque de rabia contra sí mismo por haber cometido la estupidez de presentarse a la prueba. Pese a los esfuerzos de sus padres por animarle, durante varios días tuvo problemas para levantarse por las mañanas. Con el tiempo, la autocensura bastó para satisfacer su necesidad inconsciente de sufrimiento como respuesta a tan grave desilusión. Al final, con ayuda de un maestro y el apoyo de sus padres, se esforzó por buscar la parte positiva y consiguió ser director de escena.

A veces niños (o adultos) que parecen bastante normales muestran de repente síntomas severos como fobias, tics nerviosos, depresiones, esquizofrenia o ira homicida. Estos síntomas pueden desaparecer con la misma rapidez con que aparecieron o hacerse crónicos. Aunque parezcan surgidos de la nada, lo cierto es que el individuo había adquirido felicidad interior mantenida principalmente por el placer constructivo hasta que un acontecimiento inclinó la balanza hacia la necesidad de sufrir.

La persona con infelicidad interior mantiene su equilibrio interno mediante una mezcla de placer positivo, placer destructivo y experiencias desagradables. Este equilibrio puede variar según las experiencias. Si de súbito aparecen síntomas serios, significa que alguna experiencia en la vida de la persona ha reforzado su dependencia del placer destructivo (abuso de sustancias narcóticas) o de las experiencias desagradables (conducta fóbica) para obtener la sensación de bienestar interior.

MORIR LITERALMENTE DE HAMBRE

Hace un tiempo, una gimnasta joven y de gran talento murió de anorexia nerviosa. Según la prensa, padecía dicho trastorno alimenticio desde que durante un campeonato uno de los jueces le dijo que sus puntuaciones serían más altas si perdiera algunos kilos. Como consecuencia del comentario, la muchacha dejó de comer hasta morir. Su necesidad inconsciente de sufrir fue más fuerte que el deseo constructivo de ser una gimnasta sana y triunfadora. Su trágica muerte muestra hasta qué punto otros adultos pueden influir negativa o positivamente en el modo en que los niños con infelicidad interior satisfacen su necesidad de bienestar.

El deseo de infelicidad

La necesidad adquirida, aunque inconsciente, de infelicidad explica muchas conductas humanas que resultan sorprendentes. Un ejemplo es el niño que cree que es feliz mientras tiene una conducta derrotista o autodestructiva.

Los niños ignoran que están actuando llevados por el deseo de infelicidad interior. Un ejemplo sería aquel que inconscientemente provoca a sus compañeros para que le peguen y cuando lo hacen se siente atacado. Algunos niños son conscientes de sus impulsos derrotistas o autodestructivos pero no pueden combatirlos, como es el caso del niño que debe hacer un trabajo para la escuela pero es incapaz de documentarse.

Hay niños que creen que la infelicidad que se provocan conscientemente es aceptable. Puede que se provoquen sufrimiento para expiar un error, por ejemplo pegándose en la cabeza; o que haciéndose daño encuentren un medio de tranquilizarse, como el adolescente que se corta cuando está nervioso. Otros buscan experiencias desagradables creyendo que el malestar resultante les hará sentirse mejor. Cuando buscan placer, normalmente lo hacen para aliviar su infelicidad interior, no por el placer en sí. Un ejemplo es el niño obeso que cada vez que tiene un momento malo se pone a comer dulces, o el adolescente que desea que le alaben su aspecto para contrarrestar el hecho de que se siente feo. Pero el placer destinado a calmar la infelicidad interior sólo proporciona alivio pasajero. Y a veces dicho placer es destructivo, como el bienestar que produce la heroína o la cocaína.

La infelicidad interior puede hacer que los niños reaccionen al placer con aversión

Estos niños desarrollan deseos contradictorios. Por una parte, conservan el deseo innato de obtener felicidad interior a través del placer positivo; por la otra, puesto que de bebés estaban convencidos de que la infelicidad que experimentaban cuando sus necesidades no eran debidamente atendidas era la felicidad ideal pretendida por sus ideales padres, han adquirido inconscientemente el deseo de buscar experiencias desagradables. El resultado de estos deseos contradictorios es la ausencia de paz interior. Cuando el niño satisface su necesidad inconsciente de experiencias desagradables, el deseo de buscar placer se frustra. Cuando alcanza un momento de gloria, el placer que siente frustra su necesidad de experiencias desagradables y le insta a hacerse infeliz.

La necesidad inconsciente de hacerse infelices les lleva a responder negativamente a las experiencias positivas. Esta *aversión al placer* es la razón por la que la conducta de estos niños puede empeorar temporalmente como reacción a las atenciones genuinas. Por desgracia, los padres y maestros suelen llegar a la conclusión de que en estos casos sólo funcionan las medidas severas. Las reacciones negativas frente al éxito y las experiencias agradables se producen a menudo en la escuela, así que los maestros y entrenadores que lean estas páginas seguro que cuentan con numerosas oportunidades de utilizar los principios del amor inteligente para ayudar a los niños infelices.

UNA ESTUDIANTE VA A FRANCIA A PESAR SUYO

Una madre vino a vernos porque su hija Cynthia, estudiante de instituto, era propensa a tomar decisiones derrotistas. Cynthia era una excelente estudiante de francés y estaba muy al corriente de los temas de actualidad. Era, por tanto, la persona idónea para asistir como delegada de su instituto a una convención internacional en Francia. No obstante, reaccionó negativamente al placer que representaba esta emocionante oportunidad. Se convenció de que suponía demasiado esfuerzo y anunció que no se presentaría a la elección. Y empezó a arrepentirse de su decisión nada más tomarla. Se pasó toda la semana pensando en lo bien que se lo habría pasado de haber salido elegida. La indignación que sentía por haber estropeado esta oportunidad única la devoraba.

Afortunadamente, su madre y su profesora de francés comprendieron que la joven, sin darse cuenta, estaba siendo sacudida por los deseos opuestos de placer constructivo e infelicidad. Por ello no se enfadaron cuando decidió no presentarse a la elección de delegada. Tampoco pensaron que necesitaba aprender una lección quedándose en casa. Tanto la madre como la profesora estaban decididas a apoyar el deseo de Cynthia de elegir lo mejor para ella.

La profesora le dijo que percibía su deseo de cambiar de decisión. Cynthia asintió pero dijo que no podía hacerlo: temía hacer el ridículo ante sus compañeros. La profesora le dijo que la gente a veces toma decisiones equivocadas, y que lo importante es comprender que nadie está obligado a vivir con una mala decisión sino que puede rectificar. Añadió que Cynthia aún estaba a tiempo de presentarse al cargo de delegada y que ella apoyaría su candidatura.

También le dijo que los compañeros de clase le gastarían algunas bromas por haber vacilado, pero que aun así no podía desaprovechar una oportunidad tan buena. Con el apoyo de su profesora y su madre, Cynthia reunió el valor necesario para anunciar su cambio de parecer. Fue elegida como delegada y tuvo una experiencia memorable en Francia. Así pues, con la ayuda de dos adultos comprensivos y afectuosos, su deseo de placer constructivo se fortaleció.

Cuando los niños necesitan tanto experiencias agradables como desagradables, muchas veces, tras un momento feliz (un estupendo lanzamiento en un partido de béisbol), satisfacen su necesidad de infelicidad (dejan caer la siguiente pelota). Para estos niños, hasta el logro o la experiencia más gratificante está teñida de desilusión, lo cual explica por qué suelen reaccionar a los regalos que reciben encontrándoles algún defecto, o a los logros buscando la desaprobación. Una adolescente que supo que había sido seleccionada entre las mejores alumnas del instituto no pudo evitar estropear sin querer sus tejanos favoritos. Un niño de seis años que se esforzaba por aprender a leer y al final lo consiguió, respondió a las felicitaciones de su maestro con: «No tiene importancia, porque los demás niños ya están en el siguiente nivel.»

Estas reacciones negativas al éxito y el placer son bastante corrientes, pero la mayoría de las veces pasan desapercibidas o no se comprenden. Una adolescente que estalló de alegría cuando se enteró de que la habían aceptado en la universidad nubló su felicidad pillándose «accidentalmente» los dedos en una puerta. Una niña que ganó un premio por un proyecto de ciencias al que había dedicado muchas horas fue incapaz de disfrutarlo porque en el fondo creía no merecerlo. El dolor la hacía sentirse virtuosa por no ser «engreída».

Cuando los hijos reaccionan negativamente al placer, los padres suelen llegar a la conclusión de que sus esfuerzos por ayudarles son infructuosos o incluso contraproducentes. Sin embargo, resulta inevitable que un niño infeliz tenga, cuando menos, una reacción confusa en cuanto al placer. Si reacciona negativamente a lo que debería ser una experiencia placentera, es señal de que un viraje hacia la felicidad ha incitado una reacción hacia la infelicidad. Si los padres son capaces de evitar enfadarse o desanimarse ante estas reacciones negativas al placer, podrán convertirlas en experiencias que favorezcan el crecimiento de su hijo. Los padres que mantienen una actitud positiva y afectuosa podrán ayudar a su hijo a comprender sus reacciones contradictorias al placer. Con el tiempo, es posible que las respuestas negativas empiecen a disminuir.

UN PASEO EN PONI

Craig, un niño de cuatro años que sufría violentos berrinches, deseaba ser vaquero de mayor. Así pues, se puso eufórico cuando sus padres le llevaron a una feria para dar un paseo en poni. Terminado el paseo, Craig pidió una golosina. Los padres le dijeron que estaban a punto de almorzar, pero que podría comerla de postre. Aunque Craig conocía y solía aceptar la norma familiar de no comer dulces antes de las comidas, se arrojó al suelo y empezó a dar patadas mientras gritaba: «¡Nunca me dais lo que pido!»

En el pasado los padres de Craig habrían reaccionado con observaciones del tipo «¿Cómo puedes decir eso cuando te hemos traído a la feria para que montaras en poni?» o «¿De qué sirve hacer cosas por ti si nunca las tienes en cuenta?». Pero ahora, con nuestro apoyo, estaban probando algunas directrices del amor inteligente. En lugar de enfadarse, comprendieron que Craig había reaccionado negativamente al placer del paseo en poni y simplemente dijeron: «Almorcemos primero y luego podrás tener tu golosina. Hasta los propios vaqueros almuerzan antes de comer golosinas.» Craig alzó los ojos llenos de lágrimas y preguntó: «¿De veras?» Sus padres asintieron. El niño se levantó y aceptó la mano que le tendía su madre. Durante el almuerzo, su padre dijo: «Sabes, a lo mejor la razón de que te enfadaras tanto por la golosina fue que acababas de tener el paseo en poni que querías y estabas tan contento que una parte de ti no podía soportarlo.» Craig no respondió.

Unos días más tarde, los padres lo llevaron a una juguetería para que eligiera un juguete. Cuando pidió un segundo juguete y se lo negaron, volvió a arrojarse al suelo y a gritar. Su madre le dijo cariñosamente: «¿Sabes una cosa? Creo que está ocurriendo lo mismo que el día del paseo en poni, cuando te enfadaste por no conseguir la golosina. Te cuesta disfrutar del juguete que has elegido.» Craig se levantó y al poco rato estaba jugando felizmente con su nuevo juguete.

A lo largo de los meses siguientes Craig dejó de reaccionar a las experiencias agradables pidiendo inmediatamente algo que no podía tener y agarrando una rabieta cuando se lo negaban. Durante un tiempo, cada vez que conseguía algo que le gustaba se volvía irritable, pero poco a poco aprendió a disfrutar de las actividades y regalos especiales sin arruinar su sensación de felicidad.

El niño infeliz puede que busque oportunidades para frenar posibles logros. Por ejemplo, los padres deberían comprender que si aplaza constantemente el momento de hacer los deberes tal vez lo haga porque necesita experiencias desagradables.

LA ADOLESCENTE QUE DESTROZÓ SU ARDUA LABOR

Estábamos trabajando con los padres de una estudiante de secundaria llamada Carol. Querían que su hija se diera cuenta de que muchas veces ella misma se creaba obstáculos cuando las cosas le iban bien. Fue seleccionada reportera del periódico del instituto tras un reñido concurso. Sus padres la felicitaron cuando se enteraron de la noticia. Luego, muy suavemente, le recordaron que aunque estaba contenta por haber sido elegida, sabían por experiencias pasadas que la sensación de éxito podía incomodarla y llevarla a sabotear ese placer cometiendo algún error. Carol asintió pensativamente. Al día siguiente, durante la cena, les dijo: «Estuve a punto de entregar una entrevista sin haber repasado el texto. Al hacerlo, me di cuenta de que había escrito mal el nombre del profesor al que entrevistaba. Gracias por recordarme que tuviera cuidado.»

Tal como demuestran estos casos, si los padres saben que su hijo suele reaccionar negativamente al placer, podrán preverlo, tratarlo con ecuanimidad y sensibilidad y verlo como una oportunidad de fomentar la capacidad de su hijo para elegir el placer constructivo. De esta manera, los padres pueden hacer que su hijo vea su necesidad de infelicidad y ayudarle a tomar la decisión de impedir que esta tendencia compulsiva estropee su vida.

La rabia es siempre producto de la infelicidad interior

Existe una importante diferencia entre rabia y enfado. Éste se refiere a la emoción y/o conducta comprensivamente agresiva derivada de un acontecimiento doloroso. Es lógico y sano que usted se enfade si le han robado. Todo el mundo sentiría lo mismo y no es una muestra de infelicidad interior. Pero los niños que suelen tratarse a sí mismos y a los demás con una agresividad infundada están expresando su infelicidad interior en forma de rabia. Ésta puede sentirse conscientemente o saber que existe únicamente por sus efectos. La gente no suele ser consciente de su propia rabia. Por ejemplo, un adolescente sintió una gran admiración por su novia cuando ésta sacó mejor nota que él en una prueba de matemáticas. Ese día, sin embargo, olvidó reunirse con ella después de la escuela y la dejó esperando en una esquina, algo que nunca había hecho.

Un ejemplo de esta distinción entre rabia y enfado son las reacciones opuestas que tuvieron dos niños de seis años ante la agresión súbita de un compañero de clase. El niño que reaccionó con rabia siguió peleando después de que su agresor se hubo rendido y sólo dejó de pegarle cuando el maestro les separó, y aun entonces el muchacho siguió furioso. Gritó al maestro por entrometerse y pasó el resto de la mañana hirviendo de resentimiento. Llegó a casa malhumorado pero no mencionó el episodio.

En cambio, el que respondió con enfado primero se defendió empujando al agresor y luego le dijo que no jugaría más con él si seguía comportándose de ese modo. Luego buscó otros niños con quienes jugar y se dijo que se lo contaría a sus padres cuando llegara a casa.

Todos los niños nacen con la capacidad de desarrollar felicidad interior

La *personalidad* puede definirse como las formas establecidas de evaluar y reaccionar ante las experiencias de la vida. Después de varias décadas obteniendo experiencia clínica y estudiando las investigaciones más significativas sobre el tema, hemos llegado a la conclusión de que los aspectos más importantes de la personalidad —la estabilidad o inestabilidad de la felicidad interior— vienen determinados por la educación que recibe la persona.

El niño cuyos padres han atendido debidamente sus necesidades goza de libertad interior para desarrollar una personalidad flexible y adaptable. Desarrollará una auténtica conciencia de sí mismo porque, como no hay una agenda oculta que rija su vida, es capaz de hacer las elecciones adecuadas en el terreno de los valores, las relaciones, las aficiones y el trabajo, sin tropezar con una oposición interna. Sus decisiones nunca serán autodestructivas ni perjudiciales para otros porque jamás tendrá el deseo de hacerse infeliz o hacer infelices a los demás.

El individuo adquiere auténtica conciencia de sí mismo sólo cuando sus necesidades han sido satisfechas y ha llegado al final de la fase de la adolescencia. No obstante, existen tres tipos de falta de autoconciencia: habitual, de desarrollo y anormal.

- La *habitual* tiene lugar cuando realizamos las actividades cotidianas sin prestarles demasiada atención. Del mismo modo que conducimos de casa al trabajo casi automáticamente, podemos llevar a cabo otras actividades repetitivas sin ser plenamente conscientes de ellas.
- La relacionada con el *desarrollo* viene dada por la inmadurez intelectual y perceptiva. Por ejemplo, los niños pequeños creen poseer el poder de controlar los acontecimientos y conseguir lo que quieren.
- La *anormal* es la incapacidad recurrente de recordar qué necesitamos para ser felices y estar sanos. Esta conducta autodestructiva nace de la necesidad adquirida de obtener infelicidad interior. Como ejemplos, el niño de diez años que cruza la calle sin comprobar si el semáforo está verde, el adolescente que olvida la fecha de entrega de un trabajo importante, la mujer que no presta atención a los síntomas de infección que asoman en su brazo debido a un corte, y el marido que ignora el deterioro de su matrimonio.

Los niños que muestran una falta anormal de conciencia corren el riesgo de hacerse daño. Los padres deben darles numerosas advertencias amistosas, como «Recuerda que es una calle muy ancha, ten cuidado al cruzarla» o «Antes de ir al partido de hockey asegurémonos de que has metido en la bolsa la careta protectora». Si los niños sufren frecuentes accidentes pese al esfuerzo de los padres por que tengan cuidado, quizá necesiten la ayuda de un profesional de la salud mental.

En cambio, un niño cuyas necesidades están satisfechas no ve afectada su felicidad interior por los altibajos de la vida. Como es natural, cada persona desarrollará aptitudes y preferencias diversas en cuanto a trabajo y aficiones, y éstas contribuirán a la excitante variedad de actividades y objetivos en que decida participar. Con todo, estas aptitudes y preferencias no son fuentes de felicidad interior estable ni explican las decisiones más importantes del individuo. Los niños adquieren la felicidad interior permanente y la habilidad de desarrollar al máximo sus capacidades gracias al amor que reciben de sus padres, no a su estructura genética. Queremos destacar que desarrollar al máximo las capacidades no es sinónimo de éxito material. El éxito material no es un objetivo importante en sí mismo y, además, unas circunstancias adversas pueden entorpecer su obtención aun cuando el individuo esté trabajando al máximo de su capacidad.

La creencia extendida pero no demostrada de que la personalidad es, en su mayor parte, innata, ha afectado nocivamente a la forma en que nuestra sociedad ve a los niños. Suele decirse a los padres que su bebé infeliz e irritable ha «nacido así» y que deberían aceptarlo del mismo modo que aceptan el color de sus ojos. Cualesquiera sean los patrones de conducta de un bebé sano, las respuestas de los padres pueden modificarlos.[4]

Cómo ayudar a su hijo a elegir y ser la persona que desea ser

Todos los niños crecen identificándose con las personas que tienen cerca o que admiran. La *identificación* es el intento consciente o inconsciente de parecerse a otra persona. Puede que el niño desee tocar un instrumento musical como su padre o su tía o prefiera pintar como hace su madre o su tío. Las identificaciones del niño cuyas necesidades han sido debidamente atendidas son siempre positivas (generan placer) y voluntarias (no son producto de la infelicidad interior o de la presión de los padres). Con ayuda del amor inteligente, su hijo crecerá eligiendo tratarse a sí mismo con el mismo amor generoso que recibió de usted. También elegirá libremente emular las aficiones y habilidades de personas importantes para él y que prometen ser divertidas.

Cuando las necesidades emocionales del niño no están satisfechas, las identificaciones son involuntarias y a menudo desagradables. Muchos niños crecen con la sensación de que deben seguir los pasos de sus padres y al final carecen de la satisfacción de haber elegido su propia profesión en la vida. Crecer pensando en ser arquitecto porque mamá es arquitecto raras veces se considera un problema, pero si tenemos en cuenta que la identificación del hijo con los logros de los padres es involuntaria e irreflexiva, ésta puede, de hecho, aumentar la sensación de inutilidad, y por tanto intensificar la infelicidad interior del niño.

Si los padres son autodestructivos o antisociales, o si tratan a sus hijos dura o negligentemente, éstos se identificarán con esas actitudes negativas. Un ejemplo es el niño que encierra a su muñeco en el cuarto de baño o imita con sus patines la conducción temeraria de su padre.

Los niños imitan a veces las acciones antisociales de sus compañeros, como burlarse de los chicos que son «diferentes» o lanzar piedras por una ventana. Estas conductas siempre tienen su origen en la previa identificación del niño con sus padres. Los niños cuyas necesidades de desarrollo han sido atendidas positivamente no tendrán la tentación de imitar ningún comportamiento antisocial o autodestructivo.

A veces el niño se identifica con lo que sus padres esperan de él. Por ejemplo, tal vez quiera convertirse en el pintor, el intelectual o el fracaso que sus padres siempre imaginaron que sería. Los niños que rechazan su «destino» se sienten egoístas y culpables. Probablemente los padres opinarían menos sobre la personalidad de su hijo si comprendieran que el niño, por amor a ellos, intentará estar a la altura de esas opiniones. Es el caso de una madre que, delante de su hijo de seis años, dijo a un amigo: «David es tremendamente despistado. Dudo que encontrara su cabeza si no la llevara pegada a los hombros.» Otro padre solía decir a los amigos, delante de su hija de diez años, que era una deportista tan buena que probablemente se ahorrarían los costes de universidad porque obtendría una beca atlética. Aunque tales opiniones y predicciones parezcan chistosas, cariñosas o intrascendentes, ejercen un enorme impacto en el niño, quien es posible que se vea presionado para hacer realidad la opinión de los padres o se sienta avergonzado o culpable si sus deseos o puntos de vista son diferentes.

Entre los niños infelices existen diferencias en el grado en que eligen sus identificaciones, aun cuando ninguna de ellas sea el resultado de una elección realmente libre.

- La identificación involuntaria con el padre o la madre (o con su opinión) es *activa* cuando el niño tiene la certeza de que está eligiendo libremente su línea de conducta. Una chica decidió ir a cierta universidad porque en ella había estudiado su madre, pese a no haberse informado sobre otros centros. La madre, al percatarse de ello, le sugirió que estudiara otras opciones para asegurarse de que tomaba la decisión correcta y se ofreció a ayudarle a reunir información sobre otras universidades. De esta forma, hizo que su hija no cayera en la trampa de actuar siguiendo su identificación irreflexiva con la elección de su madre.
- La identificación involuntaria del niño con el padre o la madre (o con su opinión) es *reactiva* cuando sus decisiones vienen determinadas por la necesidad de distanciarse de los padres. Es el caso del adolescente que estaba decidido a ser completamente diferente de su padre. Tras barajar varias universidades, rechazó la que más le gustaba simplemente porque era donde su padre había estudiado.
- La identificación involuntaria del niño con el padre o la madre (o con su opinión) es *pasiva* cuando simplemente se limita a vivir su «destino». Un niño se convirtió en el adulto derrochador y holgazán que su padre siempre predijo que sería.

Como puede verse, el niño infeliz puede estar atrapado en una indentificación involuntaria aun cuando parezca muy decidido o, por el contrario, incapaz de tomar una decisión. Los padres conscientes de este fenómeno tendrán menos posibilidades de dejarse engañar por la firmeza de su hijo, o podrán ayudarle mejor si la duda le tiene paralizado. Sabrán que su hijo necesita apoyo para considerar y experimentar diferentes posibilidades.

UN RATÓN DE BIBLIOTECA AMPLÍA SUS HORIZONTES

Una pareja vino a vernos porque Ned, su hijo de ocho años, era víctima de las burlas crueles de otros niños por ser un «repelente». Enseguida comprendimos que Ned estaba satisfaciendo la opinión familiar de que era un excelente estudiante y un pésimo deportista. Los padres estaban preocupados porque Ned siempre encontraba alguna excusa para no asistir a clase de gimnasia y tampoco hacía ejercicio en casa.

Les sugerimos que buscaran una actividad física no competitiva y moderada que Ned pudiera realizar con la familia. Los padres propusieron a su hijo pasear juntos el perro. Ned se resistió al principio, pero una vez en la calle disfrutó del aire fresco, de la compañía de sus padres y de la oportunidad de hablarles de sus proyectos científicos. Muy pronto el paseo vespertino se convirtió en una costumbre y los fines de semana la familia acudía a algún parque para hacer excursiones. Aunque Ned nunca desarrolló el deseo de ser una estrella del deporte, a partir de entonces fue capaz de encontrar placer en el ejercicio físico.

Frenar la infelicidad interior

Si su hijo es infeliz y conflictivo, no debe resignarse a ello. La infelicidad interior no es una condena a cadena perpetua. Usted puede utilizar los principios del amor inteligente para fortalecer el deseo de su hijo de experimentar placeres constructivos y reducir su necesidad de causarse infelicidad.

Dado que los hijos desarrollan infelicidad interior por amor a sus padres, éstos pueden basarse en ese amor para hacer más felices a sus hijos. Sabemos por experiencia que todos los padres pueden utilizar los principios del amor inteligente para generar cambios importantes y constructivos en su forma de ejercer la paternidad. Por ejemplo, si los padres responden a la conducta problemática del hijo haciendo uso de la regulación con amor en lugar de emplear medidas disciplinarias, le estarán ayudando a desarrollar una preferencia estable por el placer constructivo. Usted puede utilizar los principios del amor inteligente en cualquier momento para guiar a su hijo hacia una vida satisfactoria y próspera.

Cómo ayudar a su hijo a elegir el placer constructivo

Los padres y otros adultos importantes pueden mejorar mucho la calidad de vida de un niño infeliz porque éste responderá bien a sus cuidados y a las experiencias positivas de todo tipo. Los individuos cuyas necesidades emocionales no han sido satisfechas mantienen su bienestar interior mediante una mezcla de «placer constructivo» (por ejemplo, amistades gratificantes, éxitos académicos), «experiencias desagradables» (por ejemplo, buscar cizaña) y «placer destructivo» (por ejemplo, comer en exceso o tener relaciones sexuales promiscuas sin protección). Este equilibrio no permanece constante; las experiencias de la vida pueden cambiarlo.

Toda persona que tenga una relación importante con un niño infeliz y difícil puede utilizar las directrices del amor inteligente para fortalecer su deseo de bienestar interior mediante la búsqueda de placeres constructivos, y para apartarlo de la necesidad de un bienestar interior basado en experiencias desagradables o placeres destructivos. Todo acontecimiento importante para el niño reforzará o debilitará su preferencia por el placer constructivo. Por ejemplo, el éxito o el fracaso escolar, el enamoramiento o el desenamoramiento, el elogio o la crítica de los padres, la victoria o la derrota del equipo favorito. El cambio puede ser pasajero o permanente.

Por lo general, los niños que acarrean infelicidad interior no esperan que los adultos les comprendan sino que les critiquen. Puede que debido a su necesidad de mantener el equilibrio interior a través de experiencias negativas, intenten inconscientemente provocar interacciones nocivas. Cuando los adultos comprenden esta dinámica y responden a los errores e «infracciones» con comprensión y compasión, el efecto en el niño es profundo.

LA COMPASIÓN TRANSFORMA A UN LADRÓN

Victor Hugo reconocía el poder de la compasión para alterar el rumbo de una vida cuando describió en *Los miserables* la transformación positiva y permanente de Jean Valjean, el ladrón. Tras ser arrestado por robar plata de la rectoría, la policía le liberó cuando el obispo dijo, por compasión, que se la había regalado. Esta generosa acción fortaleció para siempre el deseo de Jean Valjean de placer constructivo. Se distanció de sus viejos sentimientos de amargura y resentimiento, abandonó la conducta antisocial y dedicó el resto de su vida a ayudar a los demás.

Muchos adultos recuerdan interacciones con personas importantes que cambiaron su vida para mejor. Maestros, entrenadores, jefes, clérigos y otros adultos pueden tener este efecto, por eso es importante que también ellos comprendan los principios del amor inteligente.

UN ENTRENADOR CAMBIA LAS COSAS

John ingresó en un instituto nuevo y pasó a formar parte del equipo de béisbol. En su primer partido dejó caer una pelota fácil y arruinó una carrera ganadora. Enfurecido consigo mismo, se dirigió al banquillo esperando que su entrenador le diera la reprimenda que creía merecer. John se quedó estupefacto cuando su entrenador le dio una palmada afectuosa en la espalda y dijo: «Nos ocurre a todos. La próxima vez procura no perder de vista la pelota y todo irá bien. Eres un jugador de primera línea.» El muchacho no podía creer que su entrenador no compartiera su propia irritación. A partir de ese día, a John empezó a parecerle desproporcionada la rabia que sentía hacia sí mismo cada vez que cometía un error. En lugar de sentirse despreciable e inútil, era capaz de decirse que todo el mundo cometía errores, que lo había hecho como mejor sabía y que podía aprender de sus fallos.

Observe en qué situaciones su hijo se muestra más vulnerable

También puede ayudar a su hijo a reducir la necesidad de causarse infelicidad si observa en qué situaciones tiende a echar mano del placer destructivo o a provocar experiencias desagradables. Un padre nos contó que su hija siempre comía en exceso cuando estaba de exámenes finales. Cuando el padre le ofreció el placer más constructivo de sentarse con ella y ayudarle a repasar, la joven fue capaz de regular su apetito.

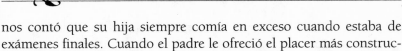

ALBOROTO A LA HORA DE LA CENA

Una madre había observado que su hijo de seis años empezaba a fastidiar a su hermano de cuatro cada vez que se acercaba la hora de la cena. Cuando le pedimos que recordara exactamente qué pasaba, se dio cuenta de que la pelea empezaba cuando ella se ponía a cocinar y dejaba de prestarles atención. Trató de concebir formas de implicar a sus hijos en la preparación de la cena (mezclando, removiendo, poniendo la mesa). Cuando los niños no tenían ganas de participar, antes de ponerse a cocinar les proponía otras actividades, como pintar o dibujar. La madre se alegró mucho al comprobar que la hora previa a la cena se había convertido de repente en un período tranquilo y agradable.

Utilice la regulación con amor para minimizar la exposición de su hijo a libros, películas y programas televisivos perturbadores

Siguiendo el principio de maximizar el deseo de placer constructivo del hijo infeliz, los padres deberían procurar minimizar su exposición a situaciones que estimulen su deseo de placer destructivo o experiencias desagradables. El niño cuyas necesidades de desarrollo están debidamente satisfechas crece buscando el placer constructivo. No le atraen los libros, películas o programas excesivamente violentos o de una tristeza gratuita, ni tiene tendencia a identificarse con los valores que propugnan. Los niños infelices, por el contrario, se sentirán atraídos por esta clase de material. Serán menos competentes y resultarán más perturbados por su exposición a libros, películas o programas agresivos o tristes.

MI HERMANO ES EL MALO DE LA PELÍCULA

Cuando un niño de seis años veía un programa de televisión violento, imaginaba que su hermano de tres años era el malo y lo aterrorizaba fingiendo apuñalarlo con sumo realismo. Aunque es cierto que este niño también descargaba su infelicidad en su hermano cuando no veía la tele, tales ocasiones eran breves y poco frecuentes. En cambio, si veía programas de televisión violentos, la agresividad de las escenas se adueñaba de su imaginación. Su conducta hostil hacia su hermano se volvía tan descontrolada que sólo podía detenerle un adulto.

Los niños infelices son propensos a ver mucha televisión. Ayudarles a reducir ese hábito puede ser un auténtico desafío para los padres. Cuando los niños utilizan la televisión como fuente de bienestar, no basta con pedirles que sólo vean una hora al día, sino proponerles alternativas atractivas. Un padre, por ejemplo, conseguía que su hijo de cinco años le ayudara a reparar cosas en la casa; a un niño de diez años le encantaba ir al parque con su madre para dibujar paisajes; a una niña de tres años le gustaba que le leyeran; y un adolescente disfrutaba jugando a cartas.

Los niños infelices necesitan una orientación amable y constante

Estos niños necesitarán más atención en años venideros que los que vieron atendidas sus necesidades emocionales desde el nacimiento. Los niños infelices necesitan una orientación constante, amable y discreta dirigida a mantener su bienestar interior a través del placer constructivo y no del placer destructivo.

Cuando los niños buscan actividades peligrosas, derrotistas o con probabilidades de producir malos resultados, los padres pueden utilizar las directrices del amor inteligente para ayudarles a elegir mejor. A los padres les tranquilizará saber que los niños conservan el deseo innato de placer constructivo aunque no resulte evidente.

Los padres pueden contribuir valiosamente a su bienestar si

reconocen los momentos en que sus propias actitudes les impiden ser de ayuda. Cuando esto ocurre, pueden buscar la colaboración de otras personas. Una madre cuyo hijo de tres años se ponía muy nervioso ante situaciones nuevas se dio cuenta de que ella era un manojo de nervios cada vez que tenía que ir al dentista. Cuando a su hijo le tocó su primera cita con el odontólogo, la madre comprendió que, dado el terror que le causaba la consulta, su compañía sólo conseguiría agravar la inquietud del pequeño. Así pues, pidió a su hermana, que no tenía miedo a los dentistas, que acompañara a su hijo.

Regulación con amor para el niño que padece infelicidad interior

Los padres suelen decir: «Tememos que si no tratamos con dureza el comportamiento problemático de nuestro hijo, éste nos ignorará y su conducta nunca cambiará. Nuestro hijo no aprenderá que el hecho de portarse mal acarrea consecuencias reales.» Pero como ya hemos dicho, el principio de la regulación con amor permite manejar la conducta conflictiva del hijo sin privarle del placer de una relación positiva.

La regulación con amor pone freno a la conducta descontrolada sin aumentar la infelicidad del niño. Cuando utiliza la regulación con amor, está guiando a su hijo hacia una conducta más constructiva de forma diplomática y sin imponer castigos ni sermones. Su amabilidad y disposición para prestar atención a la infelicidad de su hijo fortalecerán el deseo de éste de tratarse bien. Con el tiempo, la regulación con amor reducirá la necesidad del niño de adoptar comportamientos no deseados.

Como mejor consiguen los niños superar su conducta problemática es cuando se sienten apoyados por la sensación de unión con sus padres. Por esta razón, la regulación con amor siempre es preferible a las medidas basadas en la coacción, pues ésta intensifica la necesidad del niño de hacerse infeliz al instarle a imitar la dureza con que le tratan sus padres.

EL NIÑO QUE «ROBÓ» UN JUGUETE

Unos padres que creían en los beneficios de una disciplina severa reaccionaron duramente cuando George, su hijo de seis años, llegó de casa de un amigo con un juguete que no era suyo. Le preguntaron si lo había robado y George dijo que no. El padre respondió que no le creía y que iba a llamar a su amiguito para preguntarle si George se había llevado el juguete sin permiso. El niño rompió a llorar y confesó lo que había hecho.

Lo primero que hicieron sus padres fue soltarle un discurso sobre el hecho de robar. «¿Cómo te sentirías si alguien te robara?», le preguntaron. «Robar va en contra de la ley y si de mayor robas, irás a la cárcel.» También le prohibieron jugar en casa de su amigo durante una semana. Por último, insistieron en que George le llamara para contarle lo que había hecho, y permanecieron junto al teléfono para asegurarse de que obedecía. George lloró durante la penosa experiencia y al día siguiente se sentía muy deprimido.

Unas semanas más tarde, cuando fue a jugar a casa de un amigo, se llevó otro juguete, pero esta vez lo escondió en la mochila y más tarde en su habitación. Sus padres nunca se enteraron de lo ocurrido. A lo largo de los años siguió llevándose cosas que no le pertenecían cada vez que se sentía particularmente decaído, y ocultaba esta actividad con tanto éxito que sus padres no se enteraron de ello hasta que un día la policía llamó a su puerta para decirles que su hijo había sido arrestado por robar en una tienda. En ese momento nos trajeron al muchacho para que le ayudáramos.

UTILIZAR LA REGULACIÓN CON AMOR CUANDO LOS NIÑOS «ROBAN»

Cuando Ethan, un niño de seis años, se llevó un juguete de casa de un amigo sin permiso, sus padres le preguntaron amablemente de dónde lo había sacado. Ethan aseguró que su amigo se lo había dado, pero cuando sus padres repitieron la pregunta de forma afectuosa, reconoció la verdad. «Sabes que no podemos llevarnos lo que no es nuestro», dijeron sencillamente los padres. La madre dijo que lo acompañaría a la escuela al día siguiente y se aseguraría de que su amigo recuperara el juguete. Ethan empezó a llorar y dijo que no quería que su amigo supiera que se lo había llevado. El padre respondió que su amigo se alegraría mucho de recuperarlo y que dudaba mucho que se enfadara. Abrazó a su hijo y le dijo que sabía que se sentía mal por lo que había hecho. Ethan le miró abatido y asintió con la cabeza. Unos minutos después el pequeño pidió a su padre que jugara con él al escondite y éste aceptó. Al día siguiente se disculpó con su amigo y ya no volvió a tomar cosas que no le pertenecían.

Los padres de Ethan aplicaron la regulación con amor al dejarle claro que no podía llevarse las cosas de otro sin permiso, al mostrarle una forma constructiva y viable de solucionar el problema, y, más importante aún, al dejarle claro que su impulsivo comportamiento no había minado el amor y la admiración que sus padres sentían por él.

Dos pasos adelante y uno atrás

Cuando la conducta problemática del niño infeliz no parece responder a la regulación con amor, los padres llegan a la conclusión equivocada de que la amabilidad no funciona con los niños que «se portan mal». Dado que éstos han desarrollado la necesidad de experiencias desagradables, es normal que por cada dos pasos que avanzan retrocedan uno. Trate de concentrarse en los dos pasos que su hijo da hacia la felicidad y no se desanime si retrocede uno hacia la infelicidad.

Los niños infelices reaccionan negativamente al placer, incluso al que experimentan cuando sus padres responden con la regulación con amor. Los padres que no son conscientes de ello dejan que la negatividad del niño les desanime y recurren a medidas más severas. Como consecuencia de ello, el comportamiento del niño empeora y su progreso puede detenerse.

CUANDO LOS PADRES NO RECONOCEN LAS REACCIONES NEGATIVAS AL PLACER

Los padres de Connie, una niña de ocho años, vinieron a vernos porque su hija siempre estaba pegando a su hermano menor. Les aconsejamos que le organizaran el día de forma que tuviera numerosas oportunidades de jugar con su hermano y tomar la iniciativa y que, al mismo tiempo, no perdieran de vista por lo menos a uno de los dos. Connie reaccionó a la nueva tranquilidad impuesta propinando golpes a su hermano las pocas veces que sus padres desviaban la atención.

Por desgracia, los padres llegaron a la conclusión de que la regulación con amor no funcionaba y empezaron a enviar a Connie a su cuarto cada vez que pegaba a su hermano. La niña reaccionaba insultando a su hermano y culpándole de su castigo. Cada vez estaba más rabiosa con él y aprovechaba cualquier oportunidad para amargarle la vida. Muy pronto la relación entre ambos se hizo insoportable.

Siguiendo nuestro consejo, los padres dejaron a un lado el castigo y volvieron a la regulación con amor. Aceptaron que la necesidad inconsciente de Connie de causarse infelicidad la llevaría, en los momentos pacíficos con su hermano, a provocarle o pegarle, de modo que hacían lo posible por no dejarles nunca solos. Además, aprendieron a no enfadarse en las escasas ocasiones en que Connie actuaba agresivamente.

La relación entre los hermanos mejoró gradualmente. Tres meses más tarde, un día que el padre tenía que salir de la habitación y pidió, como siempre, que uno de los dos niños le acompañara para no dejarlos juntos sin vigilancia, su hija le dijo: «No te preocupes, papá. Estamos jugando y hoy no tengo ganas de pegarle.» Su padre supo que su hija hablaba en serio y dijo: «¡Estupendo! Pero si te entran ganas, llámame.» La niña asintió y los hermanos jugaron pacíficamente mientras su padre hacía cosas en la otra habitación.

Los padres tienden a impacientarse cuando la conducta del niño mejora muy lentamente con la regulación con amor. Para ellos, su hijo puede controlar su conducta problemática; si quisiera, dejaría de morder, de negarse a comer o de desobedecer a los maestros. Creen que el niño puede controlar su conducta y que lo que le pasa es que se empeña en aferrarse a comportamientos antisociales o derrotistas.

Es importante recordar que los niños nunca eligen libremente el comportarse de formas perjudiciales o socialmente inaceptables. Como decía un niño de cinco años, «cuando la cabeza me dice que me meta en un lío, tengo que hacerlo». Puesto que el «mal comportamiento» es producto de una necesidad inadvertida de crearse infelicidad, los niños no pueden simplemente decidir abandonar esa conducta compulsiva del mismo modo que un adulto estresado no puede dejar de comer o de tener mal genio.

Cuando los padres responden con indignación, desaprobación o castigos a síntomas como chuparse el pulgar, «robar» o hacer novillos, los niños se sienten incomprendidos y, por consiguiente, su infelicidad y su necesidad de experiencias desagradables aumentarán. Cuando los padres castigan al hijo por cada acción rebelde prohibiéndole hacer una actividad que le gusta, el niño se siente todavía más alienado. Por ejemplo, prohibir a un niño que hace novillos utilizar el teléfono puede que le haga volver a la escuela, pero nunca conseguirá el verdadero objetivo de los padres: fortalecer el deseo de su hijo de recibir una educación. Los niños hacen novillos por alguna razón, y los padres que practican la regulación con amor se concentran en intentar comprenderla.

LA ESTUDIANTE QUE HACÍA NOVILLOS

Carrie, una estudiante de octavo, empezó a hacer novillos pero era incapaz de explicar por qué. Siguiendo el consejo de un amigo, sus padres decidieron prohibirle salir una tarde por cada día de escuela que perdía, pero Carrie aceptó el castigo y su actitud continuó igual de negativa. El amigo sugirió que le retuvieran la paga semanal, pero los padres intuyeron que semejante medida sería contraproducente.

Les sugerimos que dejaran de castigar a Carrie y trataran de demostrarle que deseaban comprender sus sentimientos. Ellos le preguntaron si estaba preocupada o triste por algo ocurrido en la escuela. Carrie contestó que no. Sus padres le explicaron que la escuela era importante y que no le quedaba más remedio que ir, pero que si algo la tenía preocupada querían saber qué era. Carrie insistió en que las cosas le iban bien y que el problema era que se «aburría». Los padres vieron en ese comentario una puerta abierta y le preguntaron qué clases le «aburrían» más. La muchacha dijo que, principalmente, la clase de español. No conseguía pronunciar correctamente las palabras y sus compañeros se reían de ella. Sus padres contestaron que las burlas hacían que resultara difícil ir a clase o incluso a la escuela. Se ofrecieron pedir a un amigo de habla española que le diera clases por la tarde para mejorar su acento y Carrie aceptó. En pocas semanas su pronunciación mejoró y también su asistencia a la escuela.

Queremos resaltar que Carrie se mostró dispuesta a compartir sus preocupaciones con sus padres en el momento en que éstos abordaron el problema de que hiciera novillos sin mostrar desaprobación ni imponer castigos. El cambio de política añadió credibilidad al deseo de los padres de ayudar a su hija a superar los obstáculos que le impedían querer ir a la escuela.

El principio del amor inteligente es, por tanto, que aunque los padres deben procurar fortalecer el deseo del niño por el placer constructivo, no deben forzarle a hacer lo correcto. El cambio genuino y permanente sólo tendrá lugar si el niño infeliz aprende a elegir el placer constructivo porque desea ser feliz y no porque se siente coaccionado por la desaprobación o la amenaza de un castigo. Por esta razón, el amor inteligente es incompatible con el «amor severo» del que hablamos en el capítulo 8.

No recompense al niño que padece infelicidad interior, estimúlele

Del mismo modo que los padres no deberían reaccionar negativamente a la conducta problemática del hijo, tampoco deberían utilizar recompensas para animarle a que se comporte de forma constructiva. Las recompensas son perjudiciales porque, al manipular al niño para que alcance determinadas metas, están anulando su capacidad de elegir. Las recompensas funcionan de forma coactiva: arrebatan a los niños el beneficio de reconocer por sí mismos que son capaces de tomar buenas decisiones y llevarlas a cabo. El niño que es tentado con una recompensa aprende a concentrarse en ella y deja de evaluar las diferentes posibilidades de que dispone. Por ejemplo, recompensarlo por obtener un excelente en química no le ayudará a desarrollar el gusto por las ciencias. De hecho, se ha demostrado que las recompensas pueden minar el interés por la asignatura. Además, las recompensas tienen un elemento punitivo oculto: el niño es atraído por la promesa de una recompensa y se siente herido y castigado si no la consigue.

Estimular al niño cuando desea elegir placeres constructivos es de gran ayuda. A diferencia de la recompensa, el estímulo no depende de ningún resultado concreto, pues el niño lo recibe alcance o no, busque o no, el objetivo en cuestión.

EL NIÑO QUE DETESTABA LAS MATEMÁTICAS

Sugerimos a los padres de Joe, un niño de tercer grado que tenía problemas con las matemáticas, que le preguntaran si quería ayuda con los deberes. Joe dijo que no y sus padres respondieron: «De acuerdo, pero si cambias de opinión será un placer ayudarte.» Pasaron unas semanas durante las cuales seguimos aconsejando a los padres que tuvieran paciencia. Una noche, durante la cena, Joe exclamó: «¡Odio las matemáticas!» Cuando sus padres le preguntaron por qué, respondió: «No entiendo cómo se multiplican y dividen los decimales y tampoco quiero saberlo.» Los padres sugirieron que con un poco de ayuda tal vez lo aprendería sin dificultades. «No me gustarían las matemáticas aunque fuera un genio —repuso Joe—, pero si queréis intentar ayudarme, por mí de acuerdo.»

Los padres se turnaron para sentarse a su lado mientras hacía los deberes y ayudarle cuando se atascaba. El primer día Joe se desanimó al tercer problema y dijo: «No puedo más, termínalos tú.» «De acuerdo —dijo el padre—, lo haré, pero mírame y asegúrate de que no me equivoco. Pensaré en voz alta.» Joe prestó mucha atención. Al día siguiente, con ayuda de su madre, solucionó todos los problemas salvo uno antes de pedirle que lo terminara por él. El tercer día fue capaz de resolverlos todos sin ayuda de sus padres. Durante los meses siguientes, sus notas en matemáticas pasaron de insuficiente a bien. Y aún más importante, cada noche, después de cenar se sentaba voluntariamente a hacer los deberes de matemáticas y no se levantaba hasta terminarlos. Joe se sentía cómodo pidiendo ayuda a sus padres cuando la necesitaba. Dado que sus padres, en lugar de ofrecerle recompensas por sus buenas notas, le estimulaban el disfrutar del placer de ser bueno en matemáticas, el muchacho sintió que era el responsable de su progreso y que sus padres fomentaban su deseo de mejorar.

Principios para ayudar al niño que ha desarrollado infelicidad interior

- Tenga presente que, en el fondo, su hijo quiere ser feliz y sentirse satisfecho.
- Muéstrese disponible y déle su apoyo.
- Cree oportunidades para que experimente placeres constructivos e identificaciones positivas.
- Recuerde que su hijo reaccionará negativamente a las experiencias agradables, incluido el placer de tomar decisiones constructivas.
- Limite las influencias negativas.
- Utilice la regulación con amor.
- No castigue.
- No premie.

Los padres tienen la clave de la felicidad humana

Con los principios del amor inteligente usted puede dar a su hijo una felicidad que le permita desarrollar al máximo sus capacidades. La principal mejora en la calidad de vida del ser humano no vendrá dada por los grandes descubrimientos sobre la naturaleza de la materia o las innovaciones tecnológicas, sino por los padres cuyo amor e intuición proporcionen a los hijos una felicidad interior permanente, dejando así un legado de individuos competentes y sensibles. El talento como padres no es una cuestión de inteligencia, educación o riqueza, sino de sensibilidad con respecto a las necesidades de desarrollo de los hijos y de esfuerzo continuado para satisfacerlas. Cuando los niños con esta clase de padres sean mayores, no se verán atraídos por las conductas antisociales, la avaricia, el narcisismo o la autodestrucción. Al poseer una felicidad interior estable y sensación de competencia, harán felices a otros y convertirán el mundo en un lugar más seguro y agradable para vivir.

Cuatro

❧

El primer año: amar inteligentemente a su bebé

Contrariamente a lo que dice el saber convencional, los recién nacidos no llegan a este mundo sólo conscientes de sí mismos. Cada bebé llega al mundo con un gran optimismo en cuanto a las relaciones humanas. Su bebé nace adorándole, queriendo ser como usted y convencido de que es tan digno de amor que usted siempre querrá satisfacer su necesidad de cariño y cuidados. Los bebés están convencidos de que sus padres son los causantes de cada una de sus experiencias y que cada una de éstas representa el cuidado ideal. El recién nacido interpreta cada comida, sensación, imagen o caricia como la respuesta amorosa de los padres a su deseo de ser atendido. Cada vez que usted atiende positivamente las necesidades de su pequeño, éste descubre que el mundo real coincide con el mundo ideal que había imaginado encontrar cuando naciera. Así pues, su hijo estará iniciando con buen pie su viaje hacia una vida feliz y plena y no necesitará experiencias dolorosas.

Las semanas posteriores al nacimiento constituyen su oportunidad para demostrar a su bebé que el optimismo con que nació era fundado. Aquí comienza el emocionante viaje de llegar a conocer a su hijo y, por tanto, de convertirse en un experto en hacerle feliz. Los bebés creen ser ellos quienes causan las respuestas amorosas e incondicionales de sus padres, pero existen diferencias en cuanto a la clase de cuidados que alivia a unos y a otros. A algunos les gusta mirar el mundo por encima del hombro de sus padres mientras que otros prefieren que les acunen en los brazos. A medida que aprenda a reconfortar y complacer a su bebé, se sentirá más seguro de sí mismo, y el bebé se convencerá de que puede comunicar sus necesidades y provocar los cuidados que más desea.

El punto de vista del bebé: el significado del llanto

Con la ayuda del amor inteligente usted puede conseguir que su bebé no pierda jamás su optimismo innato. Descubrirá que la dicha que siente cuando usted está presente es el bálsamo más eficaz para aliviar su malestar y frustración. Cuando tienen unas semanas, a menos que padezcan un dolor físico persistente, los bebés cuyas necesidades están debidamente atendidas no son propensos a llorar. Y cada vez que lo hacen, las lágrimas les recuerdan que la ayuda está en camino.

Los padres que ignoran la importancia de responder de forma inmediata, amable y positiva al malestar del bebé puede que, involuntariamente, le estén enseñando a llorar con fuerza en cuanto se siente infeliz (por ejemplo, cuando tiene hambre, está cansado o agobiado). Si el llanto se ignora sistemáticamente, la sensación de infelicidad recuerda al bebé que la ayuda no llega cuando se siente mal, y el pequeño aprende a reaccionar llorando de forma aún más vehemente y desconsolada.

Si las lágrimas no provocan una reacción de los padres, con el tiempo el bebé se encierra en sí mismo. Acaba convenciéndose de que su infelicidad es lo que sus padres quieren para él y que, por tanto, es un sentimiento deseable. Usted no puede evitar que su bebé tenga ciertas experiencias desagradables, como indigestiones, resfriados o dolor de dientes, pero sí puede ayudarle a evitar la infelicidad que sentirá si se sigue el consejo popular de «dejarle llorar», lo cual tiene un elevado coste emocional. Los bebés a los que se deja llorar se sienten impotentes. Independientemente de que conozca o no la razón de su aflicción, si responde regularmente al llanto de su bebé le estará enseñando que los problemas cotidianos no tienen por qué minar su felicidad interior, pues él siempre será capaz de atraer la atención amorosa de sus padres.

Tal vez le hayan dicho que los bebés a los que se abraza y consuela cada vez que lloran crecen emocionalmente débiles para afrontar las experiencias frustrantes o aprenden que el llanto paga. Con todo, a muchos padres les duele dejar que su bebé llore «por su bien» y sienten alivio cuando aprenden que la desatención deliberada es nociva para los niños.

Los bebés lloran porque experimentan dos clases de infelicidad. En primer lugar, es cierto que están hambrientos, cansados, asustados, doloridos o abrumados. En segundo lugar, creen que sus padres son conscientes de su desgracia y la desean. Si usted consuela a su bebé le está enseñando que quiere que sea feliz en lugar de desgraciado. Los niños que reciben una atención generosa, de mayores sorprenden por su capacidad de tolerar los altibajos de la vida cotidiana sin perder la autoestima ni la confianza en sí mismos. Esta fortaleza surge de su habilidad para emular la forma en que sus padres respondieron con amor a sus lágrimas. Los bebés se convierten en niños y adultos flexibles porque han vivido una historia de cuidados, no de privaciones.

El principio del amor inteligente es, por tanto, tratar de consolar al niño que llora. El bebé sólo puede expresar su infelicidad agitándose o llorando. Cuide de su hijo cuando llora como si estuviera pidiéndole ayuda con palabras y no como si intentara manipularle con exigencias imperiosas e irritantes. Si hace todo lo posible por mantener a su bebé feliz y a gusto, éste aprenderá a tratarse de igual modo. Si responde regularmente con amor, evitará que su hijo adquiera la necesidad de infelicidad y asegurará su salud emocional. La felicidad interior que usted hace posible para su hijo también mejorará la calidad de su desarrollo físico, social e intelectual. Por tanto, trate de ignorar a quienes aconsejan mantener un horario estricto o no malcriar a los hijos prestándoles demasiada atención.

En la sociedad occidental existe la creencia de que los niños son intrínsecamente antisociales y hay que civilizarlos. En realidad, los niños son seres sociales desde el nacimiento. Llegan al mundo buscando el placer de las relaciones. Tal vez usted se sienta inseguro y agobiado si pasa muchas horas solo en casa con su recién nacido. Quizá entonces le convenga recordar que su bebé llega a este mundo adorándole y sintiendo una gran bondad hacia usted. Todos los padres viven momentos en que su recién nacido parece inexplicablemente inconsolable. Saber que su bebé sólo llora porque siente un malestar y que nunca lo hace con la intención de irritarle o manipularle, le ayudará a perseverar en sus esfuerzos por descubrir la causa de su infelicidad y, si no lo consigue, a seguir haciendo lo posible por consolarlo.

UN BEBÉ «INCONSOLABLE»

Unos padres primerizos vinieron a vernos porque su bebé de seis semanas lloraba inconsolablemente tres o cuatro veces al día, en particular por la tarde. Sus padres le ofrecían comida, le ayudaban a eructar, le cambiaban los pañales, le mecían y le cantaban, pero todo era en vano. Lo llevaron al pediatra, quien no le encontró nada malo. El bebé comía, dormía y crecía correctamente, pero aun así lloraba. La pareja leyó libros que decían que si una hija era irritable de nacimiento no podía hacerse nada al respecto. Se sentían desgraciados e inútiles y, al mismo tiempo, furiosos con su pequeña por mostrarse tan intratable.

Les dijimos que era maravilloso que pese a los continuos lloros de su hija siguieran esforzándose por consolarla, y aún más cuando todo el mundo les aconsejaba que la «dejaran llorar». Al continuar con sus esfuerzos por aliviar la infelicidad de su hija le estaban demostrando que, por muy grande que fuera su malestar, no debía sentirse insegura en cuanto a su capacidad para conseguir que sus padres atendieran con amor sus necesidades.

Tras observarles con la pequeña durante dos horas, nos dimos cuenta de que los padres, encantados con su primer bebé, le estimulaban en exceso. Desde el momento que abría los ojos no paraban de hablarle, tomarla en brazos, ajustarle la ropa y hacerle carantoñas. Como muchos padres primerizos, estaban tan entusiasmados con su bebé y disfrutaban tanto jugando con ella que no le daban la oportunidad de sentir que tenía el control de su mundo.

Les sugerimos que si su hija despertaba contenta, la dejaran tranquila durante unos minutos antes de tomarla en brazos, que no le hicieran mimos continuamente mientras la sostenían y que no la movieran si estaba cómoda en una postura dada (por ejemplo, contemplando el mundo desde un hombro o tumbada en el capazo). Todos estos consejos buscaban ayudarles a dar a su bebé una mayor sensación de control sobre su mundo sin disminuir su fe innata en la dedicación de sus padres.

Los padres nos llamaron dos semanas más tarde para informarnos que, para su sorpresa y alegría, los arranques de llanto inconsolable de su hija prácticamente habían cesado. Nos contaron que ahora permanecía contenta la mayor parte del tiempo y que para ellos la paternidad se había convertido en la experiencia maravillosa que siempre habían imaginado. Cuando vimos a esta familia unos meses más tarde para una visita de seguimiento, la pequeña sonreía, era socialmente abierta y mostraba confianza en sí misma, y sus padres estaban orgullosos de su creciente habilidad para comprender y atender sus necesidades.

Cuando llora su hijo, no le está manipulando

No nos cansaremos de repetir que su bebé, cuando llora, no intenta manipularle y que el hecho de atenderle con amor fortalecerá su carácter en lugar de malograrlo. La palabra manipulación jamás es aplicable a los bebés. El llanto es la forma que tiene el niño de expresar el dolor de sentirse abrumado o incapaz de concitar la atención amorosa de sus padres. El llanto no es un acto calculado. La indignación o el distanciamiento de los padres hace que el niño se convenza de que cuando no está contento carece de atractivo para ellos (y, por tanto, para sí mismo). El niño cuyas lágrimas provocan la indignación o la aparente indiferencia de los padres se convierte en el adulto cuyas penas y desilusiones cotidianas se intensifican porque se siente indigno de amor cuando es infeliz. Recuerde que usted es la principal fuente de felicidad para su bebé. Si le brinda su atención afectuosa, su hijo estará acumulando una reserva de bienestar que le durará toda la vida y le ayudará a superar los desengaños y frustraciones.

Los padres, por lo general, pueden encontrar formas de consolar al bebé cuando los cuidados diarios le causan malestar. Por ejemplo, puede que la experiencia del baño le sea desagradable. A algunos bebés no les gusta que les introduzcan desnudos en el agua. El amor inteligente aconseja mantener al bebé tan feliz como sea posible, por lo que no hay razón para que se le dé un baño si no es lo bastante mayor para disfrutarlo. Una toallita higiénica o un trapo bien escurrido aplicado en la cara y las nalgas proporcionan una higiene aceptable sin perturbar innecesariamente al bebé.

El punto de vista del bebé: el significado de ser alimentado

La experiencia de ser alimentado forjará la confianza del bebé y aumentará su deseo de disfrutar de la compañía de sus padres. Alimentar a su hijo también puede constituir un auténtico placer para usted. Sea con el pecho o el biberón, el bebé aprende rápidamente a mamar y nutrirse no sólo del alimento que recibe sino también de la dicha de estar con usted. Cada vez utilizará más este momento para contemplar su cara, gorjear, tocarle y sonreír.

Trate de dar y recibir todo el placer de alimentar a su bebé. Éste no es momento de arbitrar peleas entre otros hermanos, hacer listas, llamar a clientes o atender a los invitados. Tampoco ha de tener miedo de alimentar a su bebé con excesiva frecuencia. Si su bebé llora y usted le da de mamar porque cree que tiene hambre y luego sigue llorando, no hay nada de malo en ello. Busque otra explicación para sus lágrimas. Quizá esté pillando un resfriado o necesite eructar, dormir o cambiar de postura. Si se niega la comida a un bebé que llora porque tiene hambre, su incapacidad de satisfacerla hará mella en su autoestima.

Ignore los consejos que le dicen que ha de dejar que su bebé hambriento llore hasta que llegue la hora de la siguiente toma. El llanto del bebé hambriento expresa dos razones de descontento: 1) el malestar de las punzadas que provoca el hambre, y 2) la dolorosa certeza de que usted quiere que se sienta desgraciado. Si usted responde al llanto, las punzadas cesarán y el pequeño comprenderá que es tan merecedor de amor que puede inspirar a su madre para que le haga feliz.

Los bebés necesitan creer que sus adorados padres desean su felicidad. Puesto que nacen creyendo que los padres son unos cuidadores perfectos, cuando se les deja llorar de hambre interpretan su malestar como un estado deseable pretendido por sus padres. Con el tiempo, estos niños desarrollarán la necesidad de recrear ese malestar en sus vidas. Toda infelicidad adulta autoprovocada se debe a que, al creer que nuestros padres era unos cuidadores perfectos, imitamos la forma en que nos cuidaban.

El destete

El momento del destete varía mucho entre las diferentes culturas y por una buena razón. En algunas sociedades la leche de la madre es la fuente alimenticia más abundante, nutritiva y libre de gérmenes, y los niños que más tiempo maman crecen más sanos y fuertes. En cambio, en las culturas donde hay una extensa oferta de alimentos nutritivos y seguros y donde las madres trabajadoras tienen que dejar a sus hijos a cargo de otras personas durante varias horas al día, existen buenas razones para destetar pronto al bebé.

Por lo general, los niños menores de un año se adaptan mejor a los cambios que los niños de uno a dos años y medio. Por este motivo, cuando el niño cumple once meses es un buen momento para, poco a poco, destetarle o retirarle el bibebón y ayudarle a beber de una taza. Si ya ha cumplido el año, es posible que pueda pedir el pecho o el biberón por su nombre y le cueste sentirse atraído por la taza que se le ofrece.

Cualquiera que sea la edad en que se produce el destete, hágalo gradualmente y de una forma que se ajuste al ritmo cotidiano de su hijo. Por ejemplo, hay niños que por la mañana se despiertan felices y emprendedores, de modo que la primera comida del día es un buen momento para ofrecerles una taza en lugar del pecho o el biberón. Estos niños pueden estar agotados al llegar la noche y necesitar el pecho para dormirse. A otros niños les cuesta despertar por las mañanas y quieren que les acunen, de modo que probablemente se pondrán furiosos si se les ofrece una taza en lugar del pecho o el biberón. No obstante, es posible que estén dispuestos a probar lo de la taza a mediodía o por la noche.

Los padres suelen oír consejos del tipo: «Simplemente quítele el pecho (o el biberón) y déle la taza. Llorará, pero lo superará y así el proceso no se hará eterno.» El problema es que este consejo da más importancia a la sumisión que a los sentimientos del niño. Si obliga a su hijo a utilizar la taza, aprenderá que crecer es una experiencia traumática y que usted quiere que sea desgraciado. Si permite que elija beber de la taza cuando esté preparado, preservará la unión con su hijo y aumentará su sensación de placer.

Alimentos sólidos

Tal vez resulte difícil para los padres tener presente que el objetivo de ofrecer alimentos sólidos al niño no es meterle una comida determinada en el estómago, sino mostrarle que los alimentos sólidos pueden ser sabrosos. A todos los bebés les gustan algunos alimentos más que otros, y existen muchos motivos para respetar y apoyar esas preferencias. El bebé consume vitaminas en cada comida y no saldrá perjudicado si usted no le obliga a comer cosas que no le gustan. Si hace que el momento de la comida sea agradable y relajado, su hijo desarrollará una actitud positiva hacia los alimentos sólidos y usted le estará ayudando a convertirse en un buen gourmet con gustos variados.

Una vez su pediatra le diga que su bebé puede comer alimentos enteros, tendrá la oportunidad de introducir productos que tal vez su hijo haya rechazado en forma de papilla. Por ejemplo, la diversión de agarrar un guisante y hacerlo estallar en la boca puede atraer al niño que no quería saber nada de guisantes triturados u ofrecidos en cuchara.

Cómo ayudar a su bebé a dormirse plácidamente

Por desgracia, a los padres se les suele aconsejar que dejen que su bebé llore hasta dormirse. Existe la idea popular pero del todo irreal y nociva de que los bebés no deben molestar a sus padres durante la noche. Y más perjudicial aún es la idea de que si el bebé siempre recibe consuelo cuando no puede dormir, se aprovechará de la buena fe de sus padres y se convertirá en una criatura manipuladora que estará continuamente robando a sus padres su tiempo de ocio y sueño.

Si los padres le dejan llorar hasta dormirse, su hijo llegará a la conclusión de que no es lo bastante digno de amor para provocar en ellos el deseo de consolarle. Lo mismo ocurre con los niños de mayor edad que tienen problemas para dormir y sus padres no les prestan atención. Si el niño ve que sus lágrimas no despiertan el interés de los padres, es posible que llegue a la conclusión de que cuando no puede dormir y se siente infeliz, es un ser malo que no merece amor. Si al final deja de llorar, será porque ha abandonado la esperanza de recibir ayuda. Cuando los expertos en el sueño recomiendan que los padres dejen llorar al niño hasta que éste desarrolle la capacidad de dormirse por sí solo, están pasando por alto el impacto negativo que el dejarlo solo y triste tendrá en su desarrollo emocional.

Trate de acostar a su bebé cuando aún no esté completamente dormido sino sólo adormecido, para así ayudarle a que aprenda a dormirse solo. Si su hijo llora, intente consolarle hasta que concilie el sueño sosegadamente. Aunque es posible que durante el primer año tenga que acudir varias veces junto a su bebé para mecerle, darle de beber o frotarle la espalda, el pequeño aprenderá que usted atiende siempre sus necesidades y que puede dormirse plácidamente (y no presa de la desesperación por su incapacidad para obtener una respuesta positiva). El bebé así tranquilizado será, al final, un niño sin problemas para dormir, y usted cosechará muchas noches tranquilas como resultado de sus esfuerzos durante el primer año.

Los padres que padecen falta de sueño debido a los llantos de su bebé se sienten muy tentados de dejarle llorar hasta dormirse para poder ellos descansar un poco. Conocemos por experiencia el agotamiento que sufren los padres de niños pequeños. Pero también sabemos que el esfuerzo extraordinario que haga por su bebé le reportará importantes beneficios en el futuro. Dado que su pequeño no puede saber que usted está cansado y necesita tranquilidad, cuando lo deja en la cuna llorando piensa que usted quiere que se sienta impotente y desgraciado. Con el sueño ocurre lo mismo que con el hambre: el bebé llega a la conclusión de que usted desea su infelicidad y, por tanto, acaba desarrollando la necesidad de emular la forma en que usted le cuida y de hacerse infeliz.

Cuando comprenda el impacto negativo que tiene en su hijo el hecho de dejarle llorar y sea consciente de que esa necesidad de atención durante la noche es temporal, tendrá más razones para esforzarse por consolar a su bebé y ayudarle a conciliar el sueño plácidamente.

Hito del desarrollo: su bebé le sonríe

Uno de los grandes hitos del desarrollo de su hijo constituye un punto culminante en el placer de ejercer la paternidad. Cuando tenga unos tres meses, su bebé le mirará fijamente y esbozará una sonrisa de pura dicha. Es la culminación de un proceso que arranca cuando el niño tiene unas semanas y empieza a sonreír de forma indiscriminada cada vez que siente que ha provocado la atención amorosa de sus padres y, por tanto, se siente especialmente feliz. A lo largo de los tres primeros meses su bebé va reconociendo rostros concretos y ello le provoca un inmenso placer. La sonrisa extática que su hijo le tiene especialmente reservada indica que está encantado con usted y consigo mismo por hacer que usted le ame.

Hito del desarrollo: el miedo a los desconocidos

En torno a los ocho meses su hijo mostrará una vulnerabilidad temporal conocida como miedo a los desconocidos. Aunque parezca infelicidad, dicho miedo es un logro que viene dado por la nueva capacidad del niño de reconocer y preferir la cara de sus padres a la de otras personas. Probablemente hasta ese momento su hijo se había relacionado abierta y alegremente con todo el mundo. Ahora, no obstante, puede que las caras desconocidas hagan que el labio inferior le empiece a temblar e incluso que rompa a llorar hasta ver de nuevo el amado rostro de sus padres. Si usted juzga la reacción de su hijo desde la visión de un adulto, es probable que sienta apuro, busque excusas («le están saliendo los dientes, está cansado») o sujete con fuerza a la criatura para que perciba su desaprobación. Peor aún, quizá llegue a la conclusión de que su hijo depende demasiado de usted y decida distanciarse justamente en una época en que el niño necesita más que nunca sus atenciones.

Usted, en realidad, debería sentirse inmensamente complacido y orgulloso si su hijo reacciona con infelicidad ante una cara nueva. Gracias al cuidado amoroso que le dispensa, su hijo se ha dado cuenta de que la relación con usted es su máxima fuente de placer. El pequeño le busca, le reserva sus sonrisas más radiantes y se retuerce de placer en su presencia. Cuando un rostro que difiere de los rostros que le hacen dichoso aparece inesperadamente, el bebé siente la ausencia del placer habitual que obtiene de la relación con sus padres. Como su inmadurez le impide saber que usted está cerca, el pequeño teme haber perdido la cara de sus padres para siempre. El llanto expresa ese dolor.

Si acepta que el malestar de su hijo indica una vulnerabilidad temporal y propia de su edad, comprenderá la importancia de responder a ese miedo a los desconocidos dejándole ver su cara de inmediato. Esta respuesta respaldará la creencia innata del niño de que puede conseguir que usted le haga feliz y le alivie cualquier pesar que aparezca en su camino. La respuesta tranquilizadora de los padres aumenta la tendencia del pequeño a buscar amor y consuelo en la relación con ellos. Por consiguiente, tendrá menos probabilidades de recurrir a bálsamos que no favorecen el crecimiento, como aferrarse a una manta, retraerse o llorar con vehemencia.

Durante los siguientes dos meses, el bebé madurará hasta percibir la presencia de sus padres cuando se halle frente a un desconocido (aunque algunos días todavía le desconcierte encontrarse con una cara extraña cuando espera una cara conocida). Este proceso de maduración le permitirá superar el miedo a los desconocidos, pero dado que ahora percibe mejor la presencia y la ausencia de sus padres, se volverá más vulnerable a otra clase de malestar dentro del proceso de desarrollo: el miedo a la separación.

Hito del desarrollo: el miedo a la separación

El miedo a los desconocidos y el miedo a la separación suelen confundirse pese a ser vulnerabilidades muy diferentes que, además, tienen lugar en distintas etapas del desarrollo. Como hemos dicho, el miedo a los desconocidos comienza aproximadamente a los ocho meses, cuando el bebé se sobresalta al descubrir la presencia de una cara que le aporta menos placer que la de sus padres, que era la que esperaba ver. El miedo a la separación asoma a finales del primer año y es la reacción del niño a la partida de sus padres como si representara el final de toda satisfacción y seguridad. El miedo a la separación puede producirse por el simple hecho de salir de la habitación o de dejar al hijo al cuidado de otras personas conocidas. Su hijo adquiere esta vulnerabilidad porque ahora reconoce más la importancia del placer único que siente cuando usted está presente. Antes, cuando usted se ausentaba temporalmente, para ir al lavabo o a otro cuarto, su hijo apenas lo notaba. Ahora, debido a su madurez intelectual, es capaz de percibir una ausencia de apenas unos segundos y romper a llorar.

Si percibe la reacción de su hijo como un adulto, tal vez llegue a la conclusión de que lo está malcriando o de que es un niño terriblemente inseguro que no puede soportar perder de vista a sus padres. Puede que le agobie sentirse tan necesitado o quizá piense que su hijo se ha desviado del camino. Tal vez tema que se vuelva tímido o dependiente y trate de animarle, coaccionarle o avergonzarle para que se comporte como los demás niños. Pero lo que debería hacer es reconocer que su hijo está exhibiendo vulnerabilidades temporales, sanas y propias de su edad.

En lugar de debilitar, usted fortalecerá los recursos internos de su hijo si evita provocar o ignorar ese miedo a la separación. Si tiene que ir a otra habitación, dígale algo como: «Voy a la cocina a beber algo, cariño. ¿Te gustaría venir conmigo?» En pocos meses podrá salir de la habitación sin provocar la infelicidad de su hijo.

LA SOLUCIÓN DE UNA MADRE

Una madre prefería ducharse a bañarse, pero su pequeño de once meses rompía a llorar cada vez que cerraba la mampara opaca de la ducha. La madre decidió bañarse en lugar de ducharse para estar más visible y accesible. Mientras se bañaba, su hijo jugaba felizmente con sus juguetes sobre la alfombrilla, cerca de la bañera. Los baños acompañados de la confianza y la tranquilidad de su pequeño eran, para la madre, mucho más gratificantes que las duchas acompañadas de llantos histéricos.

Cuando su hijo se muestre vulnerable al miedo a la separación, evite el cambio de niñeras o aceptar más responsabilidades fuera de casa. Un principio importante del amor inteligente a tener en cuenta es que usted favorecerá el desarrollo de su hijo si le brinda su atención amorosa siempre que él la solicite. Puede estar seguro de que sus atenciones producirán un ser feliz, optimista, seguro de sí mismo, productivo y afectuoso.

No juzgue la conducta de su hijo desde la perspectiva de un adulto

Como hemos dicho, existe la idea equivocada de que los niños son adultos en miniatura que poseen la capacidad de autogobernarse de una persona adulta. Sorprende que aunque los niños sean más inmaduros que los adultos física, social, intelectual y emocionalmente, muchas veces se les exija el mismo nivel de moralidad y responsabilidad. Padres que jamás pensarían que sus pequeños poseen la madurez necesaria para cruzar la calle o enchufar aparatos eléctricos, suelen dar por sentado que sí poseen la capacidad de altruismo y la autorregulación de los adultos. Se tiende a hacer a los niños responsables morales de sus acciones incoherentes, impulsivas o demasiado agresivas. Estas conductas, no obstante, se producen a causa de la inmadurez.

Suele decirse a los padres que si reaccionan de forma inmediata al llanto del bebé mayor de tres meses están contribuyendo a que se vuelva demasiado exigente. Un célebre libro sobre paternidad da el siguiente consejo a una madre cuyo bebé de siete meses está empezando a hacer «travesuras» cuando ella llega a casa del trabajo:

Como ocurre con casi todos los bebés a esa edad, el suyo ya está aprendiendo a ser manipulador. Y usted, como la mayoría de las madres, está cayendo en la trampa. En esta tierna etapa el bebé ya es lo bastante listo para comprender que la mejor forma de asegurarse su dosis extraordinaria de amor y atención cuando usted llega a casa es haciéndose la víctima abandonada y desatendida. Juega con su inseguridad como madre, le hace sentirse culpable y consigue de usted lo que quiere.[5]

Este bebé no está manipulando a su madre, sino intentando comunicar lo desgraciado que se ha sentido durante la espera y lo larga que se le ha hecho. Además, existen pruebas científicas que desmienten la teoría de que los niños son seres astutos capaces de fingir infelicidad. Nosotros aconsejaríamos a los padres que no se sientan manipulados ni endurezcan sus corazones, y les animaríamos a responder a su hijo con más cariño y atención aún.

Regresar al trabajo

Quizá la cuestión de mayor carga emocional para los padres de niños pequeños sea si ambos deberían regresar al trabajo y cuándo.

Lo cierto es que los niños crecen mejor si hasta los tres años al menos uno de los padres permanece disponible la mayor parte del día. Los niños no se convertirán forzosamente en seres alienados ni ineptos si ambos padres trabajan a jornada completa durante sus tres primeros años de vida, pero sí es cierto que se beneficiarían mucho si uno de ellos redujera su horario laboral a media jornada.

Los niños necesitan tiempo en cantidad y de calidad

El tiempo concentrado —la idea de que los padres pueden compensar su ausencia durante el día ofreciendo luego a sus hijos períodos de atención intensa— no mejora la calidad de vida del niño. Antes de cumplir tres años, el niño conoce las intenciones de sus padres a partir, únicamente, de su conducta inmediata. Por consiguiente, cuando ambos padres salen a trabajar y no regresan hasta al cabo de nueve o diez horas, el niño menor de tres años no puede tener la certeza de que le quieren y desean estar con él. Cuando los niños añoran a los padres experimentan infelicidad y dan por sentado que así es como quieren hacerles sentir y que la infelicidad es, por tanto, un sentimiento deseable. Los niños que, antes de los tres años, pasan muchas horas con otros cuidadores puede que incluyan en su ideal de felicidad experiencias de angustia e infelicidad nacidas de su falta de control sobre la fuente de su bienestar, esto es, sobre sus padres.

Aunque tengan éxito en otros campos, es posible que adquieran la necesidad activa de experimentar malestar interior por creerlo sinónimo de felicidad interior.

La disponibilidad y la atención amorosa de los padres constituye el criterio por el cual los niños pequeños miden su propia valía. Únicamente los padres pueden fomentar la felicidad en el niño pequeño y asegurarse de que éste no adquiera la necesidad de infelicidad.

Naturalmente, somos conscientes de que muchas veces los padres no tienen más remedio que trabajar. Son muchos los que deben regresar al trabajo poco después de nacer su hijo. El hecho de que muchos quieran quedarse en casa con el pequeño pero estén obligados a ir a trabajar constituye un defecto sumamente perjudicial de nuestra cultura. Necesitamos reformas que permitan a los niños menores de tres años tener a uno de los padres en casa durante la mayor parte del día. Sociedades como la francesa y la escandinava lo han hecho posible proporcionando subsidios sustanciosos y excedencias por paternidad que garantizan el puesto de trabajo. Aunque es un programa costoso, también sabemos lo que cuesta recoger los trozos de una mente rota. Nuestra sociedad no cambiará su política sobre permisos por paternidad hasta que conozca mejor la naturaleza humana y el desarrollo del niño y se sume a los esfuerzos de quienes encuentran intolerable la situación actual.

Aunque muchos padres de hijos menores de tres años no tienen más remedio que trabajar, otros eligen libremente trabajar fuera de casa e incluso mantienen una agenda social apretada o toda una lista de aficiones. Estos padres pasarían más tiempo con sus hijos si comprendieran las consecuencias negativas de su decisión.

Equilibrar las necesidades del niño con la necesidad de los padres de trabajar

Las personas que llevan años cultivando una carrera profesional temen que si se toman un permiso largo para estar con sus hijos, ésta retroceda o se hunda. Como es natural, a muchos padres les apasiona su trabajo y son reacios a reducir el tiempo que le dedican. Con todo, no hay que engañarse creyendo que se puede tener todo, de que ambos padres pueden trabajar jornada completa y, al mismo tiempo, criar un bebé que llegue a ser un adulto seguro de sí mismo, feliz y sin motivos para sentirse desgraciado.

Nosotros, por descontado, no creemos que el deber de la mujer sea limitarse al hogar y los hijos. Lo que sugerimos es que, si el niño es menor de tres años, uno de los padres asuma el compromiso temporal de trabajar sólo media jornada para proporcionar al hijo felicidad interior.

Puede que esta decisión reduzca la calidad de vida de los padres, pero tres años es poco tiempo en comparación con toda una vida. Los tres primeros años pasan volando y están llenos de momentos tiernos y divertidos. Sería una pena perdérselos.

Consejos para los padres de hijos menores de tres años

- No crea a los expertos que dicen que su bebé será igualmente feliz si usted trabaja a jornada completa. Cuanto más tiempo dedique a su bebé, mejor.
- Trate de evitar que ambos padres trabajen a jornada completa.
- Si puede permitírselo, tenga hijos antes de iniciar su carrera profesional o cuando ya se halle tan asentado en ella que pueda tomarse una excedencia prolongada.
- Procure elegir una profesión o un lugar de trabajo que apoye la vida familiar y permita un horario flexible o, incluso, trabajar en casa. Si puede arreglárselas para trabajar durante las horas que su bebé hace la siesta principal del día, aumentará el placer de éste por la atención que usted le brinda.
- Intente organizar a otros padres a fin de concienciar al jefe de la importancia de las excedencias por paternidad y resaltar el impacto positivo que tales medidas tendrían en su lealtad y productividad, y conciencien al público sobre la necesidad de medidas más flexibles con respecto a este tema y que muchas otras sociedades aplican. Recuerde: el futuro está en nuestros niños.
- Si quiere continuar trabajando a jornada completa por motivos económicos, pregúntese si realmente necesita el dinero o si está intentando mantener un nivel de vida que podría permitirse recortar

durante unos años. Los niños prefieren pasar más tiempo con los padres a tener juguetes caros, un gran jardín, un auto nuevo o unas vacaciones costosas.

- Si usted y su pareja trabajan a jornada completa, prueben a organizar los horarios de forma que cada uno de ustedes pase el mayor tiempo posible con los hijos.

- Si trabaja y puede permitírselo, contrate a una niñera. El hecho de que sea siempre la misma persona la que cuide de su hijo cuando usted no está dará a éste una gran tranquilidad y seguridad. Es muy importante que organice el asunto de la forma que mejor satisfaga las necesidades de su hijo. Examine detenidamente a los candidatos. Si la niñera también ha de realizar las tareas domésticas, déjele claro que las necesidades del niño son siempre más importantes que lavar la ropa, cocinar o limpiar. Trate de encontrar a alguien que se comprometa a quedarse por lo menos tres años. Contratada la persona, observe si su hijo sufre cambios preocupantes, como arranques de irritabilidad, problemas para comer o dormir, conductas regresivas como golpearse la cabeza o tirarse del pelo, o un carácter menos sonriente. Si aprecia alguno de estos síntomas y no existen razones obvias, cambie de niñera. Si los síntomas persisten, deje de trabajar durante un tiempo.

- Si tiene que trabajar a jornada completa y no puede permitirse una niñera, busque una guardería con una rotación baja de personal y numerosos cuidadores. Examine la cualificación del personal y pida referencias a otros padres. Intente visitar el centro por sorpresa. Una vez haya matriculado a su hijo, compruebe si se producen cambios significativos en su humor o conducta. Si los cambios de conducta persisten pero no existe una explicación lógica, busque otra forma de cuidado para su hijo.

- Si ambos padres han de trabajar a jornada completa mientras los hijos son menores de tres años, utilice los principios y directrices del amor inteligente que presentamos a continuación.

Cómo aprovechar al máximo el tiempo que los padres trabajadores pasan con sus hijos

Estos padres pueden sentirse muy desalentados si, al irse a trabajar, su hijo pequeño rompe a llorar y se aferra a ellos. Cuando regresan a casa es posible que el niño muestre indiferencia al verles, rompa a llorar o permanezca irritable el poco tiempo que pasan juntos antes de acostarle. Los padres capaces de aceptar que si su hijo se enfada, retrae o llora es porque está pidiendo atención y cariño, reaccionarán con eficacia y seguridad en lugar de remordimiento y torpeza.

El niño que llora, se muestra indiferente o se enfada cuando usted se va a trabajar o regresa del trabajo, está tratando de comunicarle lo mal que se siente y lo mucho que desea que le consuele. No le está manipulando. Si usted es capaz de responder con compasión y dulzura al enfado, la introversión o las lágrimas de su hijo, éste experimentará el bienestar de saber que es capaz de hacer que usted atienda amorosamente sus necesidades. Por eso los padres trabajadores no deberían burlarse ni distraer al hijo que está expresando su descontento. Los padres que se indignan, se sienten heridos o se niegan a prestar atención a la irritabilidad o la tristeza de su hijo confirman la creencia del niño de que han decidido hacerle infeliz.

En cambio, los padres que pueden aceptar el malestar de su hijo le demuestran que le quieren y desean ayudarle.

LA LLEGADA DE UN PADRE A CASA

Un padre trabajador se dio cuenta de que Greg, su hijo de año y medio, se distanciaba cada vez más. Cuando regresaba a casa tras su larga jornada de trabajo deseoso de jugar con su hijo, éste desviaba la mirada y le trataba con indiferencia. El padre, herido, reaccionaba diciendo: «Bien, si no quieres jugar, leeré el periódico.» Aunque Greg siempre acababa acercándose para enseñarle algo, el padre no conseguía recuperarse de la indiferencia inicial de su hijo.

Le sugerimos que procurara interpretar el recibimiento apagado de Greg no como un rechazo sino como su forma de pedirle comprensión y cariño. A partir de ese momento, y siguiendo nuestro consejo, cada vez que llegaba a casa se sentaba junto a su hijo y hacía algún comentario agradable sobre la actividad que Greg estaba realizando en ese momento («qué dibujo tan bonito, qué torre tan alta», etc.). Si Greg no respondía, el padre añadía: «Te he echado mucho de menos.» Al llegar a este punto Greg le daba un fuerte abrazo. Tras dos semanas demostrando a su hijo que comprendía que su introversión era su forma de expresar lo mucho que le había añorado y de solicitar su cariño y atención, el hombre empezó a notar que su hijo cada vez le recibía con más alegría cuando llegaba a casa.

La nueva manera en que el padre percibía ahora el comportamiento de su hijo le permitió reducir al mínimo los efectos nocivos de sus largas ausencias laborales y maximizar la diversión y el cariño que él y Greg compartían durante el tiempo que pasaban juntos.

LA PARTIDA DE UNA MADRE

Una madre trabajadora llegaba cada mañana a su trabajo traumatizada por la experiencia de dejar a Max, su hijo de dos años y medio, en la guardería. El pequeño se ponía a gritar en cuanto el coche se detenía y su madre tenía que arrancarle del asiento. Max gritaba y daba patadas mientras era metido en la guardería y luego se aferraba a su madre al tiempo que lloraba desconsoladamente. El personal los separaba y aseguraba a la madre que su hijo siempre dejaba de llorar a los pocos minutos de marcharse ella.

La mujer se iba con la imagen de su hijo anegado en lágrimas, y le rondaba el resto del día. Sus amigos le decían que su hijo utilizaba las lágrimas para hacerle sentir culpable como venganza por dejarle en la guardería. Insistían en que cualquier intento de mimar a su hijo sólo conseguiría enseñarle que podía manipularla con su llanto. La madre, no obstante, intuyó que tenía que haber otra forma de tratar el asunto. Decidió venir a vernos porque estaba convencida de que la infelicidad diaria de su hijo era perjudicial para su desarrollo emocional.

El trastorno de Max se debía, entre otras cosas, a su sensación de impotencia por no ser capaz de tener lo que más quería en este mundo: la presencia constante de su madre. Ella necesitaba trabajar y no podía optar por la media jornada. Así pues, le preguntamos si podía organizarse las mañanas para satisfacer la necesidad de su hijo de creerse lo bastante atractivo para concitar el cariño y la atención constantes de su madre.

Ella se tomó un día libre y lo pasó con su hijo en la guardería. La visita le permitió comprobar si el centro estaba bien dirigido y brindó al niño la oportunidad de experimentar un día en la guardería con la exquisita presencia de su madre. Aunque al principio Max se puso nervioso porque temía que su madre se marchara en cualquier momento, finalmente la tomó de la mano y le enseñó el lugar. Hizo un dibujo y se lo entregó con orgullo, e hizo que su madre les leyera un cuento a él y a un amigo.

La madre decidió entonces levantar cada mañana a Max una hora antes para poder pasar con él un rato en la guardería. El alivio y la confianza que Max sintió cuando la madre satisfizo su necesidad suavizó su transición a la guardería. Cuando la hora tocaba a su fin Max ya estaba distraído jugando con otros niños, y al finalizar la primera semana se despedía de su madre con un beso y volvía a su juego. La madre, aliviada con el nuevo equilibrio de su hijo, consiguió que su jornada de trabajo se volviese más feliz y productiva. Al cabo de unas semanas descubrió que podía reducir su tiempo en la guardería a quince minutos sin que Max se trastornara cuando se iba. Además, al haber demostrado a su hijo que su madre haría cualquier cosa por atender sus necesidades, él estaba mucho más contento y el tiempo que pasaban en casa era más íntimo y agradable.

Hito del desarrollo: su bebé le «habla»

Los bebés nacen familiarizados con la voz humana y atraídos por ella. Si presta atención a los sonidos de su bebé podrá entablar un diálogo con él desde los primeros meses. Observará ruiditos de satisfacción, sobre todo mientras le da de comer. Si imita esos ruiditos, su bebé los producirá con más frecuencia y al final acabarán manteniendo una auténtica «conversación» en la que cada interlocutor hablará y escuchará por turnos. Su bebé estará encantado de poder involucrarle en este excitante diálogo y usted vivirá una parte muy entrañable de la paternidad. Además, cuando su bebé descubra que «hablar» es divertido, se sentirá animado para hacerlo más a menudo.

A medida que el niño aprende que las cosas tienen nombre, su diálogo se amplía. Algunos padres se empeñan en enseñar a sus hijos desde el alfabeto hasta el nombre de cada estado, pero el amor inteligente dice que subordine sus objetivos docentes concretos a la meta aún más importante de aumentar la sensación de felicidad interior de su hijo. Su hijo tendrá más posibilidades de desarrollar su capacidad intelectual si usted utiliza los objetivos docentes para fomentarle el entusiasmo y la confianza en sí mismo. Trate de satisfacer su deseo de explorar su entorno en lugar de enseñarle contenidos concretos, como números o colores. Nombre en voz alta las cosas por las que su bebé muestra más interés. Por ejemplo, siga la mirada de su pequeño de ocho meses y háblele de aquello que está mirando («Qué perro tan bonito. ¿Te gustaría acariciarlo? Qué divertido. ¿Lo acariciamos otra vez?»). Si consigue adaptarse a los intereses de su bebé, verá cómo cuando tenga poco más de diez meses ya empezará a pronunciar palabras con entusiasmo.

Fomentar la curiosidad del pequeño es beneficioso, pero evite ponerle a prueba para comprobar cuánta información ha asimilado. Cuando el bebé empieza a señalar cosas, los padres muchas veces intentan asegurarse de que está progresando con preguntas como «¿Dónde está el coche?». El niño, ante estas preguntas, se siente en una encrucijada o, peor aún, cree que decepcionará a sus amados padres si ignora la respuesta o se niega a darla.

Procure únicamente plantear preguntas que su hijo pueda responder y que disfrutará haciéndolo («¿Dónde está tu manta?», «¿Quieres un poco de leche?»). Si no hay respuesta, conteste usted para que su hijo no se sienta inepto («Oh, ahí está la manta. ¿La quieres?»).

Eso no significa que no deba proponer juegos, como cubrirse y descubrirse la cara o contar dedos. Los juegos infantiles, a diferencia de los exámenes, se hacen por diversión y son una forma entretenida de aprender. Además, proporcionan momentos de auténtico placer constructivo.

Dado que su bebé nació buscando placer positivo en su relación con usted, si le presenta el mundo de una forma que se adapte a sus intereses y a su fase de desarrollo, reaccionará a esta cariñosa orientación asimilando palabras y conceptos con entusiasmo. Si usted es capaz de hacer del aprendizaje una experiencia divertida y relajada, su hijo captará la información que le ofrece con la misma ilusión con que alcanza la comida o se arrima para que usted le abrace. De esta manera, le animará a ser un aprendiz ávido y seguro de sí mismo.

El punto de vista del bebé: intentar es aprender

Si su pequeño de ocho meses lleva rato intentando tranquilamente introducir una pieza redonda en un agujero cuadrado, la visión que usted tiene del éxito y el fracaso quizá le induzcan a llevarle la mano hacia el agujero correcto. No obstante, si su hijo recibe ayuda cuando está a gusto con su esfuerzo, puede que tenga la impresión de que a usted le desagradan los intentos infructuosos. Al final, la experiencia de intentar algo y no conseguirlo enseguida le resultará desagradable. Déjelo seguir con sus intentos el tiempo que le apetezca. Si usted es capaz de mantenerse relajado y cómodo mientras su hijo intenta una y otra vez introducir una pieza en el agujero equivocado, éste aprenderá que sus padres se muestran tan positivos y participativos cuando intenta algo como cuando consigue algo.

El principio del amor inteligente en este caso es: no intervenir si el niño está satisfecho con su propio esfuerzo aun cuando resulte frustrante e infructuoso desde la perspectiva de un adulto. Puede que este principio parezca fácil de aplicar, pero le sorprendería lo nerviosas que se ponen las personas mayores ante los esfuerzos de los niños y lo mucho que les tienta echarles una mano para acortar el proceso de aprendizaje. Hasta algo tan sutil como acercar el sonajero a un bebé que lleva rato esforzándose por alcanzarlo puede afectar al desarrollo de su autoconfianza.

Por otro lado, si su hijo le indica que necesita ayuda, ofrézcasela inmediatamente y no le haga esperar con comentarios como «Inténtalo otra vez» o «Puedes hacerlo solo». A veces los padres temen que si siguen los principios del amor inteligente y eliminan todas las frustraciones, estarán criando un ser inepto para el mundo real. Sin embargo, con ayuda del amor inteligente usted preparará a su hijo para el mundo real alimentando y ampliando su felicidad y confianza innatas. Si acude cuando su hijo le pide ayuda, le estará enseñando que puede intentar hacer las cosas el tiempo que le apetezca y que siempre podrá contar con su apoyo. En otras palabras, su hijo aprenderá que usted nunca interrumpirá su deseo de ser competente pero tampoco dejará que se sienta infeliz e impotente cuando la distracción se acaba. Con este nivel de confianza su hijo adquirirá una fe estable en su propia eficiencia, una capacidad de concentración prolongada y una gran tolerancia ante las frustraciones. También se mostrará positivo y a gusto al pedir ayuda cuando la necesite. En otras palabras, será un aprendiz entusiasta y próspero.

Hito del desarrollo: el bebé móvil

En algún momento del primer año, la maravillosa tranquilidad que usted sentía cuando tumbaba a su bebé desaparece, pues se da cuenta de que ya no se está quieto. Al principio aprende a rodar sobre la espalda, luego se desliza, gatea y al cumplir el año puede que incluso camine. Emplee con su bebé móvil el mismo enfoque que utilizaba con su recién nacido, esto es, procure mantenerle feliz y seguro de sí mismo, consuele su llanto cuando sea ineludible y evite el conflicto.

Procure adaptar el entorno para que su hijo pueda explorarlo libremente. Si no puede estar pendiente de él déjelo en el parque con sus juguetes predilectos. Algunos padres dicen: «Me horroriza la idea de vaciar la sala de estar. Está tan fría sin los adornos, las fotos y las flores. Además, el bebé tiene que aprender que hay cosas que no debe tocar.» Luego, cuando el bebé se acerca a un objeto frágil o peligroso, los padres gritan «¡No!».

Esta clase de padres mantendrán sus objetos y su bebé a salvo, pero también minarán la confianza y el optimismo de éste. Puesto que el bebé no es lo bastante maduro para saber qué objetos son frágiles o peligrosos, las advertencias de sus padres le resultan arbitrarias, por lo que es posible que acabe desarrollando un recelo y una inseguridad que anulen su capacidad de iniciativa. Hay que encontrar formas de proteger al niño de su propio espíritu aventurero, pero es preferible que no sea con un no categórico. El niño que recibe un no es demasiado pequeño para comprender o aprender nada salvo que sus amados padres están enfadados o decepcionados con él por razones que le resultan insondables. Es mejor crear un entorno seguro para el bebé o desviarle suavemente hacia otros intereses.

Guiar y redirigir físicamente al bebé requiere mucha más energía que un no pronunciado desde el sillón, pero el esfuerzo tiene su recompensa: el niño acabará desarrollando una visión de la vida optimista y amorosa.

Consejos para vivir con su bebé móvil

El principio del amor inteligente en este caso indica proteger la confianza y la curiosidad del bebé no haciéndole responsable de evitar los objetos peligrosos y delicados.

- Procure no exclamar «¡No!».
- Adecue su casa de manera que su bebé pueda explorarla libremente.
- Si su hijo quiere comer arena, manténgale alejado de la playa o de la arena del parque hasta que deje de atraerle.
- Si el pequeño piensa que el ordenador de su hermana mayor es un juguete, mantenga la puerta de ese cuarto cerrada.
- Asegúrese de que siempre está lo bastante cerca de su hijo para protegerle de los peligros levantándole del suelo y dándole un abrazo.

Si sigue estos principios, cuando su hijo haya crecido lo suficiente para comprender la explicación de que algo es peligroso, frágil o insano, deseará evitarlo por su propio bien y no por temor a las reprimendas de sus padres.

Amar inteligentemente al bebé que sufre infelicidad interior

A veces, las primeras semanas o meses de vida no proporcionan la felicidad que los bebés esperaban obtener al nacer. Puede que los padres, pese a sus buenas intenciones, sean incapaces de satisfacer las necesidades emocionales de su hijo. También cabe la posibilidad de

que el malestar del bebé se deba a otras razones, como una enfermedad. Estos bebés pueden desarrollar la necesidad de experiencias desagradables. Una vez los niños pequeños adquieren infelicidad interior, es muy difícil tranquilizarles. Por ejemplo, al sostenerlos en
brazos tal vez arqueen la espalda y berreen a pleno pulmón. Si tiene
un bebé infeliz, su reto consistirá en atraerle hacia el placer de la relación paternofilial sin que usted se enfade ni desanime cuando él reaccione negativamente a los cuidados que le brinda.

INFELICIDAD INTERIOR CAUSADA POR UNA ENFERMEDAD GRAVE

Una pareja vino a vernos muy preocupada por su bebé. Bobby había nacido con múltiples defectos en el tracto intestinal. Los padres permanecieron con él en el hospital durante las dolorosas operaciones que fueron necesarias para corregir sus intestinos. Aunque estaban preparados
y capacitados para atender las necesidades emocionales del bebé, la visión que Bobby tenía del mundo le llevó a creer que su constante dolor
físico era causado y deseado por sus padres. Como resultado, inconscientemente desarrolló la necesidad de recrear ese malestar. Por fortuna, sus padres habían permanecido con él en todo momento, abrazándo-
lo y consolándolo siempre que era posible, de modo que Bobby también
conservó su deseo innato de experimentar relaciones positivas.

Cuando el pequeño salió del hospital a la edad de tres meses, tenía
problemas para dormir y comía mal porque había aprendido que comer
le causaba dolor. Además, era un niño quejoso e infeliz. Permitía que sus
padres le sostuvieran en brazos, pero al rato se ponía rígido y rompía a
llorar. Apenas sonreía y cuando estaba solo en la cuna era cuando parecía más contento.

A sus padres les dijimos que los próximos meses eran importantísi-
mos para Bobby. Si no querían que su hijo se sumiera en un aislamiento
emocional intratable, tenían que conectarle de nuevo con el deseo de
una felicidad interior basada en el placer de la relación con ellos. Éstos
procedieron a hacer todo lo posible por crear situaciones en las que
Bobby pudiera experimentar el placer de recibir sus cuidados sin que ellos
le abrumaran ni se desanimaran cuando reaccionaba negativamente.

Aprender cómo ayudar a Bobby a disfrutar de su relación con sus padres era un proceso que exigía mucha atención y perserverancia. Por ejemplo, los padres se dieron cuenta de que si lo levantaban por la mañana en cuanto despertaba, se enfadaba y lloraba desconsoladamente. En cambio, si entraban en la habitación hablando suavemente, le acariciaban los brazos y las piernas durante unos minutos, le dejaban contemplar el conejo de felpa y lo levantaban lentamente, permanecía tranquilo y positivo.

También notaron que Bobby reaccionaba con irritación al placer de sonreír y de que le sonrieran. Por consiguiente, le acariciaban, hablaban y sonreían, pero en cuanto empezaba a inquietarse, lo dejaban en su sillita, se sentaban a su lado y permitían que mirara alrededor. Pasado un rato volvían a hablarle con ternura.

Aunque Bobby tenía algunos momentos malos, e incluso días, a lo largo de los siguientes diez meses sus padres comprobaron que su amor atento e inteligente ejercía un profundo impacto en el pequeño. Para cuando Bobby cumplió un año ya comía y dormía bien, sonreía con facilidad y rezumaba seguridad y confianza en sí mismo.

Los bebés que no pueden dormir

La infelicidad se refleja, muchas veces, en la dificultad para conciliar el sueño o para permanecer dormido. Ya hemos hablado de por qué no debemos dejar que los bebés lloren hasta quedarse dormidos. Ello es particularmente importante en aquellos que han desarrollado la necesidad de infelicidad. Si se les deja llorar terminarán por dormirse, pero ese sueño será fruto de la desesperanza y la impotencia, no del placer. Los padres que siguen el consejo popular de dejar llorar a los bebés hasta que se duerman sólo están aumentando la infelicidad del niño. La pregunta que hay que plantearse no es «¿Qué haría que mi bebé durmiera mejor?», sino «¿Qué haría más feliz a mi bebé?».

Sea cual sea la razón del insomnio de su bebé, ayúdele a dormirse ofreciéndole el placer de su relación con usted. Acuéstele cuando crea que está adormecido, cántele, acaríciele la espalda o busque otras formas de calmarle, y luego salga del cuarto. Si vuelve a llorar, regrese y ayúdele nuevamente a serenarse. Con el tiempo, a medida que el bebé comprenda que su llanto será atendido, se volverá más sereno y se dormirá antes.

Aplicar el enfoque del amor inteligente con los bebés que tienen problemas para dormir exige más dedicación y tiempo que la receta popular de dejarles llorar, pero gracias a él acabarán durmiendo mejor. Del mismo modo que los padres no protestan cuando se les dice que tienen que levantarse a media noche para ponerle el termómetro al hijo o darle la medicina, hemos comprobado que cuando los padres comprenden lo beneficioso que resulta para el bebé el que respondan a su llanto, la mayoría ve las interrupciones del sueño como algo razonable y necesario.

Bebés que apenas sonríen

Quizá el barómetro que mejor refleja cómo se siente un bebé consigo mismo y con el mundo sea su sonrisa. Si tiene entre tres y nueve meses y no sonríe con facilidad, modifique su experiencia cotidiana. Los bebés, naturalmente, no siempre tienen ganas de sonreír cuando les sonríen, pero si se hallan en un entorno familiar, con gente y juguetes conocidos, y no están enfermos ni exhaustos, la mayoría sonríe con facilidad. Si su bebé se muestra serio casi todo el tiempo, hágase las siguientes preguntas:

- ¿Está sano? Pídale a su pediatra que le haga un reconocimiento.
- ¿Le abrumo con demasiadas cosquillas, tumbos y demás mimos?
- ¿Pasa demasiado tiempo jugando solo sin ver una cara adulta afectuosa y sonriente o sin que le sostengan dulcemente en brazos?
- ¿Es atendido de inmediato cuando llora?
- Si tiene niñera o acude a la guardería, ¿sé cómo pasa el día?

Los bebés son muy flexibles. Si usted consigue identificar y poner remedio a aquellos aspectos de la vida cotidiana que minan el entusiasmo innato, su pequeño no tardará en deslumbrarle de nuevo con su sonrisa.

Cinco

❧

Entre uno y tres años: amar inteligentemente a su hijo preescolar

Los cambios que se producen en su hijo entre su primer y tercer año resultarán increíbles y estimulantes tanto para usted como para su pequeño. El logro más importante es el asentamiento de una felicidad primaria estable. El niño la adquirirá cuando se dé cuenta de que su deseo de cuidarle no disminuye ni siquiera en los momentos en que no le es posible atenderle.

Durante estos años su hijo progresará mucho en su aprendizaje sobre cómo relacionarse con el mundo, pues será capaz de caminar y hablar. Todos los padres saben que los niños de estas edades poseen una determinación inquebrantable y están convencidos de que son tan poderosos que pueden hacer y tener lo que quieran. Ingnoran que pueden hacerse daño. Las palabras «quiero» y «no» predominan en su vocabulario. Aunque esta fase se conoce comúnmente como la de «la terrible pareja», nosotros creemos que puede ser la etapa de «la fabulosa pareja» tanto para los padres como para el niño. Utilizando los principios del amor inteligente, usted puede allanar el camino y ayudar a su hijo a ser más feliz y flexible.

Hito del desarrollo: la felicidad primaria se vuelve inalterable

Entre el primer y el tercer año los niños avanzan hacia el hito más importante de su desarrollo, esto es, el asentamiento de una felicidad primaria estable. La felicidad primaria es la certeza que tiene todo bebé de que está consiguiendo que sus padres atiendan amorosamente sus necesidades de desarrollo. Hasta los tres años, la felicidad primaria es inestable porque depende principalmente de que los padres respondan a la necesidad de atención, y no siempre es posible responder inmediatamente.

Si usted ha atendido las necesidades de su hijo con amor y constancia, cuando éste cumpla tres años tendrá la certeza indeleble de que es capaz de hacer que usted desee cuidarle de forma incondicional. La felicidad del niño ya no dependerá de su capacidad de atraer la atención de los padres en cada momento.

No obstante, antes de que alcance este objetivo los padres han de esperar una vulnerabilidad especial. Temporalmente, el niño tendrá una necesidad vehemente de atención directa.

El punto de vista de su hijo: querer y necesitar atención constante

A partir del primer año y haciendo eco al miedo a la separación del que hablamos en el capítulo anterior, la implicación entre usted y su hijo aumenta significativamente. Su hijo le va dejando claro que nunca se cansa de usted. Desea enseñarle cada mota de polvo que levanta del suelo, ser admirado por sus proezas físicas y que le lea hasta el último libro de la estantería. Esta ansia de una relación directa con usted es, en realidad, una señal de madurez. Su hijo reconoce ahora el grado superior de felicidad que siente cuando usted le presta atención (por ejemplo hablándole, leyéndole un cuento o respondiendo a sus preguntas). Las actividades que no exigen la participación directa de los padres, como pintar mientras usted habla por teléfono, son agradables pero ahora a su hijo le resultan menos gratificantes. Una vez ha descubierto el placer superior de recibir la atención plena de sus padres, insistirá para que usted deje sus actividades personales y se aplique en las paternales («Dibuja conmigo, papá» o «Mírame mientras salto, mamá»).

Si usted responde de forma inmediata y afectuosa, su hijo comprenderá que tiene el poder de hacerse realmente feliz. Una vez el niño percibe la diferencia entre el placer de la participación directa de sus padres y el de otras actividades que usted le ofrece (por ejemplo, su hijo quiere que usted juegue con él y se empecina cuando le entrega piezas para que construya una torre mientras usted se dedica a otras tareas), hará lo posible, como es natural, por implicarle. El hecho de que su hijo prefiera cada vez más una atención más gratificante (directa) a una menos gratificante (menos directa) es un logro importantísimo en su desarrollo.

Si usted ignora que este deseo insaciable de atención directa es temporal y propio de su edad, es posible que tema estar criando un niño dependiente que nunca será capaz de jugar o aprender por sí solo. Sin embargo, esta preferencia por la atención directa no debería alarmarle. Tampoco debería sentirse manipulado ni creer que está fomentando una dependencia insana. Existe la idea popular pero errónea de que si los padres atienden constantemente a sus hijos crearán monstruos con un deseo insaciable de atención adulta. Se suele decir que la primera tarea del niño entre el primer y el tercer año consiste en independizarse de los padres, y que éstos deberían limitar su atención en lugar de brindarla indiscriminadamente. Muchas veces se les aconseja que, a fin de fomentar la independencia, animen a sus hijos a jugar solos y les digan que no pueden esperar que sus padres hagan siempre lo que ellos quieren.

Insistimos en que el deseo de atención plena es saludable. La atención constante producirá un niño satisfecho. Puesto que ahora es capaz de distinguir entre el placer superior que le aporta la atención directa de los padres y el que experimenta las veces que dicha atención está en otro lado, el niño, naturalmente, prefiere el placer superior y cuanto más mejor. Una vez usted haya comprendido la importancia de este salto en el desarrollo, recibirá con satisfacción el nuevo deseo de su hijo de una mayor relación con usted. Es de vital importancia que deje sus actividades personales siempre que sea posible y otorgue a su hijo toda la atención que le reclama.

Cada vez que responde a las peticiones de su hijo interrumpiendo una actividad personal —leer una novela, hablar por teléfono, poner orden— y ofreciendo su atención amorosa, está enseñando al pequeño que usted también prefiere el placer de su relación con él. La certeza del niño de que puede conseguir lo que su corazón desea

—que usted adore cuidar de él— es sinónimo de bienestar interior inalterable.

Cuando deja claro a su hijo que, siempre que sea posible, usted elegirá abandonar sus actividades personales para atender su necesidad de atención plena, está fortaleciendo su capacidad de distinguir entre provocar una respuesta y provocar el deseo incondicional de responder. En las ocasiones en que no pueda interrumpir una actividad (para evitar, por ejemplo, que la cena se queme), comuníquele a su hijo el placer que supone para usted el hecho de que desee su atención y que está dispuesto a atenderle lo antes posible: «No hay nada que me apetezca más que leerte un cuento. Deja que acabe de cocinar y enseguida estaré contigo.» Aunque su compromiso por satisfacer las necesidades de desarrollo de su hijo siempre ha estado ahí, el niño, gracias a la maduración de su inteligencia, ahora puede percibir que conserva el hacer que usted quiera atenderle aun en las ocasiones en que no puede hacerlo.

«¡HÁBLAME, MAMÁ!»

Una madre estaba limpiando los fogones de la cocina mientras Peggy, su hija de dos años y medio, desayunaba. En ese momento la pequeña sonrió y le dijo con voz alegre: «Siéntate y háblame, mamá.» Su madre sonrió y dijo: «Dentro de un minuto. Primero tengo que terminar de limpiar. Te daré algunos lápices para que dibujes.» Peggy respondió: «No, mamá. Háblame ahora. Será muy divertido.»

La madre comprendió que su hija no tenía intención de ponerse a dibujar, y también que la nueva capacidad de la pequeña para preferir la atención directa de sus padres la volvía especialmente vulnerable a las desilusiones. Recordó que una respuesta positiva ayudaría a su hija a alcanzar ese hito fundamental del desarrollo que ocurre cuando la felicidad primaria inalterable queda totalmente asentada. Así pues, decidió que los fogones de la cocina podían esperar. Aunque le molestaba un poco dejar el trabajo a medias, no culpó de ello a su hija, quien, después de todo, sólo deseaba disfrutar de la compañía de su madre. Se sentó junto a ella y dijo: «¡Tienes razón, hablemos!»

No se malcría a un hijo por darle la atención adecuada

Probablemente le hayan advertido que si satisface continuamente el deseo de atención de su hijo creará un ser no apto para el mundo real. Lo cierto es que si usted es capaz de atenderlo de forma regular y positiva, este deseo de atención directa será temporal. Satisfacer los deseos de su hijo, sobre todo el de atención directa, no dará lugar a un niño malcriado ni a un ser egocéntrico o incapaz de aplazar la satisfacción de un deseo. De hecho, la necesidad de atención constante disminuirá cuando el niño crea ciegamente en el deseo incondicional de sus padres de atender sus necesidades y proporcionarle la atención que desea.

Por el contrario, si raciona su atención por miedo a que resulte perjudicial, su hijo nunca estará plenamente seguro de su propia capacidad para obtener la atención que quiere y necesita. Cuando los niños descubren que no pueden contar con que sus padres respondan a sus necesidades, reaccionan exigiendo aún más atención. Si sus exigencias no se cumplen, es posible que el niño se aleje de esa relación insatisfactoria y rechace el deseo de unión.

Si usted intenta satisfacer las necesidades y deseos de su hijo siempre que sea posible, le estará ayudando a adquirir una sensación de confianza en sí mismo y bienestar interior que durará toda la vida. Esta felicidad inalterable permitirá a su hijo ser bueno, hacer las cosas bien y hacer el bien. Por esta razón, durante un tiempo procure dar prioridad a los deseos de su hijo siempre y cuando sean seguros y no entorpezcan sus objetivos personales esenciales (como detenerse a poner gasolina o guardar los alimentos congelados).

Usted no está malcriando a su hijo por satisfacer sus deseos y necesidades de desarrollo. Muy al contrario, le está dando las herramientas necesarias para llegar a ser un adulto feliz, capacitado y socialmente participativo. El amor inteligente hace que su hijo tenga la certeza de que usted desea cuidarle, certeza que, a su vez, le proporciona suficiente bienestar para compartirlo con los demás.

Cuando no es posible dejar a un lado las necesidades personales

Hay ocasiones en que no es posible dejar a un lado las necesidades y deseos personales. Puede que la cazuela esté a punto de rebosar o que el jefe haya telefoneado con una pregunta que exige una respuesta inmediata. En estos momentos, intente transmitir a su hijo que desea prestarle toda su atención en cuanto sea posible y que comprende y aprecia su deseo de proximidad y unión. Por ejemplo, podría decirle: «Me encantaría leerte un cuento. En cuanto termine lo que estoy haciendo estaré contigo.» Su hijo, gracias a la maduración de su inteligencia y la reserva de confianza acumulada a lo largo de una vida de atención positiva, entenderá cada vez más que usted preferiría atenderle incluso en los momentos en que debe realizar otra actividad.

También descubrirá que su pequeño está tan enamorado de usted que estará encantado de participar en cualquier actividad. Muchas tareas cotidianas pueden transformarse en momentos de divertida cooperación. Si tiene que fregar el suelo, no hay razón para no dar a su hijo una fregona pequeña para que le ayude. Una visita al supermercado puede resultar entretenida si no va con prisas y permite que su hijo le ayude a elegir la comida. «Hagámoslo juntos» es una frase que gusta a los niños de todas las edades. «Hazlo tú solo» da la impresión de que está escatimando su amor y puede crear conflicto y resistencia.

Hermanos espaciados

Dado que los niños menores de tres años necesitan mucha atención directa para desarrollar una felicidad primaria inalterable, es preferible esperar a que el pequeño tenga tres años para introducir a otro miembro en la familia con quien tener que competir por el amor y la atención de los padres. Trate de no cumplir su deseo de tener otro hijo hasta asegurarse de que los cuidados que necesita uno no entorpecerán los que necesita el otro.

Muchos bebés nacen cuando sus hermanos aún no han cumplido tres años. Además, con el desarrollo tecnológico en el campo de la fertilidad cada vez son más frecuentes los nacimientos múltiples. Si tiene dos o más hijos menores de tres años, recurra a familiares y amigos o utilice sus recursos financieros a fin de poder pasar un tiempo a solas con cada uno. De esta forma sus hijos tendrán la oportunidad de experimentar el placer de la atención ininterrumpida. Si no puede conseguir ayuda de otras personas, dedique tiempo a un hijo mientras el otro duerme o juega con un amigo. Si consigue pasar con cada hijo aunque sólo sea media hora al día haciendo algo que le agrade especialmente, la felicidad primaria del niño aumentará significativamente. Cada hijo tendrá la oportunidad de disfrutar de su relación con usted y estará menos resentido con sus demás hermanos. El tiempo que dedique a cada hijo incrementará las posibilidades de que los hermanos se consideren amigos y aliados en lugar de enemigos y rivales.

Hito del desarrollo: la aparición de la felicidad secundaria

Hemos dicho que su hijo alcanzará una felicidad primaria permanente cuando comprenda que tiene la habilidad infalible de hacer que usted desee cuidar de él. ¿Qué paso hacia el autogobierno queda para el niño de tres años que ha desarrollado una felicidad primaria permanente? Es evidente que el niño no está preparado para entrar en el mundo por sí solo. Hasta que finalice la adolescencia no adquirirá una forma estable de felicidad secundaria. Como hemos dicho, la felicidad primaria nace de la relación entre los padres y el hijo; la secundaria, por su parte, nace del placer que genera la práctica de actividades diarias como construir con cubos, correr o mirar las ilustraciones de un libro.

Hemos dividido las actividades generadoras de felicidad secundaria en tres categorías. Los deseos intelectuales se basan en el placer relacionado con el aprendizaje, el conocimiento, el entendimiento, la creación, la diferenciación, etc. El deseo social tiene que ver con el placer asociado a la relación con los demás. El deseo fisiológico es el deseo de placer físico y comprende el cumplimiento de actividades físicas básicas como comer y respirar, y de secundarias como nadar o montar en bicicleta. Como estas categorías son descriptivas, a veces se superponen. Por ejemplo, el adolescente que decide jugar en un equipo de baloncesto puede que lo haga por el deseo de crear un nuevo círculo de amigos y a la vez por el placer de jugar. También es posible que la elaboración de estrategias de juego le resulte intelectualmente gratificante. Las actividades artísticas satisfacen deseos intelectuales y sociales, y algunas de ellas, como el baile, son también gratificantes desde el punto de vista físico.

La felicidad secundaria, al igual que la primaria, implica una clara transformación en el desarrollo. Como hemos visto, la felicidad primaria al principio es inestable, pues se tambalea cuando el niño es incapaz de atraer la atención de sus padres. La secundaria también es, al principio, poco estable, pues cuando el niño es pequeño ésta depende de su capacidad para satisfacer los deseos de su corazón. Los niños pequeños quieren ahora mismo lo que desean (por ejemplo, el oso de peluche con el que está jugando otro niño o la pelota que el perro lleva en la boca).

Hacia el final de la adolescencia la felicidad secundaria puede volverse tan estable como la primaria porque se basa en el placer de tomar decisiones constructivas y llevarlas a cabo. En esta etapa, la felicidad secundaria del joven cuyas necesidades han sido satisfechas no dependerá de conseguir cumplir sus deseos. Del mismo modo que las directrices del amor inteligente permiten ayudar al hijo a desarrollar una felicidad primaria inalterable, también lo hacen con la felicidad secundaria.

La primera fase: «Lo quiero ahora mismo»

Quien haya visto a un niño de dos años espiar a otro que tiene un juguete nuevo y arrebatárselo sabrá que, al principio, la búsqueda de felicidad secundaria supone una necesidad imperiosa. Al principio la felicidad secundaria depende enteramente de su habilidad para conseguir exactamente lo que quiere. Es muy probable que el niño de dos años que no puede arrebatarle el juguete a otro niño rompa a llorar e insista en hacerse con su objeto deseado hasta que lo consigue o alguien le desvía hacia un nuevo objetivo. Si usted comprende que tan vehemente versión del «lo quiero ahora mismo» es normal y temporal, será capaz de responder a la codicia de su hijo con sensibilidad y buen talante.

El punto de vista del hijo: «Soy imparable»

El ser todopoderoso de su hijo es inherentemente inestable porque se basa en la creencia inmadura e irreal de que es capaz de satisfacer cada uno de sus deseos. Cada deseo cumplido, a su vez, confirma esa sensación de omnipotencia. Su hijo cree que puede superar cualquier obstáculo que le impida conseguir lo que quiere en el mismo momento en que lo quiere. Naturalmente, los niños saben que a veces los deseos no se cumplen (puede que los padres no les compren el paquete de caramelos que desean). No obstante, en un rincón irreflexivo de la psique el ser todopoderoso obtiene satisfacción de su certeza de que podría haberlo conseguido y que, de hecho, en el futuro lo conseguirá.

Cómo reaccionar ante el «no»

Del ser todopoderoso nace el estrecho vínculo del niño con la palabra «no», y es lo que se conoce comúnmente como la «etapa del no». Estos «no» no auguran el nacimiento de una amenaza antisocial que es preciso frenar. El imperecedero «no» expresa la fe del niño en su poder para controlar el entorno. Este espejismo tiene una perentoriedad especial porque a esta edad los niños son especialmente vulnerables a la pérdida de felicidad secundaria que se produce cuando no consiguen de inmediato lo que quieren.

Imagine que se ha pasado una hora preparando el plato favorito de su hijo de dos años y que, cuando anuncia que la comida está lista, su hijo le dice: «No como.» Probablemene le entrarán ganas de contestar: «¡Te he preparado tu comida favorita! ¡Ven ahora mismo a comer!» o «¡Si no te comes el almuerzo no probarás nada hasta la hora de la cena!». Pero es mejor evitar el enfrentamiento. Cabe la posibilidad de que su hijo, para demostrar que tiene el control, diga «no» a algo que en realidad quiere. Si usted responde con aceptación, estará dándole el espacio para cambiar de opinión. Podría decirle: «De acuerdo, pero creo que a tu osito le encanta este plato. ¿Te gustaría darle de comer?» Si el niño vuelve a decir «no», pruebe a sentarse y ponerse a comer usted mismo. Si su hijo tiene hambre y usted no da importancia a su negativa, probablemente se acerque y acabe comiendo. Si, por el contrario, sigue evitando la comida, guárdela en el frigorífico y espere hasta que su hijo le comunique que tiene hambre. En ese momento el pequeño sentirá que es él quien controla su alimentación y es más probable que aprecie la comida que usted le ha preparado.

Por lo general, es preferible tratar a los niños que han adoptado el «no» como palabra favorita dando un rodeo. En lugar de decir que la comida está lista, déle la oportunidad de elegir. Por ejemplo, pregúntele: «¿Quieres leche o zumo de naranja con la comida?» o «¿Quieres el plato del pato Donald o el del oso Yogui?».

Una madre nos preguntó qué debía hacer cuando su hija le pedía un emparedado de mantequilla y mermelada en lugar del almuerzo que le había preparado. «¿Es preciso que se entere de que no soy una cocinera a la carta y coma lo que le pongo por delante?», preguntó. Le sugerimos que antes de preparar nada preguntara a su hija qué quería almorzar. Y funcionó, porque una vez la pequeña sintió que intervenía en el menú, su ser todopoderoso tuvo menos tendencia a rechazar categóricamente la comida.

Le aconsejamos que procure adaptarse a su hijo cuando éste decida que quiere algo diferente de la comida que pidió. Si usted acepta el cambio de menú, su hijo disfrutará de la comida y el calor de la relación le hará prosperar. La otra posibilidad —obligarle a comer— sólo provocará una batalla y convertirle a usted innecesariamente en un adversario.

Otras ocasiones en que los padres suelen batallar con su hijo pequeño es cuando quieren que siga una norma saludable y segura y cuando quieren que deje una actividad que le tiene absorbido. Trate de elaborar un plan que permita dar el paso con suavidad. Si fracasa y su hijo se enfada, no prolongue una batalla que sabe que él tiene perdida. Al mismo tiempo, permítale salvar las apariencias y que sienta que tiene el control.

GUERRA POR LA SILLITA DEL COCHE

Un padre nos contó que cada día tenía que luchar con Peter, su hijo de dieciocho meses, para sentarlo en la sillita del coche, y confesó que estaba muy acongojado por lo que había ocurrido el día anterior. Aunque había probado toda clase de distracciones y sobornos, cuando intentó sentar a su hijo en la sillita, éste se puso a patalear tan fuerte que al final su padre le abofeteó, algo que nunca había hecho. Peter dejó de batallar, pero lloró a lágrima viva durante todo el viaje.

Le sugerimos que explicara a su hijo que aunque le gustaría decir sí siempre, no podía ceder cuando su salud o su seguridad corrían peligro. Le recomendamos que las discusiones fueran amistosas y breves, y que asegurara el cinturón de su hijo antes de que éste se pusiera histérico y él perdiera los estribos. Poco tiempo después, aunque el padre todavía tenía que meterlo en su sillita a la fuerza, ahora le era más fácil mostrarse amable y comprensivo, y como resultado los berrinches de Peter disminuyeron.

«NO VOY»

Una madre que nos visitaba regularmente había ido al parque con Avery, su hijo de dos años y medio. Pese a sus esfuerzos por mostrarse diplomática en el momento de decirle que había llegado la hora de marcharse, Avery pronunció un «no» enérgico y echó a correr, obligando a su madre a ir tras él. Los demás padres contemplaban la escena divertidos, esperando que la madre reprendiera al pequeño por su desobediencia. Ésta, pese a no tener ganas de correr, comprendió que no había razones para reprender a su hijo y sí para mostrarse positiva y afectuosa. Sabía que Avery no estaba faltando el respeto a la autoridad materna, sino que, llevado por su ser todopoderoso, quería demostrar que podía hacer lo que quería cuando quería. La madre sabía, a través de nuestro asesoramiento, que Avery huía para protegerse del dolor emocional que sentía cuando las cosas no ocurrían como él deseaba.

Por esta razón, cuando alcanzó a su hijo evitó enfrentarle al hecho de que no podía salirse con la suya y no se enfadó por una conducta que era muy normal y propia de su edad. Así pues, le dijo: «¡Qué rápido corres! ¿Qué te parece si corremos hasta el cochecito? Apuesto a que me ganas.» Avery aceptó animadamente el reto. Cuando llegaron al cochecito, la madre pensó en algo que Avery pudiera hacer mientras se dirigían a casa a fin de ayudarle a creer que era él quien había decidido marcharse. «¿Te gustaría regar la hierba con la pistola de agua mientras paseamos?» Avery se subió al cochecito y procedió a regar el césped que encontraba a su paso.

Marcharse del parque, a diferencia de sujetar la mano del niño al cruzar la calle o ponerle el cinturón de seguridad, no suele ser una necesidad perentoria. Anuncie que es hora de partir unos minutos antes para que su hijo pueda seguir jugando hasta que la certeza de que es demasiado poderoso para que le obliguen a irse deje de prevalecer en su mente.

Hay padres que dicen: «De pequeño me enseñaron que los niños han de ser respetuosos con los adultos. Cuando mi hijo dice no a una orden, creo que debo obligarle a obedecer por su propio bien.» Desafortunadamente, cuando el ser todopoderoso del niño está decidido a demostrar que es demasiado fuerte para que le detengan, los padres muchas veces reaccionan exigiéndole una conducta propia de un adulto. Se enfadan por un comportamiento que consideran despectivo e irrespetuoso. Es por eso que responden con medidas severas y nocivas, como hablar al niño con un tono de voz alto y censurador, enviarle a su habitación, decirle que no podrá hacer su actividad favorita, criticarle duramente o incluso abofetearle o pegarle en el trasero. Tenga presente que los niños de uno a tres años se hallan en una fase en que necesitan intentar demostrar su inmunidad ante los obstáculos. Así pues, si usted se muestra comprensivo y diplomático cuando tiene que oponerse a sus deseos le estará ayudando a vencer esa creencia ilusoria a su debido tiempo. Por el contrario, si le obliga a enfrentarse a las limitaciones de sus poderes, seguro que el resultado será perjudicial. Algunos niños se deprimen mientras que otros se aferran aún más a la idea de que son invencibles.

La perspectiva del amor inteligente: el valor del ser todopoderoso

Aunque el ser todopoderoso necesita gobierno, no es una fuerza negativa. Como nunca desconfía de sí mismo, tiene una valiosa función en el desarrollo, pues ayuda al niño a perseverar en sus actividades pese a los fracasos inevitables que implica todo aprendizaje. No es extraño ver a un niño tratar de pinchar la carne con el tenedor diez veces seguidas antes de conseguirlo. Un adulto, sin embargo, desistiría ante semejante índice de fracasos. El ser todopoderoso proporciona la confianza y el optimismo necesarios para seguir probando.

La regulación con amor para el hijo preescolar

Los padres suelen decir: «Entendemos que nuestro hijo necesita nuestro amor y comprensión, pero ¿qué ocurre cuando pega a su amigo, se niega a acostarse o echa a correr hacia la calzada?»

Los niños, durante la fase en que solamente obtienen felicidad secundaria cuando consiguen lo que quieren, parecen incapaces de esperar un solo instante. Sus peticiones van seguidas a veces de un insistente «¡Lo quiero ahora!». Si usted cae en la trampa de juzgar la conducta de su hijo desde la perspectiva de una persona mayor, podría llegar a la conclusión de que si no le obliga a ser educado y paciente se convertirá en un adulto exigente y narcisista.

Pero si reconoce que la felicidad secundaria de todo niño depende al principio de los resultados (obtener el juguete que quiere, lograr quedarse en el parque, conseguir la galleta que ve en el escaparate de la panadería), y que esta vulnerabilidad emocional frente a la frustración es una fase más del desarrollo, podrá reaccionar a la ansiedad de su hijo con buen talante o, por lo menos, paciencia. Con bondad, cariño y regulación con amor usted puede ayudar a su hijo a conservar la felicidad secundaria cuando no puede tener lo que quiere. Esta reserva de amor hace posible que los niños se conviertan en adultos capaces de afrontar las sorpresas desagradables de la vida con una felicidad interior inalterable y el deseo de volver a intentarlo.

Si observa que su hijo de diecinueve meses empieza a mordisquear los lápices, dígale suavemente que los lápices no se comen y quíteselos de forma afectuosa. Luego déle algo que sí pueda comer o morder. Si sermonea a su hijo sobre los peligros de comer lápices, le asusta con un brusco «¡no!» o le impone un castigo, le estará enseñando a tratarse a sí mismo y a los demás con dureza. Los niños que no reciben gritos ni castigos con el tiempo dejan de comerse los lápices.

Si su hijo quiere tocar los mandos de la cocina, no le suelte un «¡no!». Simplemente apártelo y ofrézcale una alternativa. Podría decirle algo como: «No es bueno jugar con los mandos de la cocina porque podrían estar calientes y darte un susto. ¿Qué tal si tocamos los mandos de tu cocinita?» Si grita, hará que su hijo le tenga miedo y yea en usted una persona que estalla de forma impredecible. Además, el pequeño no aprenderá nada sobre las propiedades y peligros de los objetos calientes.

Si insiste en tocar los mandos, dígale simplemente: «Creo que es hora de ir a jugar a otro sitio.» Si llora, sáquele suavemente de la cocina y ayúdele con cariño a iniciar otra actividad. El amor inteligente propone no enviar a su cuarto al niño que llora, sino acompañarle y consolarle. De esta forma, le ayudará a distinguir entre la desilusión que sufre cuando no consigue lo que quiere y la satisfacción permanente que experimenta como resultado del compromiso de sus padres de hacerle feliz.

El hijo, cuando es enviado a su cuarto, aprende que las desilusiones cotidianas son doblemente perturbadoras. En primer lugar, no puede satisfacer su deseo de cocinar. En segundo, el aislamiento es doloroso y lleva al niño a creerse tan malo como piensa que lo ven sus padres. Los aislamientos sistemáticos, al minar el bienestar interior del niño, lo llevan a depender más de los placeres externos y, por tanto, a tolerar menos las frustraciones.

DEMASIADO ENFERMO PARA MONTAR EN TRINEO

Un padre recurrió al principio de la regulación con amor cuando Mike, su hijo de tres años, se enfadó porque estaba enfermo y no podía montar en trineo como le habían prometido. «Sé que tenías muchas ganas de montar en trineo y que hay mucha nieve —le dijo—, pero tienes fiebre y te pondrías aún peor si salieras. ¿Por qué no te sientas en mi regazo y te leo un cuento?» Al ver que Mike seguía llorando, el padre recordó que no conseguiría nada si aumentaba la aflicción de su hijo con respuestas como «Si no dejas de llorar mañana tampoco irás en trineo», «No salgas de tu habitación hasta que te hayas calmado», «No puedes jugar con el coche» o «Tienes que aprender que no siempre puedes hacer lo que quieres».

El padre, por consiguiente, siguió abrazando a su hijo. Al cabo de un rato Mike dejó de llorar y aceptó la sugerencia de su padre de ayudarle a dar de comer a los peces.

Cuando el ser todopoderoso de un niño está decidido a demostrar su omnipotencia, los padres suelen reaccionar exigiéndole un comportamiento propio de un adulto. Es el caso del hijo que amenaza con lanzarle una pelota directamente a la cara. Usted podría tratar de desviar el lanzamiento («En lugar de arrojarme la pelota a mí, ¿por qué no la haces rodar por el suelo para que el perro la agarre?»). Si el niño, no obstante, está decidido a lanzarle la pelota a la cara, dígale: «No me lances la pelota porque podrías hacerme daño. Si lo haces, tendré que guardarla.» El niño dominado por su ser todopoderoso es posible que ignore la advertencia y le arroje la pelota con una risa. Si usted ve a los niños como adultos en miniatura probablemente se indignará ante lo que interpreta como un acto de desobediencia y una falta de respeto intencionada. Quizá desee responder con medidas severas, como reprenderle con tono censurador, enviarle a su cuarto, prohibirle su actividad favorita, criticarle duramente o incluso abofetearle.

No hay duda de que los niños que están pasando por esta fase necesitan regulación, pero reacciones como la indignación y la censura resultan perjudiciales. Las medidas disciplinarias impiden al niño desarrollar la capacidad de regularse de forma eficaz y tranquila. El dolor que conllevan las medidas disciplinarias obliga a los niños a buscar fuentes de bienestar interior que inhiben el crecimiento, como chuparse el pulgar, mostrarse más desafiante aún o retraerse. Y aún peor, puesto que los niños adoran a sus padres y quieren ser como ellos, cuando son tratados severamente adoptan esta misma dureza consigo y con los demás.

Los padres que siguen los principios de la regulación con amor pueden ahorrar a los niños el trauma emocional causado por el castigo y los reproches. En el ejemplo que acabamos de describir, basta con decir al niño «Recuerda que te dije que si lanzabas la pelota a la cara de la gente tendría que quitártela hasta que supieras jugar con ella sin hacer daño», y luego retirar la pelota. Si el niño protesta, dígale: «Sé que estás enfadado. Más tarde podemos probar si puedes jugar con la pelota sin arrojármela a la cara. Entretanto, ¿te gustaría jugar a pasarnos el balón?» Una vez ha regulado la conducta de su hijo, intente hacerle feliz.

No tiene por qué alejarse de su hijo ni sermonearle sobre la necesidad de obedecer y respetar a los demás. Usted puede regular la conducta conflictiva sin hacer que su hijo se sienta avergonzado y tenga la impresión de que cada vez que se enfada las personas a quienes adora le rechazan. La falta de control derivada de la creencia del niño de que su ser todopoderoso siempre se impondrá no es un rasgo de la personalidad, sino una conducta propia de esta fase del desarrollo. La regulación con amor controla la conducta no deseada pero, a diferencia de las medidas disciplinarias, no duele ni enseña a su hijo a no gustarse.

EL OSO SE BAÑA EN LA TAZA DEL RETRETE

Si usted está atendiendo una llamada telefónica importante y luego descubre que mientras hablaba su hijo estaba bañando a su oso de peluche en el retrete, no le sermonee sobre el peligro de los gérmenes, no le sobresalte con un «¡no!» ni le envíe a su cuarto. Aléjelo de allí con un comentario suave, como: «El retrete es muy incómodo para bañar a tu oso. Trasladémoslo al lavabo y frotémoslo con un jabón especial.»

Muchos padres no se dan cuenta de que es innecesario y perjudicial sermonear, reñir o castigar al niño que juega en el retrete. Trate de conservar una actitud positiva mientras reconduce a su hijo. La regulación con amor conseguirá apartarle del retrete sin hacer que se sienta malo. El interés por el retrete es sólo temporal. Puede tener la seguridad de que con el tiempo su hijo abandonará el deseo de jugar en él. Hasta entonces, es preciso que le vigile amablemente para mantenerlo apartado.

Los niños se convierten en buenos ciudadanos porque desean el sentimiento agradable de ser como las personas que admiran, no por haber sido sometidos a consecuencias negativas. Si trata a su hijo con amor, comprensión y respeto, éste tratará a las demás personas de igual modo, si bien estos rasgos positivos raras veces se aprecian antes de los tres años.

Si su hijo de tres años golpea a su hermano pequeño, evite la violencia física sentándose entre ambos o sosteniendo en brazos al mayor hasta que se calme. Dígale que no puede permitir que pegue a su hermano, pero no le muestre desaprobación. No le suelte un discurso sobre la regla de oro de no agredir a las personas más pequeñas y débiles.

La mayoría de la gente que obra contra la ley conoce la diferencia entre el bien y el mal, de modo que sermonear a su hijo sobre cómo debe comportarse no le garantizará que crezca respetando los derechos de los demás. Además, puesto que su hijo lo que hará es imitarle, los sermones pueden, de hecho, perjudicar su proceso de socialización al hacerle sentir criticado y censurado y desear que sus hermanos y compañeros se sientan igual que él.

Con la ayuda de la regulación con amor usted puede apaciguar la conducta agresiva de su hijo sin expresar desaprobación. De ese modo, estará ofreciéndole un modelo de relación que él buscará emular. En cuanto supere el impulso de conseguir lo que quiere sin importarle qué o quién se cruce en su camino, su hijo querrá ser como usted, esto es, una persona dulce, amorosa, leal y alentadora.

Comentarios que debería evitar

Los padres suelen preguntarnos cómo pueden diferenciar la disciplina de la regulación con amor. Digamos que los comentarios disciplinarios toman esta forma: «Si no haces X, no podrás tener/hacer Y», siendo Y una arbitrariedad. Un ejemplo es el padre que ha pedido tres veces a su hijo que se ponga las botas para la nieve y al final le dice: «Si no te pones las botas ahora mismo, no te compraré un helado cuando estemos en la calle.»

Los padres que utilizan la regulación con amor únicamente imponen al niño desobediente aquellas consecuencias que son necesarias para protegerle, no más. Por ejemplo, un día que amaneció nevado un niño de tres años insistió en ponerse sus zapatillas de deporte en lugar de las botas. Su padre simplemente le dijo: «De acuerdo, pero no podrás correr por la nieve. Si quieres correr por la nieve, tendrás que ponerte las botas para mantener los pies secos y calientes.» El pequeño reflexionó un instante y luego accedió a ponerse las botas.

Si el niño hubiese insistido en llevar zapatillas de deporte, el padre habría llevado las botas por si su hijo decidía que jugar en la nieve era más importante que llevar zapatillas de deporte. El objetivo del padre era asegurarse de que su hijo no corría por la nieve desprotegido, no enseñarle que iba a lamentar no haber hecho la elección correcta.

Indulgencia no es sinónimo de regulación con amor

La indulgencia difiere de la regulación con amor en que los padres indulgentes no controlan los impulsos dañinos de sus hijos. Los padres permisivos suelen satisfacer deseos perjudiciales porque no pueden tolerar la rabia o la infelicidad de su hijo. Por ejemplo, tenemos padres que dejan que sus hijos, para que no lloren, continúen con una actividad cuando en realidad necesitan comer, padres que dan a sus hijos más caramelos de los convenientes porque éstos se enfadan si les imponen límites, y padres cuyos hijos suelen estar agotados porque no soportan sus protestas cuando les dicen que es hora de dejar de jugar y dormir la siesta.

Los padres indulgentes tal vez crean que están dando a sus hijos lo que necesitan y desean, pero la indulgencia entorpece el desarrollo de la felicidad interior estable e impide que los niños alcancen su máximo potencial, pues si no se les ayuda a regularse, su ser todopoderoso llevará la batuta. Los niños cuya conducta no se regula siguen creyendo que tienen el poder de hacer realidad todos sus deseos. Su felicidad secundaria depende del cumplimiento de tales deseos y, por tanto, está a merced de los altibajos de la vida cotidiana. Estos niños también aprenden que la infelicidad que sienten cuando se llevan una desilusión abruma a los padres, y que ni los unos ni los otros son capaces de manejarla.

Cómo hacer que el día de su hijo transcurra felizmente

Comprender el punto de vista de su hijo pequeño le ayudará a no herir innecesariamente su sensibilidad. Si su ser todopoderoso le induce a desobedecer cada prohibición y poner a prueba cada límite, usted debería adecuar el entorno para que su hijo experimente el menor número posible de desilusiones y conflictos. También es aconsejable no llevar a los niños de esta edad a lugares donde hay objetos tentadores que no se pueden tocar. Puesto que los niños de entre uno y tres años sienten el impulso de demostrar que para ellos no hay restricciones, siempre encuentran la forma de ponerlo en práctica. Es preferible que lo hagan en el parque, donde pueden arrojar la arena fuera del hoyo, y no en una librería, donde a lo mejor les da por demostrar su inmunidad a los obstáculos retirando las fundas de todos los libros.

LOS ANTICUARIOS PUEDEN ESPERAR

Unos padres cuya afición favorita era visitar anticuarios se dieron cuenta de que hacerlo con su hija de dieciocho meses no tenía nada de divertido. Lynn sentía un impulso irresistible de tocar los objetos frágiles. Cuando sus padres la sostenían en brazos, gritaba para que la dejaran en el suelo. Para la niña, la prohibición de tocar los objetos delicados era un desafío irresistible. Los padres recurrían a firmes «no» y a una que otra palmada en la mano, pero con ello sólo conseguían que su hija rompiera a llorar y se pegara a ellos. Entonces la pareja no podía disfrutar de la visita porque Lynn estaba triste. También observaron que cada vez que pasaban el día recorriendo anticuarios, por la noche su hija sufría pesadillas. Vinieron a preguntarnos qué podían hacer para que Lynn se «comportara» en los comercios.

Les explicamos que Lynn era lo bastante mayor para romper cosas pero demasido pequeña para saber que algunas cosas eran frágiles y no podían tocarse. Por tanto, sólo podía ver la prohibición de sus padres como arbitraria e injusta. Cuando los padres, además, le hablaban con tono intimidador o la castigaban, Lynn sentía que, por razones que no alcanzaba a comprender, era una niña mala. Como resultado de ello lloraba y se sentía desgraciada. Y aún peor, puesto que adoraba a sus padres y creía que cuidaban de ella a la perfección, empezó a tratarse tal como sentía que ellos la trataban. El malestar de las pesadillas se asemejaba al que le provocaban las reacciones de sus padres.

Cuando la pareja lo comprendió, decidieron contratar a una niñera cada vez que querían visitar anticuarios. Si salían en familia iban a las secciones infantiles de museos y parques, donde Lynn podía satisfacer su necesidad de tocar cuanto veía. Dichas salidas se convirtieron de nuevo en momentos felices y las pesadillas de Lynn cesaron con la misma rapidez con que empezaron.

Los niños que están seguros de que pueden provocar la respuesta amorosa de sus padres de forma incondicional y, además, reciben una amplia libertad para satisfacer sus deseos, acaban aceptando ciertas normas de salud y seguridad no negociables, como utilizar la silla especial para niños en el coche, tomarse la medicina o cruzar la calle de la mano de un adulto. También obtienen el espacio emocional necesario para comprender que el hecho de obedecer ciegamente a su ser todopoderoso puede crearles infelicidad. Cuanto más permita que su hijo experimente el placer de tomar decisiones constructivas y llevarlas a cabo, menos le atraerá la afirmación de su ser todopoderoso de que lo sabe todo y puede hacerlo todo. Como resultado de ello, su hijo será cada vez más capaz de aceptar los fracasos y las desilusiones sin sentirse desgraciado.

NO HAY TIEMPO PARA PINTAR

A los padres de Penny, una niña de dos años, les costaba afrontar el hecho de que su hija no les escuchara cuando le decían que no podía tener algo que quería. Cuanto más la sermoneaban, más decidida estaba a conseguirlo. Tras hablar con nosotros, la pareja comprendió que Penny no era deliberadamente desobediente; si ignoraba los intentos de sus padres por impedir sus deseos era únicamente porque las desilusiones la hacían sentirse desgraciada y vulnerable.

Unas semanas más tarde, los padres le dijeron que no tenía tiempo de pintar antes de la cena. La pequeña lloró durante un rato y su ser todopoderoso intentó mantener la creencia de que podía hacerlo, así que tomó un pincel y fingió. Los padres se aseguraron de no mencionar la necesidad de Penny de fingir que podía salirse con la suya. Cuando la niña agitó el pincel en el aire y dijo «Mira, pinto», sus padres simplemente respondieron «¡Ya lo vemos!» y no discutieron con ella.

Poco después de cumplir tres años, cuando volvieron a decirle que no podía pintar antes de cenar, Penny aceptó la realidad de la situación. Sacó alegremente sus lápices y se puso a dibujar.

Los hijos necesitan el tiempo y la atención de los padres más de lo que imagina la gente. Existe la creencia popular de que los niños mayores de un año, que ya empiezan a dejar de parecer bebés, deberían ser más independientes. Por consiguiente, se aconseja a los padres que no traten al hijo como si fuera un bebé haciendo cosas que él mismo puede hacer. Pero el amor inteligente dice que su hijo aceptará mejor la necesidad de poner freno a sus deseos si usted atiende sus peticiones siempre que le sea posible. Cuando no puede otorgarle un deseo dado, el hecho de demostrarle que le ayudará a buscar una alternativa (usted no tiene tiempo de sacarle los calcetines, pero su hermana mayor puede hacerlo; no puede golpear la mesa de cristal con la flauta, pero sí puede utilizar un bastón de espuma) indica que quiere que haga sus propias elecciones y se divierta.

Durante esta fase puede intentar organizar el día de su hijo de manera que tenga numerosas oportunidades de satisfacer la sensación de que él elige. Procure prepararse para la necesidad de su hijo de tener el control. Por ejemplo:

- Permítase más tiempo para hacer cosas que normalmente exigirían unos minutos; de ese modo no tendrá que apurar a su hijo ni apartarlo de algo que le interesa.
- Sea consciente de que las transiciones son difíciles. Avise a su hijo con antelación sobre el final de una actividad y ayúdele a concentrarse en otros placeres. Diga cosas como «Vamos a casa a ver a nuestro perrito» o «Subamos al cochecito y comamos uvas», en lugar de «Recuerda que te dije sólo dos minutos más. El tiempo se ha acabado y tenemos que irnos».

- Evite hacer preguntas a menos que realmente tenga intención de permitir que su hijo elija. «¿Quieres leche o zumo de naranja?» está bien, pero no pregunte a su hijo si quiere salir cuando usted ha planeado hacer un recado al que su hijo no tiene más remedio que acompañarle.
- Procure no darle una falsa sensación de libertad. Una madre estaba preocupada porque su hija de veinte meses siempre se alejaba de ella cuando caminaban por una acera concurrida, pero el verdadero problema era que la madre solía dejarla en el suelo en momentos en que la niña no quería caminar o no podía seguirla. Esta madre podría haber evitado el conflicto si hubiese mantenido a su hija entretenida en el cochecito hasta que llegaran a una zona más apropiada para las exploraciones infantiles.
- Evite conversaciones prolongadas sobre cosas que han de suceder. Si el niño ha de tomarse el medicamento y protesta, no le engatuse, pacte con él o describa las cosas horribles que le ocurrirán si no lo toma. Limítese a decirle que comprende lo doloroso que resulta no tener elección («Sé que no lo quieres, pero es preciso que lo tomes») y acabe con el asunto.

Cómo ayudar a su hijo cuando no puede tener lo que quiere

En lo referente a inculcar en el niño la capacidad de regularse, especialmente de aplazar los placeres, muchas veces se aconseja a los padres que recuerden a sus hijos que no siempre pueden tener lo que quieren cuando quieren, y que digan cosas como «Todo el mundo tiene que esperar» o «Podrás tenerlo cuando dejes de gritar/llorar». Sin embargo, la severidad y la desaprobación sólo consiguen empeorar las cosas. Además de la frustración inicial que provocó las lágrimas, el niño verá que sus amados padres no comprenden cuán desgraciado se siente, pues eso que desea le parece increíblemente importante.

Los hijos de padres más sensibles y menos condicionantes se sienten amados y merecedores de amor, por lo que son más capaces de tolerar las frustraciones. Con dos años estos niños mostrarán su descontento si sus deseos no se cumplen, pero responderán a las decepciones con flexibilidad y el deseo intenso de recibir la ayuda de sus padres, en lugar de buscar formas de consuelo menos apropiadas, como comer en exceso o pegarse al televisor.

Si los padres riñen sistemáticamente al hijo o le obligan a cumplir unas normas estrictas para darle lo que quiere, la experiencia de desear algo puede adquirir un cariz traumático. Puede que el niño se vuelva impulsivo o irascible, o dé la espalda a lo que realmente desea para conservar la sensación de que tiene el control.

Un ejemplo típico son los padres que, cuando su hijo de dos años llora porque no quiere irse del parque, recurren innecesariamente a medidas disciplinarias negativas y, por tanto, contraproducentes. Estos padres utilizan frases como «Si piensas llorar cada vez que tenemos que irnos del parque, no volveremos más», «Si no dejas de llorar no habrá pizza», «Si no dejas de llorar te dejaré solo en aquel banco». El niño que recibe estas respuestas suele replicar que le trae sin cuidado ir al parque o comer pizza. Tal vez los padres consigan callarle mediante el aislamiento o la privación de algo, pero tales medidas aumentarán la infelicidad del pequeño, pues le estarán enseñando que ellos no le aceptan cuando está descontento. Dado que los niños quieren ser exactamente como sus padres, es probable que imiten su conducta y aprendan a desagradarse cada vez que están descontentos. Por fortuna, el niño que se deshace en lágrimas cuando sus deseos no se cumplen se volverá flexible si sus padres aprenden a responder siguiendo las directrices del amor inteligente.

EL AMOR INTELIGENTE AYUDA A UN NIÑO A MARCHARSE SIN LLORAR

Los padres de Jake, un niño de dos años, vinieron a vernos porque su hijo lloraba desconsoladamente cada vez que tenía que irse de un sitio donde lo estaba pasando bien. Ellos acababan perdiendo los estribos y eso hacía que al final los tres se sintieran desgraciados.

Cambiaron su enfoque con ayuda de los principios del amor inteligente. El resultado se hizo patente un día que Jake llevaba hora y media jugando en un museo infantil. Tras avisar a su hijo con antelación («Sabemos que no has terminado de jugar, pero tendremos que irnos pronto»), los padres le dijeron que era hora de ir a almorzar. Jake rompió a llorar. Los padres, con calma, intentaron ayudarle a ver el lado positivo de este cambio de actividad («Cuando lleguemos al restaurante podrás poner el ketchup en la hamburguesa tú solo»). Al ver que Jake seguía llorando, lo tomaron en brazos y lo sacaron del museo. Después de esperar a que se calmara para intentar hablar con él, la madre dijo: «Sé que te ha costado mucho dejar de jugar e irte cuando lo estabas pasando tan bien.» Jake asintió vehementemente, se serenó y recuperó la alegría.

A través de la regulación con amor estos padres reaccionaron con eficacia porque controlaron la conducta recalcitrante de su hijo sin aumentar su infelicidad censurándole, sermoneándole o imponiéndole medidas disciplinarias.

Un mes más tarde, cuando dijeron a Jake que era hora de irse a casa en un momento en que se estaba divirtiendo, el pequeño los miró y con pesar dijo: «Qué lástima.» La regulación con amor de sus padres le había aportado el apoyo necesario para ser capaz de controlar el sentimiento de no querer marcharse. Como consecuencia, ahora también era capaz de compartir sus sentimientos con sus padres. «Sé que cuesta mucho dejar de hacer algo divertido», respondió el padre. Finalmente el niño se marchó con sus padres sin derramar una sola lágrima.

Jake tenía dos años y medio cuando, en una ocasión, fue el primero en tener que marcharse de una fiesta de cumpleaños donde lo estaba pasando de fábula. Se fue sin provocar conflicto, pero camino de casa dijo que le habría gustado quedarse. Los padres se alegraron de ver que había desarrollado la capacidad de marcharse de un lugar donde quería estar sin sentirse desgraciado, deprimido o enfadado. Aunque los padres le habían obligado a marcharse de la fiesta, Jake fue capaz de mantener con ellos un vínculo amoroso que le permitió conservar su bienestar interior aun cuando no podía tener lo que quería.

Cómo ayudar al niño que tiene pesadillas

Existe la creencia popular de que las pesadillas son tan inevitables como los resfriados. Sin embargo, hemos observado que los niños cu-

yas necesidades están debidamente atendidas no padecen sueños aterradores. No depiertan a medianoche describiendo encuentros terro-
ríficos con monstruos, brujas, dragones u otros seres iracundos, pues
al no haber adquirido la necesidad de provocarse infelicidad no tienen el menor deseo de asustarse a sí mismos. Estos niños, como mucho, tendrán esporádicos sueños desapacibles porque han sufrido
una experiencia desagradable durante el día (por ejemplo un susto) o
porque están reaccionando a una molestia física sufrida mientras
duermen. El principio del amor inteligente destinado a ayudar al
niño que ha tenido un mal sueño consiste en examinar el malestar
que ha estimulado la pesadilla.

HORMIGAS EN LA CAMA

April, una niña de dos años y medio, despertó una noche llorando porque
había soñado que unas hormigas le subían por el cuerpo. La madre comprendió que su pequeña, que tenía problemas de sequedad en la piel,
estaba sufriendo picores.

—Has tenido una pesadilla —le dijo—. Creo que mientras dormías
pensaste en hormigas porque tenías picores.

—¡No me gustan las hormigas!

—Lo sé. Te pondré una crema para que deje de picarte la piel.

—No quiero hormigas en mi cama.

—Ahora que tu piel se ha calmado dudo que vuelvas a soñar con
hormigas.

—Quiero soñar contigo.

—Sería un sueño mucho más bonito, ¿verdad?

—Sí.

—Buenas noches.

—Buenas noches. —Y la niña se durmió.

April había tenido un sueño desagradable debido a una molestia física. No estaba aterrorizada y confiaba en que su madre le ayudaría a sentirse mejor. A partir de ese día no volvió a sufrir pesadillas porque sus padres le ponían crema cada noche antes de acostarla.

EL OSITO SE CAE DE LA CAMA

Una madre nos contó un sueño desagradable que había tenido Sandy, su hijo de tres años. El niño se había caído ese día en el patio mientras jugaba y el pediatra había tenido que limpiarle la rodilla pelada. Esa noche Sandy llamó a su madre y le contó que había soñado que su osito se caía de la cama y se rompía una pierna. Ella le abrazó y le dijo que probablemente había tenido ese sueño porque todavía estaba triste por la herida en la rodilla. Sandy asintió y pidió una tirita nueva para él y otra para su osito. Una vez atendidos ambos pacientes, Sandy durmió plácidamente el resto de la noche.

Las pesadillas, cuando son esporádicas, generalmente se deben a una molestia física producida mientras el niño duerme o a un suceso desagradable ocurrido durante el día. Pero si son frecuentes reflejan la necesidad del niño de hacerse infeliz y constituyen una llamada de socorro. Más adelante ofrecemos consejos sobre cómo atender al niño que sufre pesadillas frecuentes.

Cómo ayudar al niño que no quiere acostarse

Cuando existen problemas de sueño, la regulación con amor es la forma más eficaz de hacer que el momento de ir a la cama sea un acontecimiento tranquilo y feliz. Si usted utiliza los principios del amor inteligente su hijo obtendrá el descanso que necesita y hará del momento de acostarse un acontecimiento íntimo que ambos disfrutarán.

Usted está viviendo con una criatura que está enamorada de usted, de sí misma y del mundo que le rodea. ¿Por qué iba a querer dejar todo eso e irse a dormir? Si su hijo pequeño quiere permanecer levantado el mismo tiempo que usted no es porque sea un manipulador o testarudo, ni porque desee torturarle. A usted le resultará más fácil mantener el equilibrio si considera esta resistencia a irse a la cama como algo comprensible y propio de su edad.

De nada sirve sobornar, castigar o ignorar al niño que es infeliz y no quiere acostarse. Si sus padres le gritan, amenazan, encierran o ignoran es probable que acabe durmiéndose tras haber llegado a la conclusión de que sus amados padres desean que sea desgraciado, y aprenderá a tratarse duramente. Es probable que a estos niños en el futuro, cuando se hallen en una situación difícil, les cueste mucho pedir ayuda. Por otra parte, los niños que reciben sobornos llegan a la conclusión de que son tan poderosos que sus padres tienen que recompensarles de una forma u otra para conseguir lo que quieren. Sin embargo, mediante la regulación con amor su hijo se acostará a una hora razonable y, al mismo tiempo, usted le estará comunicando que le ama, que le interesan sus sentimientos y que está cuidando de él.

Si un niño de tres años, una vez acostado, retrasa el momento de dormirse pidiendo un vaso de agua tras otro, es probable que al cuarto vaso usted le diga que ya ha tenido suficiente agua. Con todo, trate de no enfadarse. Es natural que desee que su hijo se duerma a fin de disponer de tiempo para descansar o hacer otras cosas, pero no juzgue las peticiones de su hijo de manipuladoras u hostiles, pues sólo representan un intento de prolongar la fabulosa experiencia de estar despierto. Si es capaz de responder con ternura, reforzará la creencia de su hijo de que usted sigue queriéndole y atendiéndole pese a tener que oponerse a sus deseos.

Valore el ingenio de su hijo aun cuando se niegue a llevarle otro vaso de agua. Si llora, consuélele hasta que se tranquilice. Si rompe a llorar de nuevo en el momento en que usted se marcha, esfuércese por volver tantas veces como sea necesario para decirle con cariño que ya ha tenido suficiente agua y que es hora de dormir. Por ejemplo, podría decirle: «Sé que cuesta mucho dormirse cuando hay tantas cosas divertidas que hacer, pero es necesario. Duérmete y mañana tendrás tu vaso de agua al despertarte.»

Puesto que el objetivo es regular y no disciplinar, si consuela a su hijo le estará demostrando que, pese a no darle más agua, le preocupa que sea infeliz y es capaz de hacer que se sienta mejor. Su propia sensibilidad hará que el niño no se duerma desesperado por no conseguir que usted le atienda cuando se siente desgraciado, y le enseñará a dormirse envuelto en la calidez emocional que le aporta su relación.

Muchos padres nos preguntan si deben llevarse a su cama al hijo desvelado. Creemos que es una cuestión cultural. No tiene nada de malo que el hijo duerma en la cama de los padres. En algunas culturas esa costumbre conlleva muchas ventajas (por ejemplo, reduce las probabilidades de que al niño lo ataque un animal o, si hace mucho frío, el calor corporal de los padres lo mantiene caliente). En las culturas donde familias enteras comparten la misma habitación, el hijo que duerme en la cama de los padres no tendrá problemas por ese motivo. En la cultura occidental, no obstante, existen ciertas desventajas, pues la noche es uno de los pocos momentos que los padres tienen para estar a solas. Los niños de esta cultura necesitan desarrollar la capacidad de dormir solos. Si el niño se cree cada vez con más derecho a dormir con sus padres, la transición a su propia cama puede resultar dolorosa y problemática. En la sociedad occidental es preferible que los padres insten a sus hijos pequeños a dormir en una cama propia, pues cuando hayan crecido un poco tendrán su propio cuarto o lo compartirán con un hermano. Si usted decide que es mejor que su hijo pequeño duerma en su propia cama pero él sigue encaramándose a la de sus padres, procure ser positivo, acompáñele a su cama tantas veces como sea necesario y ayúdele a conciliar el sueño.

Nos gustaría señalar que aunque los principios del amor inteligente tienen una aplicabilidad universal, somos conscientes de que nuestros ejemplos provienen de una cultura occidental que se halla a las puertas del siglo XXI. Los ejemplos que proporcionamos son específicos de nuestra sociedad y nuestro tiempo, mas no reflejan la creencia de que esta cultura sea más capaz de crear niños felices que otras.

Sea la cultura que sea, creemos que si las lágrimas del bebé son sistemáticamente ignoradas o tratadas con desaprobación o castigo, el niño desarrollará la necesidad de sentir infelicidad. Las culturas cuyos métodos educativos llevan a los niños a experimentar largos períodos de infelicidad generarán menos adultos poseedores de un bienestar interior inalterable.

Hito del desarrollo: la decisión de utilizar el retrete

La mayoría de conflictos relacionados con el «control de los esfínteres» se produce porque los padres temen dejar que sean sus hijos quienes decidan empezar a utilizar el retrete. Suele decirse que los niños deben, por su propio bien, aprender a controlar los esfínteres a determinada edad. Si se supera esa edad y el niño sigue llevando pañales, los padres empiezan a preocuparse y se sienten impotentes. Pero del mismo modo que no hay razones para que el niño camine, hable, monte en bicicleta o lea lo antes posible, tampoco las hay para que utilice cuanto antes el retrete. Si los padres pensaran en las probabilidades que hay de que sus hijos jueguen en la liga de fútbol, vayan a la universidad o se casen con una rica heredera, seguro que se tranquilizarían. Si contemplan el futuro a largo plazo, les será más fácil conceder al hijo el tiempo que necesita para optar por utilizar el retrete.

Preferimos la expresión «elegir el retrete» a la de «control de esfínteres» porque refleja mejor la naturaleza del paso de los pañales al retrete; representa una oportunidad para que el niño obtenga mayor autonomía y felicidad secundaria. Cuando ofrece a su hijo pequeño la opción de utilizar el retrete con la misma actitud distendida con que le ofrece la oportunidad de jugar con cubos o muñecos, en el momento en que elija el retrete el niño se sentirá orgulloso, hábil y más unido a usted. No es tan importante el camino que usted decida tomar —orinal, pantalones desechables o asiento infantil— como el hecho de adoptar una actitud serena.

Todo consejo destinado a obligar a los niños a abandonar los pañales a cierta edad es equivocado y probablemente cause los conflictos que todo padre desea evitar. No negocie con su hijo ni le engatuse. No le exija que controle sus esfínteres. El objetivo fundamental es proteger y estimular la sensación de aptitud del niño, razón por la que debería darle la libertad de decidir cuándo utilizar el retrete.

«BASTA DE ORINALES»

Un niño de dieciocho meses sorprendió a sus padres cuando, para imitar a un primo mayor, utilizó el orinal de su cuarto. Los padres, tras anunciar orgullosamente a sus amigos y familiares que su pequeño estaba a punto de dejar los pañales, comprobaron que el niño volvía a mostrar un desinterés total por el orinal. Dominados por la frustración, vinieron a vernos.

Les dijimos que, aunque comprendíamos lo decepcionante que resultaba pensar en los numerosos cambios de pañales que les esperaban en el futuro, era importante que aceptaran la decisión de su hijo de que, tras haber probado el orinal, prefiriera seguir con los pañales por el momento. Les aconsejamos que esperaran a que el niño mostrara nuevamente interés por el orinal y que entonces le animaran a utilizarlo pero sin presionarle.

El hecho de que su hijo cambie de parecer puede resultar frustrante, pero si intenta presionarle o sobornarle para que utilice el retrete provocará una auténtica batalla en la que usted saldrá perdiendo, pues nadie puede controlar el funcionamiento de los intestinos y la vejiga de otra persona. Además, si su hijo decide utilizar el retrete por usted o por una recompensa, quedará anulado el verdadero objetivo de esa decisión, que es experimentar el sentimiento de orgullo y aptitud que conlleva el hecho de aprender a regular las funciones corporales.

Quizá desee inscribir a su hijo de dos años en actividades como natación o gimnasia y la escuela sólo acepte niños capaces de controlar sus esfínteres. Usted sabe que su hijo disfrutaría mucho de esa actividad, así que, pese a haber llevado con calma el asunto del control de esfínteres, tal vez ahora se pregunte si debería intentar acelerar el proceso por el bien de su hijo. Si tiene presente que utilizar el retrete es una decisión que su hijo debe tomar por sí mismo, no hay razón para no explicarle que si quiere nadar, hacer gimnasia o ir de excursión, en tales ocasiones tendrá que utilizar el retrete. Tal vez su hijo desee esa actividad lo bastante para cumplir dicha norma. Conocemos a un niño que utilizaba el retrete cuando salía de excursión y volvía a los pañales cuando regresaba a casa. Por fortuna, sus padres aceptaban ese arreglo. Por otro lado, tal vez su hijo decida que no merece la pena renunciar a los pañales a cambio de esas actividades. También en ese caso debe respetar su decisión.

Si su hijo decide seguir llevando pañales y, aun así, realizar la actividad, trate de encontrar algo que resulte divertido y no requiera el control de esfínteres. Puesto que no es bueno presionar al niño para que utilice el retrete, haga lo posible por encontrar una alternativa satisfactoria a esas actividades que le están vetadas.

Si necesita enviar a su hijo a la guardería y éste se niega a utilizar el retrete, busque un centro que acepte niños con pañales. Si la guardería acepta los pantalones desechables, considere esa posibilidad en el caso de que su hijo acabe de iniciarse en el uso del retrete. Una vez lo utilice de forma regular podrá, si lo desea, cambiarle de guardería.

«¡NO PUEDO CREER QUE TODAVÍA LLEVE PAÑALES!»

Un padre fue a ver a unos amigos cuyo hijo de tres años ya utilizaba el orinal. Su hijo Ron, de la misma edad, seguía llevando pañales. En un intento de mostrarse útiles, los amigos intentaron avergonzar al pequeño Ron («¡No sabía que todavía fueras un bebé!») y conseguir lo que su padre no había conseguido («Venga, Ron, demostremos a papá que puedes utilizar el retrete y dejar esos pañales de bebé»). Ron rompió a llorar y pidió a su padre que le llevara a casa. Desde ese momento se negó a volver a casa de ese amigo.

El padre acudió a nosotros porque quería saber cómo proteger a su hijo de los comentarios hirientes de adultos bienintencionados. Le dijimos que era importantísimo que cada vez que un adulto criticara a su hijo, él le defendiera. Le sugerimos que dijera cosas como: «Ron utilizará el retrete cuando se sienta preparado. Hay muchos niños de su edad que todavía llevan pañales. Los pañales no son sólo para los bebés. También son para los niños grandes que aún no se han decidido a utilizar el retrete.»

Los padres que desean que su hijo abandone los pañales se preguntan si sería adecuado motivarles con una recompensa, como un juguete o una visita al parque de atracciones. Es preferible evitar las recompensas, pues sólo consiguen mostrar al niño lo importante que es para sus padres que utilice el retrete. Las recompensas crean presión en el niño y hacen que se sienta mal y torpe si no se ve preparado para dejar los pañales. Si el niño decide utilizar el retrete para obtener la recompensa y complacer a sus padres, el día que éstas cesen o esté enfadado, no utilizar el retrete podría convertirse en un medio para negociar recompensas o expresar enojo. Si evita acelerar la elección del retrete mediante recompensas, cuando su hijo decida finalmente utilizarlo experimentará una saludable sensación de capacidad y control sobre su vida, y usted habrá evitado las temidas «guerras en el retrete».

LOS LAVABOS PÚBLICOS ATERRORIZAN

Un niño de dos años y medio se sentía cómodo utilizando el retrete de su casa, pero los lavabos públicos le aterrorizaban. Sus padres observaron que cada vez que hacían una salida en familia su hijo, en un momento dado y pese a estar pasándolo bien, se ponía nervioso y decía que quería volver a casa. En cuanto cruzaba la puerta corría hacia el cuarto de baño. Los padres hicieron todo lo posible por convencerle de que los lavabos públicos eran como los de casa e incluso decidieron llevar consigo un orinal para ponerlo sobre el retrete, pero el niño seguía negándose a utilizarlo. Un amigo les sugirió que organizaran las cosas de modo que «les fuera imposible» volver a casa cada vez que su hijo empezaba a notar que necesitaba orinar. Probablemente elegiría utilizar el lavabo público en lugar de mojarse los pantalones y se daría cuenta de que esos lugares no tienen nada de malo.

Aunque los padres estaban deseando que su hijo pudiera utilizar los servicios públicos, vinieron a vernos porque el consejo del amigo no les convencía. Les explicamos que muchos niños atraviesan una fase en la que se sienten cómodos utilizando el orinal en casa e incluso en casa de otras personas, pero tienen miedo de usar los lavabos públicos, que pueden ser muy ruidosos. Les sugerimos que dijeran a su hijo que no tirarían de la cadena hasta que él se hubiese bajado del retrete o le propusieran que llevara pañales en la salidas familiares. El niño rechazó ambas opciones, así que aconsejamos a los padres que en lugar de obligarle a elegir entre mojarse los pantalones o pasar miedo, esperaran a que esta fase pasara y procuraran no alejarse demasiado de casa cuando salieran con su hijo.

Los niños que han elegido utilizar el orinal en casa generalmente encuentran el coraje suficiente para utilizar los servicios públicos durante los siguientes tres o cuatro meses si no se les presiona. A partir de ese momento son tan flexibles y adaptables que los padres pueden llevarlos a cualquier parte. No obstante, los niños que son obligados a utilizar lavabos que les asustan se vuelven cada vez más nerviosos. Es probable que si antes disfrutaban de las salidas familiares ahora digan que no quieren salir, pero negarán que esa decisión se deba a su miedo a los lavabos públicos.

¿Cuántos amigos necesita su hijo preescolar?

La creencia popular es que los niños pequeños necesitan pasar mucho tiempo jugando con otros niños para tener la oportunidad de desarrollar habilidades sociales. Hemos observado que las reuniones de niños menores de tres años no tienen un valor en sí. Estos niños quieren el amor y la atención de los padres, quieren poseer y reorganizar cada aspecto de su entorno, y cuando su ser todopoderoso tiene el control, lo que quieren lo quieren ahora mismo. Ninguno de estos deseos fomenta las relaciones sociales civilizadas, pues éstas exigen altruismo y una gran capacidad para aplazar los placeres.

A los padres, naturalmente, les gusta relacionarse con otros padres, y a veces los niños menores de tres años pueden pasarlo muy bien juntos. Es positivo que su hijo comparta el espacio con otros niños de edades similares siempre y cuando lo pase bien y los padres comprendan que no pueden esperar que niños menores de tres años co[mpartan l]os juguetes, pregunten educadamente a su compañero si [pueden usar] su camión, aguarden pacientemente su turno, etc.

[Muchas vec]es los padres llegan a la conclusión de que si su hijo pequeño [se niega] a compartir es porque tiene una personalidad nar[cisista egoísta qu]e, si no la frenan de cuajo, mantendrá cuando sea [adulto. Con demasi]ada frecuencia se dice a los padres que éste es el [momento de empez]ar a enseñar al hijo que debe compartir y esperar. [Si el niño acaba por de]primirse, se dice a los padres que ha llegado la h[ora de empezar con la]s advertencias («Contaré hasta tres»), los aislan[ientos u otras sancio]nes o castigos.

[No obstante,] sermonear a los niños sobre la regla de oro («¿Có[mo te sentirí]as si nadie quisiera compartir sus juguetes contigo?») o [amen]azarles con castigos («Si no me das el camión, no podrás salir de tu cuarto» o «Si no aprendes a compartir tus juguetes, no volverás a ver a tu osito»), sólo consigue aumentar su infelicidad. Los niños que no son obligados prematuramente a compartir se identificarán con la generosidad de sus padres para con ellos y con el tiempo se volverán generosos con sus amigos por puro amor.

Insistimos en que la felicidad secundaria del niño deja de depender del cumplimiento de deseos cotidianos (conseguir una muñeca, ganar un juego, obtener un sobresaliente) únicamente a través de un proceso a largo plazo que debe estar guiado por la atención amorosa de los padres. Sermonear o criticar a los hijos o exigirles una obediencia incondicional retrasa el proceso por el cual la felicidad secundaria deja de depender de los éxitos y fracasos de la vida diaria. Este proceso dura hasta el final de la adolescencia.

Compartir

Los niños que están obligados a compartir y tienen prohibido arrebatar cosas hasta que sean lo bastante mayores para decidir ser generosos se sienten heridos ante las exigencias y la desaprobación de sus padres. Estos niños mostrarán una tendencia cada vez mayor a buscar alivio en la posesión de objetos o a temer expresar sus deseos. Por el contrario, los niños de dos años que están seguros de su capacidad para provocar una incondicional respuesta amorosa de sus padres y que no son obligados a ceder un juguete cuando no quieren compartirlo, a la edad de tres o cuatro años se convertirán en amigos generosos y atentos. Para cuando su hijo tenga cuatro, la amistad con otros niños será para él más importante que las posesiones. El niño elegirá compartir y no arrebatar porque estará emulando la bondad de sus padres y porque poco a poco se dará cuenta de que el hecho de ser generoso le aporta más amigos y es más divertido.

EL ANFITRIÓN ACAPARADOR

Una madre y su hijo de dos años, Joe, recibieron la visita de una amiga y de su hija de dos años y medio. Cuando la pequeña se dirigió entusiasmada hacia el camión favorito de Joe, éste se negó a dárselo. La niña empezó a llorar. La madre aguardó a que su amiga obligara a su hijo a compartir el camión, como era de esperar en un correcto anfitrión. La madre de Joe así lo hizo y el niño rompió a llorar desconsoladamente. Entonces la mujer se sintió mal por haber obligado a su hijo a compartir el camión y provocarle semejante trastorno. Poco después nos telefoneó para preguntarnos qué creíamos que debió hacer.

Le dijimos que su preocupación era fundada, pues si obligaba a Joe a compartir en esta etapa de su desarrollo, su educación moral se frenaría en lugar de prosperar. Le sugerimos que la próxima vez explicara a la amiguita que su hijo no quería compartir el camión en ese momento, pero que había una habitación llena de juguetes que sí podía utilizar.

La madre preguntó qué debía hacer si la pequeña seguía llorando y pidiendo el camión. Le sugerimos que buscara una actividad que requiriese la participación de ambos niños. Podía, por ejemplo, hinchar un globo y proponer que lo encestaran en una papelera. Otra posibilidad era que la madre escondiera el camión antes de que la amiga llegara, pero si Joe lo echaba en falta era importante que se lo devolviera. El objetivo de guardar el camión era minimizar las posibilidades de conflicto, no privar a su hijo del mismo como castigo por no querer compartirlo.

Si el padre de otro niño se enfada porque su hijo no quiere compartir algo, intente explicarle los motivos por los que cree que su pequeño saldría perjudicado si le obligara a compartir prematuramente. Si no se muestra convencido, dígale que cada padre es libre de elegir la filosofía educativa que desea para su hijo. Si, con todo, el padre no está de acuerdo, plantéese la posibilidad de buscar otro compañero de juegos para su hijo y ver a su amigo a la hora de cenar.

El tema sobre compartir y no arrebatar resulta sumamente problemático cuando se reúnen varios niños menores de tres años. Si dos o más niños menores de tres años han de pasar un rato juntos, es aconsejable proporcionarles varios juguetes iguales. Si ello no resulta factible, es preferible retirar de antemano los juguetes problemáticos a que los niños se pasen la velada peleando y llorando.

Qué hacer cuando su hijo arrebata el juguete a otro niño

Si su hijo de dos años le quita la pala a otro niño en la arena del parque y éste empieza a llorar con tanta fuerza que todas las miradas se clavan primero en su hijo y luego en usted, probablemente se sentirá obligado a quitarle la pala y devolvérsela a su propietario. No obstante, teniendo en cuenta que la conducta de su hijo es normal para su edad, no debería reaccionar de forma negativa. Lo primero que debe hacer es buscar entre los juguetes de su hijo el más atractivo y ofrecérselo al ofendido. Si éste lo acepta, podrá disfrutar viendo cómo la pareja juega felizmente. Si el propietario de la pala lo rechaza y sigue llorando, proponga una actividad conjunta. Por ejemplo, llene un cubo de agua y sugiera que un niño cave un agujero y el otro lo llene de agua. Es muy probable que uno de ellos prefiera hacer esto último.

Si todos sus esfuerzos fracasan y está claro que debe devolver la pala a su propietario, dígaselo a su hijo de la forma más diplomática posible. «Lo siento, cielo, pero es preciso que le devolvamos la pala a este niño. Te daré tu preciosa pala roja y haremos un enorme castillo.» Si su hijo se niega a separarse de su botín, quíteselo con suavidad pero comuníquele que comprende su trastorno y haga lo posible por consolarle. Su actitud positiva y la propuesta de otras opciones atractivas enseñarán a su hijo que aunque tuvo que obligarle a renunciar a su tesoro, puede contar con que usted hará lo posible por aliviar su infelicidad. Tarde o temprano la propuesta de un juguete o un actividad alternativa en un entorno de cariño y atención calmará a su hijo. A lo largo del proceso el niño llegará a comprender que pese a la infelicidad que le provoca la pérdida del juguete, jamás pierde el placer de saber que usted tiene un alto concepto de él y que le quiere lo suficiente para seguir intentando hacerle feliz. Usted le habrá ayudado a alcanzar el objetivo de comprender que puede seguir experimentando bienestar interior incluso cuando no consigue lo que quiere.

Si al llegar al parque se da cuenta de que ha olvidado traer los juguetes de su hijo y está convencido de que éste arrebatará los de otros niños al llegar a la arena, ahórrele la pena de no tener con qué jugar manteniéndole en el área de los columpios. Quizá sea un buen día para visitar otras zonas del parque (arrojar migas a los patos del estanque o soplar dientes de león). Una madre nos explicó que cuando devolvió el juguete que su hijo había arrebatado a otro niño porque éste no aceptaba un sustituto, su hijo volvió a quitárselo de inmediato. En este caso lo mejor es alejar suavemente a su hijo de la tentación y proponerle otra actividad. No se trata de un castigo, pues usted acompaña a su hijo e intenta hacerle feliz. No le está negando su apoyo.

Si su hijo sigue jugando con el juguete de otro niño cuando éste tiene que marcharse, explíquele que el juguete ha de irse con el niño. Si su hijo se niega a separarse del juguete, ofrézcale otro y, si es nece sario, propóngale otra actividad. En caso de que eso no funcione, quítele suavemente el juguete y devuélvalo al otro niño. Acto seguido, consuele a su hijo.

Suponiendo que otro niño le quite el juguete a su hijo, utilice los mismos principios del amor inteligente. Dado que su hijo es demasiado pequeño aún para querer compartir, no le obligue a ceder el juguete. Usted y el padre del otro niño pueden tratar de buscar un objeto que sustituya al juguete arrebatado o implicar a ambos niños en una actividad conjunta. Con todo, si su hijo sigue enfadado, debe recuperar el juguete.

El cuidado constante es la mejor forma de ayudar a su hijo a superar las derrotas

Basándose en estas directrices del amor inteligente, algunos padres nos preguntan si eso significa que deben dar a su hijo cuanto pide. La respuesta es «no todo». Los niños no pueden tener siempre todo lo que quieren, pero sí deberían contar siempre con la respuesta positiva y amorosa de sus padres. Dé a su hijo su aprobación en lugar de censurarle y le estará enseñando que la relación es lo más importante. Su hijo sabrá que puede contar con su comprensión y su apoyo incluso cuando tiene que devolver la pala.

A los padres que dicen «mi hijo tiene que aprender a vivir en el mundo real, no puede esperar que siempre le solucionemos los problemas, unas cuantas lágrimas y frustraciones son parte de la vida», nosotros respondemos que «su hijo no tendrá siempre tres años y cuando crezca un poco ya no necesitará que le solucionen los problemas porque para entonces querrá jugar con otros niños y compartir sus juguetes». Si usted organiza el mundo de su hijo de dos años para que su día transcurra con mayor suavidad le estará protegiendo de las consecuencias de su inmadurez de la misma forma que cuando le impide salir solo a la calle.

Existe una gran diferencia entre la infelicidad inevitable que sufren todos los niños (por ejemplo, un fuerte resfriado) y la infelicidad que los padres les provocan al responder con desaprobación y medidas disciplinarias. A los dos años, la creencia del niño de que es un individuo valioso y competente depende de la atención afectuosa que recibe de los padres y también de su éxito a la hora de conseguir lo que quiere cuando quiere. Si realmente quiere ayudar a su hijo, muéstrese comprensivo y cariñoso cuando éste se enfada porque no puede obtener lo que desea. A medida que su hijo madure, su bienestar interior ya no dependerá de si consigue o no lo que quiere cuando quiere, y reaccionará con flexibilidad ante las frustraciones. Encontrar formas de permitir que su hijo pequeño consiga lo que quiere siempre que sea posible le convertirá en un adulto generoso y atento.

Enseñar y aprender con el amor inteligente

Si convierte el proceso de aprendizaje en un acontecimiento divertido y libre de presiones, estará ayudando a su hijo a alcanzar su máxima capacidad de asimilación porque habrá adoptado con optimismo el papel de aprendiz y estudiante. Los niños pequeños disfrutan más del aprendizaje y asimilan mejor las cosas cuando nos limitamos a ofrecerles información y no les enfrentamos a sus lagunas cognitivas. Podemos proporcionar información sutilmente con frases como «¡Has elegido el lápiz rojo!», «Tienes dos galletas. ¿Quieres otra para así tener tres?», «Mira, una H. Con esa letra empieza tu nombre».

Los padres están siempre pendientes del progreso de sus hijos. Muchas veces les ponen a prueba durante el aprendizaje («¿Qué color es éste?», «¿Cuántos perros hay en el dibujo?», «¿Con qué letra empieza tu nombre?»). Algunos padres se empeñan en que sus hijos aprendan determinados hechos o conceptos y luego les ponen a prueba para ver si los han aprendido. A veces los niños no quieren responder o ignoran la respuesta. En ese momento sienten que han decepcionado a sus padres y podrían perder la confianza en su capacidad para conseguir el amor de los mismos. Como resultado de esta incertidumbre interior, es posible que estos niños muestren dificultades ante situaciones de aprendizaje, como miedo al fracaso, problemas para pedir ayuda, inhibiciones que culminan en falta de curiosidad, o la petición desesperada de atención.

Los niños que no son presionados para demostrar lo que han aprendido darán a conocer libremente sus nuevos conocimientos si los padres están dispuestos a esperar a que surjan en la conversación («Quiero más uvas, papá. ¡Dame cuatro!», «Yo pintaré con el rotulador verde y tú puedes pintar con el rojo», «¡Para, papá! Esa señal dice STOP»). Si usted es capaz de refrenar el deseo de mostrar a sus amigos y familiares lo mucho que sabe su hijo, le estará ayudando a desarrollar el placer de aprender por su propio bien.

Amar inteligentemente al niño preescolar que padece infelicidad interior

Como ya hemos explicado, el niño cuyas necesidades emocionales no están debidamente atendidas cree que su infelicidad es algo que sus padres desean y aprueban. Por amor a sus padres, y en un intento de cuidarse exactamente como ellos le cuidan, el niño desarrolla el deseo de causarse el mismo malestar que cree que sus padres quieren para él.

La necesidad de los niños pequeños de hacerse desgraciados puede hacer que resulte muy difícil vivir con ellos. Estos niños tienden a provocar la ira de hermanos, compañeros y adultos, a buscar el peligro, a reaccionar a cada desilusión con una rabieta, o a ser excesivamente tímidos e inhibidos. Además, puede que reaccionen negativamente cuando las cosas van bien, por ejemplo rechazando regalos que habían dicho desear, negándose a participar en actividades que les atraen o pillando un berrinche por una tontería cuando sus padres han hecho algo muy bueno por ellos (como llevarles a ver una película que estaban deseando ver).

Cómo ayudar al niño que reacciona negativamente al placer

Los padres, comprensiblemente, se irritan y frustran cuando realizan un gran esfuerzo por hacer feliz a su hijo y éste reacciona buscando un motivo para enfadarse o hacerse infeliz. No obstante, los padres conscientes de que su hijo reacciona negativamente al placer de conseguir lo que quiere porque ha adquirido infelicidad interior, probablemente no se indignarán ni impondrán castigo alguno y estarán más dispuestos a brindar un cariño y una comprensión que favorezcan el desarrollo del niño.

Por el contrario, los que no comprenden por qué su hijo se irrita o protesta inmediatamente después de haberle dado lo que quería, suelen enfadarse ante semejante «ingratitud». Es posible que lleguen a la conclusión de que su hijo está «malcriado» y necesita experimentar ciertas privaciones a fin de apreciar los esfuerzos que sus padres hacen por él. La indignación y la privación refuerzan la certeza del niño de que sus padres quieren que sea desgraciado y aumentan su necesidad de hacerse infeliz. Puesto que estas reacciones no garantizan al niño el apoyo amoroso de sus padres, tampoco le ayudan a aprender a controlar las respuestas negativas cuando sus deseos se cumplen.

UN NIÑO DA UNA PATADA A SU PERRO

Mike, un niño de dos años y medio que padecía infelicidad interior, despertó una mañana con un «¡Feliz cumpleaños!» de sus padres y un camión de bomberos provisto de sirenas y escaleras extensibles que lo volvió loco de alegría. Poco después, cuando el perro de la familia se acercó a olisquear el envoltorio, el niño le asestó una patada.

Los padres habían trabajado con nosotros para intentar reducir la necesidad de Mike de reaccionar negativamente ante las experiencias positivas. Dijeron a su hijo que tenía que tratar bien al perro e insistieron en que le hiciera una caricia y se disculpara. No se enfadaron con él ni le castigaron, y tampoco se lamentaron por haberle hecho un regalo tan bonito. Mike, que adoraba a su perro, dijo que «lo sentía mucho» y abrazó al animal. Luego pidió a sus padres que jugaran con él y su camión nuevo. Los padres aceptaron y la mañana transcurrió tranquila y felizmente.

Si esos padres se hubiesen enfadado, hubiesen encerrado a su hijo en su cuarto o guardado el camión, habrían satisfecho y reforzado la necesidad de Mike de hacerse infeliz y el ciclo se habría repetido. Al utilizar la regulación con amor y rechazar la desaprobación y los castigos, estos padres evitaron alimentar la necesidad de Mike de hacerse infeliz como respuesta al placer de recibir un camión nuevo. Los padres dieron a su hijo la oportunidad de percibir que el deseo de hacerse infeliz y hacer infeliz al perro era mucho menos agradable que conservar el cariño que sentía por el animal. Gracias a la actitud comprensiva de sus padres, con el tiempo la intensidad de las reacciones negativas de Mike disminuyó.

Una vez comprenden que el niño infeliz reacciona negativamente cuando las cosas van bien, los padres son entonces capaces de encontrar sentido a una conducta que, de otro modo, les resultaría incomprensible. Aunque es cierto que el niño puede llegar a dar patadas, morder o arrojar cosas de pura frustración, también es capaz de perder el control a causa de una experiencia positiva. Los padres pueden ayudar al hijo a percibir la relación existente entre su respuesta negativa y la experiencia positiva vivida. En el ejemplo que acabamos de exponer, los padres podrían haber dicho: «A lo mejor pegaste a tu perro porque te molestó recibir algo que te gustaba tanto.»

Cómo hablar con su hijo pequeño sobre sus sentimientos

Si no está familiarizado con la experiencia de hablar con su hijo acerca de las causas y efectos de sus sentimientos, puede que al principio le ponga nervioso ayudarle a comprender que tal vez tiene la necesidad de hacerse infeliz. Tenemos una vasta experiencia en niños que han desarrollado infelicidad interior y en ayudar a los padres a comunicarse con ellos. Así pues, podemos afirmar que si los adultos adoptan una postura amistosa, positiva y tolerante a la hora de ayudar a sus hijos a explorar sus sentimientos contradictorios, éstos se sentirán amados, comprendidos y aliviados. Nuestro enfoque a la hora de ayudar a los niños a comprender sus sentimientos es muy diferente del enfoque «psicoanalítico», pues nunca les decimos cosas sobre sí mismos que les resultan ajenas o dolorosas (por ejemplo, que tienen deseos de herir a un padre o un hermano). En lugar de eso, los ayudamos a encontrar un sentido positivo a la conducta y los sentimientos que les perturban. Enseñamos a los padres respuestas de amor inteligente que refuerzan la relación paternofilial y proporcionan a los niños las herramientas necesarias para realizar una introspección saludable que aumente su capacidad de llevar una vida feliz y satisfactoria.

Cómo ayudar a los niños propensos a las rabietas

Las rabietas suelen considerarse un elemento inevitable de la infancia, pero los niños que están seguros de que sus padres les comprenden y quieren hacerles felices encuentran muy desagradable la fiereza y la agonía características de esos ataques. Las rabietas obstaculizan el placer superior que los niños pueden proporcionarse atrayendo el oído atento y compasivo de sus padres cuando están enfadados o descontentos. Los niños pueden crecer sin tener una sola rabieta. Indudablemente, todos se muestran irascibles o testarudos en algún momento, todos lloran y se enfadan cuando desean mucho algo que no pueden tener, pero no todos se arrojan al suelo, rompen cosas o dan patadas.

Las rabietas son actos de desesperación, no un intento calculado de manipular. Si su hijo sufre una rabieta, intente estar más disponible en lugar de distanciarse. Por desgracia, los padres suelen recibir el consejo contrario, es decir, que ignoren al niño mientras le dure el berrinche y, a menudo, que lo aíslen o se aíslen ellos. También se les aconseja que digan cosas como «No puedo oírte si gritas de ese modo», «Estaré en el otro cuarto hasta que puedas hablar en lugar de gritar» o «Si piensas portarte así cada vez que te prohíbo comer caramelos, no volveré a darte más».

Existe la idea equivocada de que los niños pequeños tienen rabietas porque carecen de la habilidad lingüística necesaria para expresarse. El problema no es la capacidad de comunicación del niño. Los niños que están convencidos de que pueden provocar el amor y la comprensión de sus padres no sufren rabietas aunque su capacidad de habla sea limitada. Cuando están frustrados y enfadados, lloran y protestan, pero poco después aceptan un abrazo o intentan comunicar de nuevo sus deseos. No obstante, si el niño se pone histérico cuando sus padres no consiguen comprenderle, significa que ha acabado por experimentar la ausencia de comunicación como un suceso traumático en lugar de una dificultad soportable o superable.

Dado que los niños tienen rabietas únicamente porque creen que sus padres están enfadados, les ignoran o no están disponibles, cada vez que su hijo se desespere intente reaccionar de forma positiva y, sobre todo, trate de no distanciarse. Podría decir algo como: «Lamento que estés tan enfadado. Estoy contigo y quiero ayudarte. ¿Por qué no nos sentamos aquí hasta que te encuentres mejor?» Ofrézcale un abrazo. Si su hijo lo rechaza, proponga una alternativa constructiva al deseo incumplido que originó la rabieta («Hoy no puedes comer más caramelos, ¿pero te gustaría ayudarme a hacer palomitas?»). Si su hijo arroja cosas al suelo o se muestra destructivo y es preciso ponerle freno, haga lo posible por sujetarle con suavidad y afecto mientras le dice que no puede permitir que se haga daño o que estropee otras cosas y que le soltará cuando se haya tranquilizado.

He aquí un ejemplo en el ámbito adulto que demuestra la ventaja de responder a las rabietas con la regulación con amor. Imagine que está llorando desconsoladamente a causa de una desilusión terrible y su cónyuge o su mejor amigo le dice: «Me voy al cuarto de al lado a leer hasta que dejes de llorar. Puedes venir cuando te hayas tranquilizado.» Luego, imagine a su cónyuge diciendo: «Siento mucho que estés triste. Déjame que te abrace y te consuele.» ¿Qué respuesta preferiría? Su hijo elegiría la misma que usted si pudiera escoger.

Tranquilizantes portátiles

Los tranquilizantes portátiles, como el chupete o la colcha favorita, suelen resultar útiles y en general no deberían ser causa de preocupación. Si su hijo mayor de seis meses no se enfada porque la colcha o el chupete se quedan en casa cuando salen, es preferible dejar que explore el mundo con ambas manos.

Puede que los niños que han desarrollado infelicidad interior no sean capaces de prescindir de sus tranquilizantes portátiles. Los padres tienden a confiscar la colcha o el chupete si entorpecen las actividades del pequeño. Es preferible no privar al niño de sus objetos tranquilizantes si la ausencia de los mismos lo trastorna, pues llegará a la conclusión de que usted no sólo es el causante de su infelicidad, sino que se la desea. Dado que su hijo quiere tratarse exactamente como usted le trata, es posible que el hecho de privarle de sus tranquilizantes cuando los necesita aumente su necesidad de hacerse infeliz. Por el contrario, si demuestra a su hijo que reconoce que en ese momento necesita esa forma de consuelo, éste se sentirá querido y comprendido. Tales sentimientos positivos disminuirán, a su vez, la dependencia de los tranquilizantes portátiles.

El dedo pulgar es el tranquilizante más portátil de todos, y uno del que el niño se siente, con razón, dueño y señor. Algunos niños infelices se chupan continuamente el pulgar para proporcionarse un equilibrio interior que creen que sólo obtienen de ese modo. Este hábito puede desalinear los dientes. Si el niño tiene más de tres años y no está demasiado apegado a su pulgar como fuente de bienestar, las explicaciones del dentista acerca de los efectos que dicho hábito tiene sobre los dientes tal vez le persuadan. Si, con todo, el niño es incapaz de renunciar a chuparse el dedo, es mejor no obligarle a que deje de hacerlo, pues los dientes suelen reajustarse cuando se abandona el hábito. Más difícil de reparar es el impacto sobre el bienestar emocional que tienen medidas persuasivas como el castigo, la burla, cubrir el dedo con alguna sustancia repugnante o recurrir a los sobornos (generalmente infructuosos).

Desde el punto de vista del niño, el pulgar es una fuente importante e indispensable de bienestar y equilibrio. Así pues, si los adultos reaccionan negativamente a su intento de buscar alivio, es probable que se sienta desconcertado, confuso e incomprendido. El niño que recibe presiones para que deje de chuparse el dedo es posible que acabe necesitando su dedo más que nunca y que complique aún más dicho hábito. Por ejemplo, conocemos a un niño que utilizaba la otra mano para esconder el dedo pulgar, de modo que tenía ambas manos ocupadas. El niño no puede comprender por qué los adultos a quienes adora quieren que deje algo que le proporciona tanto placer y seguridad.

SE CHUPA EL DEDO Y ES OBJETO DE BURLA

Stan, un niño de tres años que había adquirido infelicidad interior, se chupaba el pulgar durante gran parte del día. Los demás niños y algunos adultos le llamaban «bebé» y eso le acongojaba sobremanera.

Sugerimos a los padres que trataran de buscar las áreas de estrés, tensión y malestar dentro de la experiencia diaria de Stan y pensaran en alguna forma de mitigarlas. También les dijimos que era importante aumentar los períodos en que el niño pudiera disfrutar de alguna actividad sin sufrir presiones. Los padres, tras meditar un poco, se dieron cuenta de que Stan se chupaba el dedo sobre todo cuando prestaban atención a su hermano pequeño. Buscaron formas de poder jugar con Stan al tiempo que atendían al bebé (como cantar canciones durante el cambio de pañales). También compraron rotuladores especiales y papeles de colores para que Stan los utilizara en los momentos en que no podían prestarle atención. Y lo que es más importante, se esforzaron por que las experiencias diarias de Stan fueran lo más positivas posibles. Como era de esperar, a los pocos meses el hábito de Stan empezó a disminuir.

Las pesadillas recurrentes

Los niños infelices puede que sufran pesadillas recurrentes en las que intentan recrear el malestar que experimentan cuando no reciben atención, se les impone algo, no se les ayuda a regular su conducta descontrolada o se les somete a medidas disciplinarias. Estos niños pueden tener sueños aterradores. Pero los padres pueden utilizar los principios del amor inteligente para eliminar esta necesidad de tener pesadillas.

EL MONSTRUO DEBAJO DE LA CAMA

A los padres de Nate, un niño de tres años, les costaba mucho controlar su indignación cuando su hijo les avergonzaba con sus rabietas en lugares públicos. Cada vez que eso ocurría lo levantaban del suelo con brusquedad y le daban una palmada en el trasero. Ante semejante trato no sólo aumentaron las rabietas, sino que Nate empezó a despertar a sus padres cada noche gritando de miedo a causa de una pesadilla recurrente. Llorando convulsivamente, explicaba que había un monstruo debajo de la cama que estaba enfadado con él y que esperaba a que se durmiera para comerle. Decía que el monstruo empezaba comiéndole los dedos de los pies, seguía por el cuerpo y cuando se disponía a devorarle la cabeza se despertaba. Los padres de Nate querían saber cómo acabar con esas pesadillas para así poder descansar por las noches.

Les explicamos que las pesadillas eran la forma que la mente dormida de Nate tenía de expresar esa necesidad inconsciente de infelicidad que su mente despierta expresaba a través de las rabietas. La indignación y las bofetadas de los padres eran el modelo que Nate utilizaba para su relación aterradora y dolorosa con el monstruo.

Cuando los padres comprendieron que las rabietas de su hijo eran actos de desesperación y no un intento deliberado de avergonzarles, consiguieron controlar mejor su indignación y empezaron a pensar en formas positivas de ayudarlo a mantener el equilibrio. Por ejemplo, reorganizaron la jornada de su hijo para proporcionarle más posibilidades de elegir y menos oportunidades de meterse en problemas. También aprendieron a superar la vergüenza que les provocaban las rabietas. Cada vez que Nate era presa de una pataleta, lo levantaban del suelo y se sentaban con él en un lugar apartado hasta que se calmaba.

A lo largo del primer mes los padres comprobaron con placer y alivio que su hijo era cada vez más feliz y flexible, las rabietas menos frecuentes y las salidas en familia más agradables. La atención y la dedicación que Nate recibía estimulaban sentimientos positivos hacia sí mismo, de modo que ya no necesitaba hacerse desgraciado cuando dormía. El monstruo desapareció para siempre.

Los niños que al cumplir tres años están seguros de su capacidad para obtener la atención y la dedicación de sus padres se hallan bien preparados para las nuevas oportunidades y desafíos que les aguardan. Conseguir lo que quieren cuando quieren todavía constituye una fuente importante de felicidad secundaria, pero su felicidad primaria estable hará que estén cada vez más dispuestos a esperar o compartir. El niño que ha desarrollado inconscientemente la necesidad de infelicidad interior pero cuyos padres han utilizado los principios del amor inteligente para fortalecer en él el deseo de placer constructivo hará frente al nuevo mundo del colegio y los amigos con renovado optimismo y confianza en sí mismo.

Seis

De los tres a los seis años: amar inteligentemente a su hijo escolar

Los niños, entre los tres y los seis años, continúan su camino hacia la obtención de felicidad interior estable y aptitudes al comenzar la escuela, hacer amigos, perfeccionar habilidades importantes y realizar descubrimientos trascendentales sobre su lugar en la constelación familiar. El centro de la relación ya no está en ayudarle a adquirir una felicidad primaria estable, sino en situarle en el camino que le llevará a la obtención de una felicidad secundaria inalterable en el mundo de los logros y fracasos cotidianos.

Empieza la escuela

Uno de los grandes acontecimientos de este grupo de edad es el inicio de la experiencia escolar. Actualmente varía mucho la edad en que los niños empiezan el colegio, flexibilidad que plantea diversos problemas a los padres. Si el niño permanece en casa hasta el jardín de infancia, existe el reto de encontrar formas de proporcionarle estímulos intelectuales suficientes. Si hay dos o más hermanos pequeños, el problema está en mantenerlos ocupados y felices teniendo en cuenta que poseen diferentes aptitudes e intereses. Por otro lado, si su hijo empieza la escuela a los dos o tres años, tendrá dificultades para separarse de usted y relacionarse con otras personas.

Su hijo estará preparado para ingresar en el jardín de infancia si es capaz de permanecer separado de usted durante períodos de tiempo cortos (por ejemplo, si disfruta jugando en casa de un amigo o yendo al parque con su tía), si disfruta de la compañía de otros niños, si ha decidido utilizar el retrete, si puede permanecer tranquilamente sentado y trabajando en un proyecto durante veinte minutos seguidos, si suele estar dispuesto a seguir directrices. Si su hijo incumple alguna de estas condiciones, significa que no está totalmente preparado para ingresar en el jardín de infancia y que debería esperar. *Cómo* se siente su hijo en la escuela es mucho más importante que *cuándo* la comienza. Puesto que será su primera experiencia escolar, haga lo posible por que la disfrute.

Sea cual sea la edad a la que su hijo comienza el colegio, se trata de un acontecimiento crucial que al principio puede resultar estresante tanto para él como para usted. Puede que el niño traiga a casa un lenguaje inaudito aprendido de sus compañeros, que le afecte la brusquedad con que se tratan los niños a esa edad o que se resista a seguir las normas de la escuela.

Elegir el jardín de infancia

Lo primero a tener en cuenta antes de elegir un jardín de infancia es la clase de beneficio que desea para su hijo. El verdadero objetivo del jardín de infancia no es enseñar al niño conceptos concretos (letras, números, etc.), sino enseñarle a que le guste la escuela y a sentirse feliz y competente en ella. Si el propósito se cumple, su hijo iniciará la enseñanza primaria con optimismo y confianza en sí mismo. Por el contrario, si su hijo finaliza el jardín de infancia detestando la escuela e inseguro de sus aptitudes, es posible que tenga problemas con las asignaturas por muchos conocimientos que haya cosechado.

Busque un jardín de infancia cuyos maestros consideren que su misión es iniciar a los niños en el mundo escolar de una forma positiva y tranquila, que no crean que los niños de tres y cuatro años deben poseer los modales de un adulto, que no apliquen medidas disciplinarias como el aislamiento para regular las conductas rebeldes, que acepten que usted permanezca con su hijo hasta que éste sea capaz de separarse sin sentir angustia, y, por último, maestros que adopten un enfoque positivo sobre el comportamiento y las motivaciones del niño.

Cómo ayudar a su hijo a separarse de usted

Dado que la separación es un aspecto fundamental en la iniciación escolar, dicho proceso debe llevarse a cabo con suma delicadeza y sensibilidad. Algunos maestros animan a los padres a permanecer con su hijo hasta que éste se sienta preparado para dejarles ir. Otros, en cambio, piden a los padres que se vayan alegando que, en efecto, el niño dejará de llorar en cuanto se hayan marchado; al regresar por la tarde, es probable que el maestro les diga que, en efecto, el pequeño dejó de llorar en cuanto se marcharon y estuvo «tranquilo» toda la mañana. El problema de este razonamiento es que para medir el éxito de la separación se utiliza la conducta del niño en lugar de sus sentimientos. Puesto que el objetivo no es obligar a su hijo a aceptar la separación sino ayudarle a desarrollar una actitud positiva hacia la escuela, dejarle antes de que se sienta preparado para separarse de usted es contraproducente.

Lo que importa es que su hijo tenga una base interior positiva en la que apoyarse mientras está en el colegio. Si a su hijo le angustia empezar la escuela y se ve obligado a separarse de usted, puede que recurra a formas de alivio como la depresión, el comportamiento subversivo, la colcha o la introversión. Si usted permanece junto a su hijo en la escuela unas horas o días, el pequeño será capaz de aliviar su angustia apoyándose en su presencia y en la estrecha relación que les une. Además, el solo hecho de saber que usted no le abandonará antes de que esté preparado, favorecerá su confianza en sí mismo. Para cuando su hijo pueda dejarle ir ya habrá creado puentes positivos en su nuevo entorno, como amistades en ciernes, actividades interesantes y una relación gratificante con los maestros.

El amor inteligente aconseja que los padres deberían permanecer en la escuela mientras el niño así lo necesite. «¿Y si mi hijo quiere que me quede una semana o incluso más?», preguntan algunos padres. Si pensamos que la mayoría de los niños tiene muchos años de escuela por delante, una inversión de una o dos semanas para ayudarles a tener un buen comienzo no es nada. Si la escuela se opone a su deseo de quedarse, no se deje intimidar. Como padre tiene derecho a insistir. Diga algo como: «Cada niño es diferente. Es probable que otros niños dejen ir a sus padres desde el primer momento, pero el mío experimentará mejor el cambio de situación si me quedo mientras me necesite.» Si, con todo, la escuela le pide que se marche, considere la posibilidad de cambiar de centro. Cada vez son más los educadores que comprenden que los padres deberían quedarse en la escuela mientras sus hijos los necesiten.

Cómo ayudar a su hijo a ajustarse a las normas escolares

Una vez en la escuela, la libertad de elección a la que está acostumbrado su hijo se ve minada por exigencias como caminar en fila, esperar para hablar, pedir turno para jugar con determinado objeto, empezar a comer cuando todos los niños estén servidos y pedir permiso para ir al lavabo. Dado que su hijo ve el mundo a través de su ser todopoderoso, puede que las normas escolares le parezcan opresivas y, sobre todo, aplicables a todos los niños menos a él.

Si su hijo se resiste a mezclarse con sus compañeros, no significa que usted haya sido demasiado blando con él; su comportamiento simplemente es un reflejo de sus años de relativa libertad. Si usted ha fomentado y favorecido el deseo de su hijo de elegir por sí mismo, éste se adaptará fácilmente a la estructura impuesta por el centro porque no habrá ingresado en la escuela desanimado o inmerso en una batalla crónica contra la autoridad. Su hijo comprenderá muy pronto que unas cuantas reglas irritantes son un precio bajo a pagar por la oportunidad de participar en las emocionantes actividades y las gratificantes relaciones sociales que la escuela puede ofrecer.

Usted puede facilitar la transición de su hijo a la escuela de varias formas:

- Dígale cosas como: «Sé que es difícil no poder comer cuando quieres como hacías en casa, pero por otro lado en la escuela las pinturas están siempre disponibles, ¡y tienen tres hámsteres!»
- Si las normas escolares irritan a su hijo, concédale toda la libertad que sea posible después del colegio. No es el momento de llevarle a clase de judo u otras actividades programadas.
- Si su hijo se muestra especialmente cansado, irritable o vulnerable durante las primeras semanas de colegio, recuerde que está pasan-

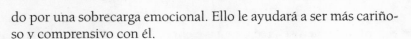

do por una sobrecarga emocional. Ello le ayudará a ser más cariñoso y comprensivo con él.

Cuando el lenguaje de la escuela entra en casa

Es posible que el niño al que ha estado protegiendo hasta ahora le
sorprenda llegando a casa con expresiones aprendidas de sus compañeros. Puede que al anunciar que es hora de ir a la cama su hijo le responda: «¡Te odio y nunca seré tu amigo!» Tal vez otro día le esté abro-
chando los botones de la camisa con cierta torpeza y el niño comente
con desprecio: «Qué estúpido eres.» Es un momento difícil hasta
para el más devoto padre, pero recuerde que su hijo no es consciente
de que usted encuentra indignante su lenguaje. Simplemente está
imitando a sus nuevos amigos, a gente que admira. Imitarle a usted
ha sido una herramienta indispensable para su desarrollo, y ese proceso se traslada ahora a la escuela y aumenta su sensación de perte-
nencia.

Usted puede ayudarle a distinguir entre la escuela y el hogar diciendo algo como: «Sé que tus amigos del colegio están acostumbra-
dos a utilizar esas palabras y es probable que no las digan en serio,
pero son palabras que hacen daño a las demás personas.» También le
aconsejamos que deje claro a su hijo que con usted puede expresarse
con más libertad que con los demás adultos.

Cuando haya percibido la causa benigna del rudo lenguaje de su
hijo, será capaz de reaccionar con serenidad. La indignación, la desaprobación o el castigo sólo conseguirán confundir y alienar a su hijo,
que sabe que ese lenguaje es corriente entre sus amigos.

Cuando los compañeros de clase hieren los
sentimientos de su hijo

A menos que su hijo haya recibido ya los desaires de hermanos mayores o vecinos, puede que al principio regrese de la escuela herido por
la rudeza de las relaciones entre los compañeros. El niño que sabe
que sus padres adoran estar con él se quedará perplejo y acongojado

si otros niños le excluyen o se enfadan con él. Puesto que a esta edad el ser todopoderoso cree que tiene el poder de controlar a las demás personas, el rechazo de un amigo resulta particularmente doloroso. Probablemente usted compadecerá a su hijo si éste le cuenta: «John me ha dicho que no volverá a jugar conmigo nunca más.» No obstante, estos momentos de desilusión constituyen excelentes oportunidades para ayudar a su hijo a hacer uso de la reserva de amor y confianza acumulada junto a usted con el fin de proporcionarse felicidad secundaria.

Ayude a su hijo haciéndole ver la diferencia entre la relación con usted y la relación con sus amigos. Diga algo como: «Probablemente estás triste porque nosotros siempre queremos jugar contigo y de pronto aparece alguien que no quiere. A veces los niños no hacen lo que tú quieres. Cuando eso ocurre, es mejor buscar otro amigo que tenga ganas de jugar. Estoy seguro de que hay otros niños en la clase a los que les encantaría jugar contigo. Recuerdo que me dijiste que lo pasabas muy bien con Peter.» Poco a poco, con su ayuda y su cariño, su hijo empezará a obtener más felicidad secundaria del placer de jugar que de la idea ilusoria de que puede conseguir que todos los niños jueguen con él siempre que le apetezca.

A veces los niños son objeto de comentarios crueles por parte de otros compañeros. Un niño contó a su madre que había pedido a una niña de la escuela que se casara con él y ella le respondió: «No puedo casarme contigo porque tu piel es demasiado oscura.» Los padres le dijeron que el comentario debió dolerle mucho. También pueden señalar que el otro niño estaba equivocado: «Sé que lo que esa niña dijo hirió tus sentimientos, pero se equivoca. Ningún color de piel es mejor que otro y la gente puede casarse con quien le apetezca.» A esta edad, la opinión de los padres es más importante que la de los compañeros de clase. Si contradice enérgicamente el comentario despectivo de un niño, su hijo le escuchará.

A veces a los padres les resulta difícil saber si deberían tomar medidas fuera de casa cuando su hijo ha sido insultado. Por norma general, los insultos referentes a la ropa, el peso o las gafas de su hijo deberían tratarse dentro de casa. No obstante, si son de tipo racial, religioso o étnico, o si su hijo recibe burlas porque tiene alguna discapacidad, proponga al maestro que ofrezca una charla a la clase sobre las diferencias de color de piel, religión y prácticas culturales, o sobre los sentimientos de las personas con discapacidades.

«¡Un compañero me pegó!»

Otro momento delicado de la iniciación de su hijo en la cultura escolar se produce cuando le dice: «¡Un compañero me pegó!» Intente averiguar qué ocurrió y, sin emitir juicios de valor, pregunté a su hijo cómo reaccionó. Puede que éste eligiera una respuesta legítima (se lo contó al maestro, dio un empujón a su agresor o cambió de actividad). Si su hijo manejó la agresión con éxito y usted está seguro de que no la provocó, dígale que si su compañero está algo irritable estos días, juegue con otros niños hasta que su amigo se calme. Sólo debe preocuparse si su hijo no hizo nada para detener el abuso o lo provocó aún más.

Como es natural, no nos estamos refiriendo a situaciones de auténtico peligro, como sería el caso si su hijo le dijera: «Bobby trajo un cuchillo al colegio y dijo que me lo clavaría.» Tales situaciones exigen una intervención inmediata por parte de los padres. Dicha responsabilidad ha de recaer en usted (por ejemplo, hable con el director) y no en su hijo, quien necesita sentir que sus padres harán cuanto sea necesario por protegerle.

Informes escolares

La mayoría de los maestros poseen una formación satisfactoria, tienen buenas intenciones, se vuelcan en su trabajo y pueden informar a los padres sobre todos los aspectos de la experiencia del niño en la escuela. El maestro puede proporcionarle información muy valiosa sobre su hijo. Supongamos que ha observado que el niño se vuelve emocionalmente vulnerable a media mañana. Dicha información quizá le esté indicando que su hijo, acostumbrado a comer cuando tenía hambre, no consume un desayuno suficientemente abundante para aguantar hasta la hora del almuerzo.

Por otra parte, no hay que olvidar que hasta el maestro más competente tiene numerosos niños que atender y tal vez malinterprete el comportamiento de su hijo. Si describe una conducta que usted no había observado antes o habla de su hijo en términos muy negativos, evalúe detenidamente la información antes de aceptarla.

El modo en que el maestro describa las dificultades que su hijo experimenta en la escuela le permitirá percibir si está ofreciendo a su hijo una ayuda constructiva. He aquí las declaraciones hechas por dos maestros diferentes:

- «Donald se empeña en correr por el aula y no podemos permitírselo. Si a todos los niños les diera por correr cuando tienen que estar sentados, sería el caos.»
- «A Donald le cuesta acostumbrarse a permanecer sentado más de unos minutos. Estamos tratando de encontrar una actividad que de verdad consiga absorberle.»

Al primer maestro solamente le preocupa la necesidad de mantener el orden en clase y el efecto perjudicial que Donald ejerce sobre los demás niños. El segundo maestro, en cambio, intenta comprender a Donald para poder ayudarle a sentirse a gusto en la escuela. Es evidente que Donald será más feliz y progresará más en la clase del segundo maestro.

Qué hacer si su hijo no es feliz en el jardín de infancia

La mayoría de los niños tienen días en que no les apetece ir a la escuela, pero si su hijo protesta con regularidad, se encuentra mal cuando es hora de ir al colegio pero no al salir de él, todavía le cuesta separarse de usted o ha empezado a tener pesadillas o problemas para dormir, investigue si está con el maestro adecuado, si asiste a la escuela adecuada e incluso si debería ir a la escuela.

Lo primero que debe hacer es pasar uno o dos días observando la clase de su hijo. Si descubre que el maestro es severo o siente una especial antipatía por su hijo, busque otro maestro con un enfoque más positivo hacia los niños y cambie de clase a su hijo. Si el maestro, por el contrario, es afectuoso y positivo y su hijo, no obstante, muestra los síntomas de infelicidad antes descritos, es posible que no esté preparado para ir al colegio y le convenga esperar otro año. Asegúrese de que la responsabilidad de esa decisión recae en usted y no en su hijo. Podría decirle: «Nos equivocamos al enviarte a la escuela este año. Creemos que el año que viene te gustará mucho más. Me alegro de que nos hayas hecho saber que todavía no estás preparado.» Aunque tenga que buscar otra alternativa para el cuidado de su hijo, el esfuerzo habrá valido la pena si puede evitar que el niño conciba la idea de que la escuela es un lugar que le hace desgraciado.

Qué hacer cuando su hijo distorsiona la verdad

Todos los niños entre los tres y los seis años distorsionan la verdad de tanto en tanto. Cuando eso ocurre, muchos padres creen que su hijo es un mentiroso y reaccionan con sermones, comentarios de desaprobación o castigos.

A esta edad la felicidad secundaria del niño todavía puede tambalearse si no consigue lo que quiere. Así pues, es posible que distorsione la realidad para defenderse de un cambio de acontecimientos no deseado o para sentir que tiene el control de sí mismo y del mundo. Sea como sea, si usted adopta el enfoque del amor inteligente y comprende que el hecho de inventar historias es una conducta normal que desaparecerá si usted reacciona adecuadamente, no se creerá obligado a responder con castigos, comentarios de desaprobación o discusiones. En lugar de eso, podrá ayudar a su hijo a ser consciente de ese deseo de reescribir la realidad.

«SUBÍ AL ÁRBOL VOLANDO»

A un niño de cuatro años le leyeron un cuento sobre una pelota que quedaba atrapada en lo alto de un árbol y nadie podía alcanzarla. El niño reflexionó un instante y dijo: «Subí al árbol volando y rescaté la pelota.»

Los padres que creen que el niño puede adquirir el hábito de mentir es probable que respondan con comentarios del tipo «Sabes muy bien que no puedes volar» o «Si te inventas historias te pasará lo mismo que a Pinocho». Una respuesta más positiva sería comprender que la distorsión de la verdad es propia de esa edad. Podría decir algo como: «Te gustaría mucho solucionar el problema, ¿verdad?»

«HE DESTRUIDO LA ESCUELA»

Unos padres se disponían a ir al colegio a una reunión con los maestros cuando su hijo dijo: «No podéis ir a la escuela porque la he destruido.» Sus padres, que en aquella época estaban visitándonos, sabían que no era necesario hacer comentarios sobre la inventiva de su hijo. Comprendían que el pequeño adoraba la escuela y no le gustaba que sus padres fueran sin él.

La pareja, por tanto, respondió: «No te gusta que nosotros vayamos y tú no, ¿verdad?» El niño asintió enérgicamente, les pidió que saludaran a su maestro y no volvió a mencionar que había destruido la escuela.

«SÓLO ME COMÍ DOS»

Una noche, los padres de Kevin, de cinco años, le dijeron que podía ir a la cocina y tomar dos caramelos de postre. Cuando los padres entraron en el cuarto de Kevin para darle las buenas noches, vieron cinco envoltorios de caramelo y preguntaron qué había pasado. «Me comí dos caramelos. Los demás envoltorios son de ayer», dijo Kevin. Los padres, que esa mañana no habían visto ningún envoltorio en el cuarto, respondieron con cariño: «Con esa pinta tan rica que tienen seguro que no pudiste comer sólo dos.» Kevin sonrió y exclamó: «¡No!» Los padres permanecieron positivos y no hicieron más comentarios sobre el tema, pero decidieron que Kevin era demasiado pequeño aún para regular su consumo de caramelos. La próxima vez que hubo caramelos de postre, simplemente le dieron dos.

Si su hijo miente a una persona adulta y dicha persona se queja y le pide que riña al pequeño, puede explicarle que, en su opinión, la mentira es una conducta que su hijo tarde o temprano superará. Si la persona se empeña en que riña a su hijo, repítale con amabilidad y firmeza que, desde su punto de vista, la conducta de su hijo es normal y propia de su edad.

Elegir libros, películas y programas de televisión adecuados para la edad de su hijo

Es una pena que muchos escritores y críticos de literatura y cine infantiles no comprendan mejor las necesidades de desarrollo de los niños. Tienen la opinión equivocada de que si los libros y las películas que plantean problemas y situaciones inquietantes tienen un final feliz, los niños disfrutarán de esa tensión tanto como ellos. Los padres raras veces reciben el asesoramiento necesario para elegir libros y películas realmente adecuados para sus hijos. Los niños menores de ocho o nueve años no se sacuden de encima la muerte de la madre de Bambi o del padre del rey León sólo porque haya un final feliz. Los niños se desconciertan cuando sus padres los llevan a ver una película o les leen un libro que los acongoja y atemoriza. Los niños que han adquirido felicidad interior estable no disfrutan de estas experiencias. Por otra parte, los niños infelices pueden creer que sus padres desean para ellos esa congoja, lo cual reforzará su necesidad de experiencias desagradables. Usted no puede guiarse por los deseos de su hijo a la hora de elegir un libro o una película del mismo modo que no puede dejarle que coma todos los caramelos que le apetezcan. Es probable que su hijo diga que desea ver una película de miedo porque su mejor amigo la ha visto o porque la anuncian por televisión. Así pues, proteja a su hijo, en la medida que sea posible, de las experiencias perturbadoras. Una vez su hijo comprenda que usted desea protegerle de una infelicidad innecesaria, su bienestar interior se verá reforzado y él estará, de hecho, mejor preparado para enfrentarse a los traumas reales de la vida.

«NO ME IMPORTÓ QUE EL PADRE DEL REY LEÓN MURIERA»

Seth, un niño de cuatro años, fue a casa de un amigo después de la escuela y la madre les puso la cinta de vídeo de *El rey León*. Cuando Seth llegó a su casa, lo primero que dijo fue: «Papá, he visto *El rey León*.» Su padre, que estaba haciendo lo posible por proteger a su hijo de libros y películas perturbadores, le preguntó si le había gustado y Seth respondió que sí. «¿Y la parte en que el tío mata al padre del rey León?», preguntó el padre. «No me importó», respondió el niño. «Lo preguntaba porque a muchos niños les asusta», prosiguió el padre. Seth se miró los zapatos y contestó: «Bueno, a mí también me asustó.» Tras una pausa, preguntó: «¿Por qué hizo eso el tío del rey León? ¿Por qué es tan malo? El rey León estaba muy triste.» Su padre contestó: «A veces las personas (y los animales que actúan como personas) se hacen cosas horribles unas a otras, pero no sabemos muy bien por qué.» Seth asintió y dijo: «La próxima vez que vaya a casa de Bert, ¿podrás decirle a su mamá que no me ponga esa película?»

∿

Qué hacer si su hijo se enfada ante las frustraciones

Dado que, entre los tres y los seis años, la felicidad secundaria del niño todavía depende, en gran medida, de conseguir lo que quiere, cuando se siente frustrado la reacción puede ser explosiva. Puede que intente pegar a los padres, los maestros o los niños que parecen interponerse entre él y lo que cree que debería tener. Aunque tales explosiones pueden alcanzar niveles intensos, son pasajeras y, por tanto, fáciles de diferenciar de la furia cegadora y prolongada característica de las rabietas.

DEMASIADO IMPACIENTE POR PINTAR

Richard, un niño de cuatro años, invitó a una amiga a casa y se enfadó cuando pensó que la niña estaba abusando de su turno en el caballete.

Al ver que la invitada seguía pintando sin dar muestras de ceder su puesto, Richard la apartó de un empujón. La madre levantó a la niña y la colocó de nuevo frente al caballete. Luego se sentó con su hijo y le dijo que sabía que era difícil tener que esperar, pero que no estaba bien dar empujones. Le preguntó si le gustaría hacer otra cosa mientras esperaba su turno, como recortar una máscara y pintarla. El pequeño, atraído por la idea, se esmeró en su obra hasta que le llegó el turno en el caballete. A través de la regulación con amor la madre detuvo la conducta agresiva de su hijo al tiempo que le ofrecía un apoyo y un cariño ininterrumpidos.

A diferencia de los niños preescolares, es posible conseguir que los niños de cuatro años esperen su turno porque a esa edad las relaciones empiezan a ser más importantes que las cosas. Con todo, es normal que se produzcan agresiones esporádicas derivadas de una frustración. Cuando un niño pierde la paciencia, es importantísimo utilizar la regulación con amor. El cariño de los padres reforzará el bienestar interior del niño que empieza a desmoronarse porque no puede tener lo que quiere. Como consecuencia, el hecho de tener lo que quiere perderá importancia. Por esta razón, la forma de proporcionar al niño una educación moral que le ayude a convertirse en un adulto capaz de tolerar la frustración y respetar los derechos de los demás no consiste en aislarle o privarle del amor y el afecto de sus padres.

Cómo motivar a su hijo para que ayude en casa

A su hijo pequeño le encanta ayudarle porque le adora. No obstante, como su ser todopoderoso sigue dominando, no le gusta que le digan lo que tiene que hacer o cómo hacerlo. Por tanto, si quiere que su hijo preescolar empiece a colaborar en las tareas de la casa, haga de ellas algo divertido y conjunto y no espere que asuma la responsabilidad de realizarlas solo. Intente elegir trabajos que impliquen mezclas, golpes, agua, animales o instrumentos en versión infantil como escobas o cubos pequeños. Es muy probable que su hijo se muestre encantado de bañar al perro, lavar el auto o ablandar con su martillo un trozo de carne.

Su objetivo es enseñar a su hijo que ayudar puede ser divertido y gratificante, no conseguir que realice una tarea concreta. Así pues, si su hijo detesta hacer la cama o devolver los libros a la estantería, efectúe esas tareas usted mismo y busque otro trabajo que pueda gustarle. Procure evitar las recompensas si su hijo se resiste a hacer una tarea, pues al final también esperará recompensas por trabajos que antes le gustaba hacer.

Cuando los niños se niegan a ayudar en las tareas de la casa, a veces los padres suelen hacer comentarios como «No todo es diversión en la vida», «Todo el mundo tiene que hacer cosas que no le gustan» o «Esto no es nada comparado con lo que yo tenía que hacer a tu edad». El niño que es sermoneado y obligado a obedecer no asimila tales preceptos morales. Simplemente siente que sus padres le hacen exigencias arbitrarias y le implican en una lucha de poder que no quiere perder. Cuando el niño es tratado de ese modo puede que reaccione a la dominación de sus padres ya sea desarrollando una aversión a todo tipo de autoridad o adoptando una obediencia estricta (volviéndose excesivamente ordenado), pero no aprenderá a disfrutar colaborando en proyectos comunes.

Hito del desarrollo: el niño romántico

En torno a los dos años y medio los hijos empiezan a ser conscientes de la diferencia de sexo entre madres y padres. Entre los tres y los seis años se hallan en lo que llamamos la fase romántica.

LA FAMILIA OSA

Un niño tenía dos osos iguales a los que trataba indiferentemente hasta que se acercó su tercer cumpleaños. En ese momento empezó a llamarlos Mamá Osa y Papá Oso, distinguió en ellos misteriosas características y comenzó a tratarlos de forma diferente.

Tal vez el hecho de que los niños pasan por una etapa caracterizada por el descubrimiento de los deseos románticos del progenitor del sexo opuesto, y el intento de controlarlos, resulte desconocida para algunos padres. Sin embargo, es fundamental que dichos padres comprendan la dinámica de esta etapa.

La *etapa romántica* comprende el deseo difuso del niño de que el progenitor del sexo contrario lo prefiera a él como compañero romántico y el miedo reactivo a que el progenitor de su mismo sexo se enfade con él por querer arrebatarle el puesto. Este deseo difuso es esencial a esta edad y explica muchas conductas incomprensibles, como la competitividad constante con el progenitor del mismo sexo, el malhumor, el exceso de susceptibilidad ante los «desaires», y la seguridad de saberlo todo y de poseer poderes sobrenaturales. Los padres que ignoran esta etapa encontrarán la conducta de su hijo imcomprensible o, aún peor, censurable. Aunque la existencia de la rivalidad romántica en el niño ya ha sido demostrada, nosotros ofrecemos una visión nueva y diferente de la naturaleza y la trascendencia de este hito del desarrollo, así como nuevas directrices para ayudar al niño a superarlo con éxito.

El niño percibe la relación romántica de sus padres

Entre los tres y los seis años los niños se vuelven hiperconscientes de los aspectos personales de la vida de sus padres. Empiezan, en particular, a reconocer la amistad y las atenciones románticas que se dan entre ellos. El niño no ve ninguna razón para no ser incluido en eso que acaba de descubrir y que parece ser fuente de gozo para sus padres. A partir de este momento se concentra en el progenitor del sexo opuesto como fuente de cuidados y atenciones. Empieza a querer controlar los deseos personales del progenitor y cree que puede hacerlo del mismo modo que siempre ha sido capaz de atraer su atención y su cariño («Mami —dice el pequeño—, yo seré papá y saldremos a cenar»).

Cuando los niños buscan una pareja en el progenitor del sexo opuesto, su sensación de rivalidad se hace más fuerte. Durante esta etapa se ofrecen a cuidar del progenitor del mismo modo que lo hace el otro progenitor. Por ejemplo, hay niños que empiezan a sostener la puerta para dejar pasar a su madre. Existe el caso de una niña cuyo padre había sido operado del pie, que se disputaba con su madre el privilegio de ayudarle a ponerse el zapato ortopédico.

A esta edad los niños intentan pasar tiempo con el progenitor del sexo opuesto como pareja además de cuidador. Al progenitor, por lo general, le complacen enormemente las atenciones de su hijo. Una madre explicó que siempre podía contar con que su hijo la acompañara alegremente a los recados más tediosos.

Como es natural, los niños no buscan una relación adulta con el progenitor del sexo opuesto; simplemente están imitando la relación que observan entre sus padres. La idea que tienen los niños de la relación romántica de sus cuidadores es muy difusa y posee elementos de posesividad, cariño y exclusividad.

El punto del vista del niño: soy el mejor en todo

El niño que se halla en la etapa romántica quiere que el progenitor del sexo opuesto le considere a él un compañero más atractivo que al otro progenitor. Hubo un padre que cuando alabó el vestido de su esposa su hijita de tres años se interpuso entre los dos, dio una vuelta y exclamó: «¡Pero mi vestido tiene rayas!»

Durante esta fase, la rivalidad romántica puede influir en todos los aspectos de la experiencia del niño. El niño que, por ejemplo, muestra una necesidad aparentemente desmesurada de que admiren su talento para el dibujo, puede que sólo esté expresando el deseo de recibir la misma admiración que ha visto que su padre obtiene de su madre. La imagen irreal que posee el ser todopoderoso del niño en cuanto a su cuerpo refuerza su certeza de que puede competir con éxito por la atención romántica del progenitor del sexo opuesto. Esta imagen contrarresta las diferencias innegables de tamaño y poder entre el niño y el progenitor del mismo sexo. Los niños de entre tres y seis años suelen declarar que ellos son más fuertes, rápidos, altos, hábiles, sabios y capaces que su padre. Puesto que la sobrevaloración que el niño romántico hace de sus capacidades es temporal y propia de su edad, enfrentarle a la realidad sólo conseguirá herir sus sentimientos y retrasar su desarrollo.

Los niños pequeños muestran su idea de que son todopoderosos de numerosas formas. Supongamos, por ejemplo, que usted está viendo un partido de fútbol por televisión con su hijo de cuatro años y éste, de repente, dice: «Yo puedo lanzar el balón más lejos que el defensa y derrotar a todo el equipo con una sola mano.» Dado que su hijo, con el tiempo, superará la imagen omnipotente que tiene de sí mismo, bastará responder con un simple «¡Oh!». Si intenta destruir la imagen ilusoria de su hijo burlándose, devolviéndole a la realidad, contradiciéndole o criticándole, el niño, a modo de defensa, se aferrará aún más a su idea y el proceso que ha de llevarle a desarrollar una imagen de sí mismo más realista se retrasará.

Rivalidad romántica

El ser todopoderoso del niño, esto es, la fuente de felicidad secundaria basada en la creencia de que puede hacerlo y tenerlo todo, sufre un serio desengaño en esta etapa. Se trata de un desengaño importante, pues el niño empieza a dudar del poder de su ser todopoderoso y a comprender que la felicidad secundaria no tiene por qué depender de conseguir o no lo que quiere. Dicho desengaño se produce cuando el niño advierte que entre sus padres existe una admiración mutua y especial, y que él no es el centro del universo de la pareja en lo referente a placeres personales, aunque sí en cuanto a cuidados.

Cuando comprenden que no pueden controlar la forma en que sus padres satisfacen sus deseos personales, los niños suelen reaccionar aumentando sus esfuerzos por atraer la atención del progenitor del sexo opuesto e interponerse en la relación de la pareja. Existe el caso de una madre y un padre que cada vez que se enfrascaban en una conversación, su hija les decía que callaran porque molestaban a sus muñecas. Otro niño reaccionaba a las charlas animadas de sus padres anunciando en voz alta que «sólo decían tonterías y estaban aburriendo a todo el mundo».

Durante esta etapa el niño exhibe una necesidad creciente de atención, y cuando ve a sus padres trabajar o jugar juntos, es posible que sufra arranques aparentemente irracionales de llanto, ira o infelicidad. Le será más fácil aceptar la actitud dominante e irascible de su hijo si comprende que su conducta es propia de su edad y no un síntoma de que se ha vuelto un ser antisocial que precisa corrección. Su hijo está viviendo sentimientos intensos y necesita ayuda para comprender que la relación de sus padres puede aumentar el placer de su relación con ellos en lugar de reducirlo. Si su hijo, por ejemplo, se niega a pasear en bicicleta a menos que su padre se quede en casa, usted podría decir: «No, no vamos a dejar a papá solo en casa; los dos pasearemos en bicicleta contigo.» De este modo puede ayudar a su hijo a ver que tres no siempre son multitud.

«¡SÓLO PUEDE LEERME MAMÁ!»

Un niño de cuatro años reaccionó a la etapa romántica diciendo a su padre que ya no quería que le leyera cuentos por la noche («Sólo puede leerme mamá»). El padre aceptó el rechazo de buen talante y le dijo que estaba impaciente por que llegara el día en que quisiera que volviera a leerle. Un mes más tarde, a la hora de acostarse, el niño dijo con entusiasmo: «Tengo una idea. Me sentaré en medio y podréis leerme un cuento cada uno.» Los padres aceptaron. El niño estaba empezando a comprender que era más divertido incluir a ambos padres en las actividades familiares, si bien aún no le hacía gracia que se sentaran juntos.

Rivalidad y venganza

Durante la etapa romántica, la idea de su hijo de poder controlar los deseos personales de sus padres gana credibilidad porque ve su espectacular éxito a la hora de lograr la atención de ambos. Puesto que sus necesidades son debidamente atendidas y durante los primeros años ha vivido concentrado en los cuidados que recibía, apenas ha sido consciente de los deseos personales de sus padres. El niño entra en la etapa romántica ignorando que no puede controlar los medios por los que usted satisface sus propios deseos. Una niña de tres años no podía comprender por qué, con lo fácil que era conseguir que su padre jugara con ella a las damas, no podía convencerle de que la llevara a ella en lugar de a su madre a las fiestas.

El ser todopoderoso del niño cree que puede competir por la atención romántica del progenitor del sexo opuesto. Los niños se resisten a aceptar que este progenitor únicamente sienta amor romántico por el otro progenitor, y llegan a la conclusión de que si no reciben la atención romántica del primero se debe a la intromisión del segundo. El niño acumula tal rabia y rivalidad que acaba por creer que éste desea vengarse de él. A este temor lo llamamos *miedo a la venganza*. Preferimos este término a la expresión psicoanalítica «miedo a la castración», pues debe tenerse en cuenta que también las niñas temen al progenitor de su mismo sexo y que las ideas del niño sobre lo que le ocurrirá cuando dicho progenitor se vengue de él son más difusas de lo que insinúa el término «miedo a la castración».

El progenitor del mismo sexo puede tranquilizar a su hijo de muchas formas. Pero, sobre todo, no debe tomarse la ira y el rechazo del niño como algo personal. El padre que no comprende por qué su hijo se muestra tan hostil probablemente se sienta herido y despreciado. Si el hijo se niega a jugar con él, puede que reaccione diciendo: «Como quieras. La verdad es que tengo mejores cosas que hacer que jugar contigo.» Las respuestas airadas intensifican el miedo del niño a la venganza y, por tanto, menoscaban la habilidad de éste para superar la etapa romántica con éxito.

El progenitor del mismo sexo puede ayudar a su hijo demostrándole que cuenta con el mismo cariño y la misma disponibilidad de que gozaba antes de que se volviera hostil. El padre cuyo hijo se niega a jugar con él podría decir: «Sé que no siempre te apetece jugar conmigo, así que me sentaré a leer el periódico. Si cambias de opinión, dímelo y estaré encantado de jugar.» El progenitor del mismo sexo también puede ayudarlo tranquilizándole si parece nervioso o asustado después de haber pasado un rato agradable con el progenitor del sexo opuesto.

EL AMOR INTELIGENTE DE UN PADRE TRANQUILIZA AL HIJO

Un niño de cuatro años que acababa de pasar un rato estupendo jugando con su madre, dijo a su padre: «¿Por qué tienes esa cara de malo?» El padre, que conocía la dinámica de la etapa romántica, respondió: «Creo que tienes miedo de que me haya enfadado por haberte divertido tanto con mamá, pero no te preocupes. Me parece genial que juegues con ella. Sabes que te quiero mucho, cariño.» Al oír eso, el niño, aliviado, dio a su padre un gran abrazo.

La etapa romántica fortalece el ser competente

Durante esta etapa se hace patente que el ser todopoderoso no puede controlar el mundo. Por mucho que lo intenten, los niños no consiguen ser el centro de la atención social y romántica del progenitor del sexo opuesto ni convencer al otro progenitor de que abandone su interés romántico por su pareja. Es en este momento cuando el ser competente empieza a emerger.

La autoestima del ser competente no viene determinada por la idea ilusoria de que puede conseguir lo que quiere. Por consiguiente, el niño aprende a aceptar que el progenitor del sexo opuesto se haya negado a dejar que él controlara sus decisiones personales. El miedo a la venganza desaparece ante la amabilidad constante del progenitor del mismo sexo. Con el tiempo, el niño acaba por comprender que una relación que incluye el respeto por los deseos personales de sus padres es mucho mejor que intentar obligarles a abandonar tales deseos.

El niño acepta el amor que comparten sus padres

A medida que crecen, los niños reconocen que el desengaño que experimentan en la etapa romántica no se debe a sus propios defectos sino a que sus padres tienen unas motivaciones que no les incluyen, como es el amor que sienten el uno por el otro. El niño, por tanto, aprende que su ser todopoderoso es incapaz de satisfacer todos sus deseos. Es importante comprender que el proceso por el cual los niños llegan a asimilar su verdadero lugar en la constelación familiar nunca se produce de una forma directa. Los niños que empiezan a darse cuenta de que no conseguirán interponerse en el romance de sus padres todavía podrían estar cegados por su ser todopoderoso.

«MAMÁ PUEDE SER EL GATO»

Una niña de cuatro años se hallaba en el proceso de aceptar la relación romántica de sus padres. Un día pasó casi una hora haciendo y pintando dos hermosas coronas. Con orgullo entregó una a su padre y otra a su madre y dijo: «Papá será el rey, mamá la reina y yo la princesa.» En ese momento el ser todopoderoso se sintió rebajado por haber aceptado el papel de hija, de modo que la niña arrebató la corona a la madre, se la puso en la cabeza y dijo: «Tengo una idea mejor. Papá será el rey, yo seré la princesa y mamá puede ser el gato.»

El niño, durante el proceso que le lleva a comprender que no puede controlar las atenciones románticas del progenitor del sexo opuesto, necesita confiar en su capacidad para tener una relación romántica satisfactoria en el futuro. El progenitor del sexo opuesto, aunque debe hacer ver a su hijo que su deseo de atención romántica no se cumplirá, también debe comprender que el niño necesita oír que algún día será un compañero ideal para otra persona. Si un niño pregunta a su madre si podrá casarse con él cuando sea mayor, es importante que ésta reaccione con seriedad y respeto diciendo: «No, no podrás casarte conmigo cuando seas mayor porque yo soy tu mamá y siempre estaré casada con papá, pero te casarás con una persona igual de estupenda.»

El fin de la etapa romántica

Esta etapa termina cuando el niño verdaderamente comprende que no puede controlar el interés romántico del progenitor del sexo opuesto y que le molesta sentirse incómodo con respecto al progenitor del mismo sexo. Al llegar al final de la etapa romántica, el niño cuyas necesidades emocionales han sido debidamente atendidas elige la relación amorosa con sus padres en lugar del marco romántico competitivo que ha estado persiguiendo su ser todopoderoso. Así pues, el niño resuelve las tensiones que vive en la etapa romántica eligiendo el placer de sentirse unido a ambos padres.

Los niños se vuelven más realistas en cuanto al alcance de sus poderes cuando finalmente aceptan que, aunque pueden conseguir que sus padres atiendan sus necesidades de desarrollo, no pueden controlar el modo en que éstos satisfacen sus objetivos personales. Cuando esta fase se acerca a su final, el niño se da cuenta de que nunca obtendrá la atención romántica del progenitor del sexo opuesto y, por otro lado, que todavía es capaz de hacer que sus padres deseen cuidarle (puede hacer que sus padres le lean un libro o le lleven a dar un paseo). A estas alturas el niño posee una vasta experiencia y sabe que obtendrá la máxima felicidad si aprueba las decisiones de sus padres en cuanto a su bienestar. Cuando decide buscar activamente la relación amorosa con sus padres en lugar de intentar controlar sus vidas personales, actividad que resulta mucho menos gratificante, adquiere una nueva sensación de estabilidad y seguridad. He aquí un logro fundamental en el desarrollo.

Hito del desarrollo: el ideal de relación

El niño, tras asimilar la diferencia que hacen sus padres entre los compromisos personales y los paternales, se identifica con lo que llamamos *el ideal de relación*. Una *identificación* no es más que el esfuerzo por parecernos a las personas que son importantes para nosotros. Si el niño tiene sus necesidades de desarrollo debidamente satisfechas, sus identificaciones son siempre positivas, pues únicamente imitará aspectos de la conducta de otras personas que prometan proporcionarle un placer constructivo.

El ideal de relación comprende ideales de intimidad y compromiso en toda clase de relaciones, entre ellas las de pareja, las de padres e hijos y las de amistad. El inmenso interés del niño por la vida personal de sus padres, sobre todo por el aspecto romántico, le induce a identificarse con la forma en que ve que sus padres se relacionan entre sí y con la forma en que le tratan a él.

El niño cuyo ideal de relación viene determinado por la capacidad de sus padres de regular eficazmente su propia conducta y conservar un interés saludable por sus propias necesidades, tendrá de mayor una moralidad perdurable. El ideal de relación de este niño refleja la capacidad de sus padres de ofrecerle un amor y un apoyo genuinos incluso cuando se enfada porque hay cosas que no puede conseguir. De esa forma, el niño adquiere un respeto permanente por los derechos y las necesidades de los demás. Este ideal de relación es el cianotipo que le permitirá convertirse en un adulto capaz de reconocer los deseos de otras personas y actuar en consecuencia. Cuando madure perderá interés por las relaciones de tipo competitivo y se sentirá atraído por relaciones basadas en la implicación y el respeto mutuo.

Amar inteligentemente al niño de entre tres y seis años que padece infelicidad interior

Entre los tres y los seis años casi todos los niños que padecen infelicidad interior reaccionan de manera dramática ante las frustraciones. El niño pequeño cuyas necesidades de desarrollo han sido atendidas posee una felicidad primaria inalterable que le provee de una reserva de optimismo y buena voluntad. En cambio, el bienestar interior del niño que ha adquirido infelicidad dependerá de las gratificaciones externas. Cuando las cosas no van como él desea, este niño se trastorna y es probable que estalle o permanezca hundido durante largos períodos. Además, estos niños han adquirido una necesidad de discordia que puede llevarles a ver desaires donde no los hay y a aferrarse a su papel de víctimas. Los padres capaces de reconocer la vulnerabilidad implícita en esta infelicidad podrán reaccionar de formas que alivien, en lugar de exacerbar, los sentimientos del niño.

«¡ME HABÉIS SERVIDO MENOS HELADO!»

Los padres de un niño de cinco años y medio infeliz estaban desconcertados por lo que denominaban «la excesiva susceptibilidad» de su hijo.

Arnold se sentía constantemente desairado y creía que sus hermanas salían ganando en todo. Una noche, convencido de que su porción de helado era más pequeña, se levantó llorando de la mesa y se encerró en su cuarto, donde siguió llorando desconsoladamente. Los padres, que no entendían esta conducta tan «infantil», nos pidieron consejo.

Les dijimos que creíamos que Arnold, en lo más profundo de su ser, corría constantemente el peligro de sentirse desolado. Algunas personas opinaban que el problema de Arnold era que estaba malcriado, pero los padres comprendieron muy pronto que si su hijo no podía soportar las frustraciones era porque sus necesidades no habían sido debidamente satisfechas, no al revés. Arnold no pretendía manipularlos; era cierto que se sentía destrozado cuando las cosas no iban como él quería.

A los padres les apenó saber que habían causado infelicidad a su hijo, pero se alegraron de oír que todavía podían ayudarle a desarrollar una mayor capacidad de adaptación. Dejaron de responder a sus ataques de histeria con castigos y comentarios de desaprobación, que era lo que les habían aconsejado algunas personas. Una vez comprendieron el origen de las reacciones de Arnold, les fue más fácil responder con paciencia y bondad, y el niño empezó a buscar consuelo en ellos. A medida que se hizo consciente de que podía contar con el apoyo incondicional de sus padres, fue dejando de sufrir ataques de histeria cuando las cosas no iban como él quería.

Transcurridos unos meses desde que sus padres empezaran a aplicar las directrices del amor inteligente, un día Arnold opinó que sus hermanas habían recibido más postre que él. Esta vez, no obstante, fue capaz de permanecer sentado a la mesa y expresar su queja. Sus padres le dijeron que se alegraban mucho de que comunicara sus sentimientos con palabras y que quedaba postre suficiente para que él pudiera repetir. La respuesta positiva tranquilizó al niño, que se sirvió otra porción y siguió hablando de cómo le había ido en la escuela.

Los padres podrán ayudar realmente al hijo que padece infelicidad si tienen presente que el niño conserva su equilibrio interior mediante la mezcla de placer constructivo, placer destructivo e infelicidad. Es posible aumentar significativamente el bienestar y el rendimiento del niño si se maximizan las oportunidades de experimentar placeres constructivos y se minimizan las de satisfacer la necesidad de placeres destructivos o de infelicidad.

AYUDAR A UN HIJO DESCONTROLADO A DISFRUTAR DE LAS SALIDAS FAMILIARES

Los padres de un niño infeliz de cuatro años estaban preocupados y avergonzados por la conducta salvaje que su hijo manifestaba fuera de casa. Ir de compras o a comer en el restaurante con él constituía una pesadilla. Reggie derramaba las cosas, se ponía de pie en la silla y era incapaz de permanecer sentado. Dichas salidas se convertían, al final, en un motivo de conflicto e infelicidad. Cuando los padres, a fin de controlar el comportamiento problemático de Reggie, siguieron el consejo de imponerle castigos como el aislamiento y la prohibición de ciertas actividades, su conducta empeoró.

Explicamos a los padres que Reggie necesitaba la ayuda de ambos para superar este afán de discordia adquirido. Los padres, que temían malcriarle, habían empezado a exigirle un grado de madurez que no correspondía a un muchacho de su edad. Por consiguiente, siempre estaban desaprobando su comportamiento, de modo que la criatura veía la relación con sus padres como una fuente de conflicto e infelicidad. Reggie, como todos los niños pequeños, creía que sus padres eran unos cuidadores perfectos. Así pues, el hecho de que criticaran constantemente su conducta le hizo adquirir la necesidad de provocar la desaprobación y la indignación que, erróneamente, identificaba con el amor paternal ideal. Los padres, cada vez que se enfadaban o imponían medidas a fin de enseñarle que debía aprender a portarse bien en el mundo real, estaban, de hecho, fomentando esta necesidad adquirida de experimentar infelicidad con ellos.

Con la esperanza de cambiar este patrón, trabajamos con los padres para diseñar salidas en familia que limitaran la necesidad de Reggie de provocar conflictos. Por ejemplo, dejaron a un lado las tiendas y restaurantes y empezaron a llevarlo a parques donde podía correr y trepar a su gusto. Y si hacía frío, visitaban museos infantiles.

Una vez los padres hubieron reforzado el deseo de Reggie de experimentar placer constructivo con ellos mediante la organización de salidas agradables y positivas, el deseo innato del niño de vivir relaciones y experiencias positivas fue mayor que la necesidad adquirida de causarse infelicidad. A partir de ese momento, los padres lo llevaron gradualmente hacia situaciones más estructuradas, como media hora de clase de gimnasia, actividad que le permitía correr y saltar al tiempo que le imponía ciertas reglas y restricciones.

Los padres comprobaron que el deseo de su hijo de placer constructivo se había reforzado lo suficiente para estar dispuesto a aceptar algunas normas básicas (esperar turno, no saltar sobre la cama elástica sin vigilancia) a fin de divertirse haciendo gimnasia. Un mes más tarde empezaron a ir a restaurantes frecuentados por niños y a algunos comercios para hacer compras rápidas. Siempre y cuando se acordaran de traer un juguete, Reggie era capaz de aguardar con calma a que le llegara la comida o soportar las sesiones de compras. Y lo más importante, los padres estaban dichosos de ver que su hijo se encaminaba hacia una vida de felicidad y prosperidad.

Enuresis, timidez, fobias y otros síntomas involuntarios

Todas las expresiones de infelicidad interior son involuntarias, ya que todos los niños desean conscientemente ser felices y vivir experiencias placenteras. Pero hay niños que desarrollan síntomas involuntarios de infelicidad interior en el sentido de que los viven como algo ajeno y no deseado. Estos síntomas pueden aparecer a cualquier edad, aunque son más comunes entre los tres y los seis años, y entre ellos tenemos la enuresis (orinarse en la cama), el tartamudeo, los tics nerviosos, la timidez excesiva y las fobias. Por desgracia, los remedios generalmente recomendados buscan corregir la conducta no deseada sin tratar la causa subyacente. El enfoque del amor inteligente pretende ayudar al niño infeliz a ser más feliz, más competente y más controlado.

EL AMOR INTELIGENTE ANTE
UN CASO DE ENURESIS

Unos padres llevaron a Carl, su hijo de seis años, al pediatra porque se orinaba en la cama. El médico, no obstante, no halló causa fisiológica alguna y aconsejó a los padres que premiaran a su hijo cada vez que despertara con las sábanas secas. Como la medida no dio resultado, el pediatra les aconsejó que no dejaran que el niño bebiera nada después de las seis de la tarde aunque tuviera sed. También les recomendó que instalaran en la cama una alarma que se disparara cada vez que el niño mojara las sábanas. Al ver que ninguna de estas medidas funcionaba, los padres compraron un aparato que provocaba una levísima descarga eléctrica en el niño cada vez que se orinaba en la cama.

Carl siguió haciéndose pipí encima cada noche y, además, se volvió más introvertido y distante. Su rendimiento en la escuela, que siempre había sido excelente, empezó a decaer. Los padres vinieron a vernos desesperados. Les dijimos que, en nuestra opinión, la introversión y la sensación de impotencia de Carl se debía a que creía que sus padres le estaban castigando por una conducta que no podía controlar. Al verles tomar medidas destinadas a hacerle desgraciado, la necesidad interior de hacerse infeliz (por ejemplo, rindiendo menos en la escuela) se había hecho más fuerte. Su habilidad para basar su bienestar interior en el placer constructivo, como rendir en la escuela, había disminuido significativamente.

Sugerimos a los padres que lo más importante era comunicar a su hijo que sabían que no podía evitar orinarse en la cama pero que no por eso le querían y admiraban menos. Si el niño seguía mojando la cama, les aconsejamos que simplemente protegieran el colchón con una cubierta de plástico y lavaran las sábanas cada día sin hacer comentario alguno.

Cuando comprendieron que la enuresis de Carl era un síntoma de infelicidad interior y no una acción premeditada ni una manifestación de hostilidad, la irritación dio paso a la compasión. A partir de ese momento, cada vez que el niño se enfadaba por haber mojado la cama, los padres simplemente le decían: «Sabemos que no quieres mojar la cama. Algún día conseguirás permanecer seco toda la noche.»

Cuando Carl se dio cuenta de que su enuresis no alteraba los sentimientos positivos de sus padres hacia él, empezó a sentirse más optimista y seguro de sí mismo incluso cuando despertaba con las sábanas mojadas. Al cabo de un año la enuresis había cesado.

Otros síntomas involuntarios de infelicidad frecuentes en los niños son la timidez exagerada y los tics nerviosos. Los padres de niños que padecen síntomas involuntarios deberían intentar liberarlos de toda presión. Si el niño tímido se esconde detrás de usted ante la presencia de amigos, familiares o desconocidos, no le presione para que se muestre sociable.

EL NIÑO QUE SE NEGABA A HABLAR EN EL ASCENSOR

A una madre le indignaba que su hijo de tres años, Scott, no fuera más «educado» con la gente que encontraban en el ascensor del edificio donde vivían. En cuanto un adulto le dirigía la palabra, Scott se ocultaba entre las ropas de su madre. Cuando ésta le decía «¿No reconoces a la señora Adler? Es nuestra simpática vecina. ¿No puedes decirle hola?», Scott se esforzaba aún más por desaparecer.

Una vez la madre comprendió que Scott no intentaba decepcionarla ni ser grosero, sino que realmente se sentía abrumado, cayó en la cuenta de que, al presionarle, sólo conseguía agudizar el problema. Así pues, cambió de actitud. Desde ese momento, cada vez que Scott hundía la cabeza entre sus ropas, le acariciaba el pelo con cariño y decía al vecino: «Hoy se siente un poco tímido. Tal vez le hable mañana.» Sorprendida, la madre descubrió que cuando no le presionaba para que hablara, su hijo, al bajar del ascensor, se despedía de los vecinos con un «adiós». Al cabo de un mes también decía «hola».

Trastornos alimenticios

Durante el período comprendido entre los tres y los seis años, los niños infelices suelen tener problemas para comer. El amor inteligente aconseja no premiar ni castigar al niño que come en exceso o en defecto. Como todos los síntomas de infelicidad interior, los trastornos alimenticios se resuelven con una actitud serena y un esfuerzo conjunto por reforzar en el niño el deseo de placer constructivo.

EL AMOR INTELIGENTE AYUDA A UNA NIÑA

Ashley, de seis años, apenas comía y estaba crónicamente flaca. Sus padres intentaban en vano engatusarla y ofrecerle favores y premios especiales para que comiera. Al final fueron a ver a un experto en trastornos alimenticios, el cual les aseguró que Ashley utilizaba su negativa a comer como una forma de manipulación. Les aconsejó que preguntaran a su hija qué quería comer, le pusieran la comida delante y al cabo de veinte minutos retiraran el plato. Si Ashley no había comido lo suficiente, debían hacerla ayunar hasta la próxima comida. Los padres pusieron en práctica dicha estrategia, y como consecuencia de ello pasaban gran parte del día batallando con Ashley porque no había comido lo suficiente. Entretanto la pequeña comía cada vez menos y adelgazaba cada vez más.

Finalmente los padres acudieron a nosotros. Les dijimos que su verdadero problema con Ashley era que estaban reforzando su necesidad de hacerse infeliz, y se tranquilizaron al oír que las desagradables batallas diarias por la comida eran, de hecho, contraproducentes. El primer paso que dieron fue demostrar a Ashley que podía contar con su deseo constante de reaccionar de forma positiva, afectuosa y beneficiosa para su desarrollo.

Unos días después la familia fue a un restaurante y Ashley pidió un emparedado de pollo. Al rato, cuando el pedido ya venía, dijo que había cambiado de opinión y que quería pizza. Los padres recordaron que su nuevo objetivo era evitar el conflicto y fomentar su deseo de comer. Así pues, dijeron: «De acuerdo, pizza. Nos llevaremos el emparedado a casa y alguien se lo comerá más tarde.» Ashley abrió los ojos de par en par pero no dijo nada. Cuando la pizza llegó, se la comió casi toda. Y aún más importante, al salir del restaurante estaba de buen humor e incluso tomó la mano de su madre, algo inusual en ella.

Los padres, como es lógico, temían que con su flexibilidad Ashley se volviera cada vez más exigente. Sin embargo, a lo largo de los meses que siguieron la pequeña raras veces cambió de pedido. Los padres se esforzaron por crear una atmósfera positiva y distendida en la que su hija pudiera comer lo que quisiera, por lo que ésta empezó a comer mejor y engordó. También mejoró en la escuela, y cada día se mostraba más cariñosa y tranquila en casa. Por primera vez los padres estaban experimentando una relación divertida y enriquecedora con su hija.

La escuela adecuada para el hijo infeliz

Muchos padres responden que aunque son capaces de ajustar gran parte del día para satisfacer las necesidades de su hijo infeliz, no saben cómo elegir una escuela que le fomente el deseo de placer constructivo. Es corriente aconsejar a los padres de niños que no soportan las restricciones que elijan escuelas y maestros que proporcionen una «estructura máxima». Es lo mismo que si usted dijera que odia las coles y, por esa misma razón, le enviaran a un campamento donde sólo sirven coles. Probablemente al final tendrá tanta hambre que se las comerá, pero se sentirá coaccionado e incomprendido.

Los padres de hijos que detestan las reglas deberían buscar escuelas que ofrezcan una amplia libertad de elección y movimiento. El niño prosperará en una escuela que proporcione una gran variedad de actividades e imponga pocas limitaciones sobre cómo usar los materiales (por ej., una escuela con maestros a los que no les importe que el niño utilice el archivador como buzón). Los padres, por su parte, podrían hacer que el tiempo extraescolar fuera lo más distendido y libre posible y llevar al niño a lugares donde pueda correr y deambular a sus anchas. También deberían esperar un tiempo antes de inscribirle en actividades regidas por normas, como clases de piano o de idiomas.

Problemas en la etapa romántica

Los niños de entre tres y seis años que no han desarrollado felicidad interior es posible que tengan problemas en la etapa romántica. Cuando las necesidades emocionales no han sido debidamente atendidas, el niño no confía en el compromiso de sus padres para ayudarle a ser más feliz y competente. Así pues, el miedo a la venganza del progenitor del mismo sexo puede alcanzar proporciones aterradoras y difíciles de suavizar.

«¡MAMÁ ME ROBÓ LA MUÑECA!»

Helen, una niña de cuatro años, había adquirido infelicidad interior. En esta etapa de su vida dicha infelicidad se reflejaba en un miedo a la venganza abrumador. Helen se peleaba continuamente con su madre, si bien en el fondo le aterraba la idea de que ésta pudiera estar enojada con ella a causa del interés romántico que sentía por su padre. Un día Helen vio que su muñeca favorita había desaparecido y acusó a su madre de habérsela robado. La madre le aseguró que no había visto la muñeca, pero Helen no la creyó. Le preguntó una y otra vez por qué no se la devolvía, y siguió atormentada por la sospecha de que su madre quería vengarse de ella, sospecha que sostuvo incluso después de que la madre registrara la casa y encontrara la muñeca.

Helen, al principio, creía que también nosotros queríamos hacerla desgraciada. Con el tiempo empezó a darse cuenta de que estaba imponiendo sus miedos a nuestra relación y que esos miedos le impedían divertirse con nosotros. Cuanto más confiaba en nosotros, más se reforzaba su deseo de placer constructivo en todos los ámbitos de su vida. Poco a poco fue capaz de dar a su madre el beneficio de la duda cuando surgía un problema. En una ocasión en que descubrió que las piezas de un juego habían desaparecido, en lugar de acusar a su madre le pidió por favor que la ayudara a buscarlas.

Los niños infelices necesitan conseguir lo que quieren para proporcionarse bienestar. Así pues, es probable que se aferren a la idea de que pueden robarle la pareja al progenitor de su mismo sexo. Cuando estos niños reconocen que su lucha romántica no está teniendo éxito, suelen atribuirlo a la diferencia de tamaño físico. La niña llegará a la conclusión de que «papá quiere más a mamá porque es más grande y tiene pechos. Cuando yo crezca y tenga pechos, papá me querrá más a mí». En general, es posible que los niños infelices perseveren indefinidamente en su rivalidad con el progenitor del mismo sexo, generen conflictos con las personas más allegadas u oculten por completo sus sentimientos competitivos.

Los niños que carecen de la libertad interior necesaria para reconocer que nunca gozarán de la atención romántica del progenitor del sexo opuesto están poco preparados para las relaciones futuras. Todavía les influye la creencia del ser todopoderoso de que ganar es lo principal, de que el ganador se lo lleva todo y de que la fuerza da el derecho. Estas ideas crean un ideal de relación basado en utilizar a las personas en lugar de respetarlas. Y dado que estos niños se sienten amenazados cuando los demás tienen deseos contrarios a los suyos, les cuesta tolerar las diferencias de opinión que suelen darse entre los amigos. De mayores, puede que estos niños destruyan amistades y relaciones sentimentales potencialmente gratificantes por actuar con excesiva competitividad (por ejemplo, sienten que el éxito de la otra persona es una amenaza para el propio equilibrio emocional en lugar de un motivo de alegría) o por enfrascarse en disputas interminables sobre diferencias insignificantes (como que le guste el golf y la otra persona lo deteste, o que crea que es importante planificar las cosas con tiempo y la otra persona prefiera tomar las decisiones en el último minuto).

La mejor forma de ayudar a su hijo a encontrar relaciones positivas, equilibradas y afectuosas y evitar las caracterizadas por la lucha de poder y la amargura, consiste en recordar que usted es el modelo principal de su ideal de relación. Si lo trata con cariño, respeta sus sentimientos y sus deseos, utiliza la regulación con amor y muestra consideración por las necesidades y deseos de su pareja y de otros adultos, su hijo se esforzará por imitarle. Además, nunca es tarde para cambiar. Tenga la edad que tenga, su hijo siempre valorará los esfuerzos que usted haga por crear una relación más gratificante con él. Aunque habrá ocasiones en que se irrite o retraiga, la mayoría de las veces estará encantado con la oportunidad de unirse más a usted. También descubrirá que las otras relaciones de su hijo mejoran, porque el ideal de relación incluirá el cariño y la compasión que usted le muestra.

~

La escuela, los amigos y las actividades extraescolares serán los protagonistas de la próxima etapa de su hijo. Independientemente de que inicie su séptimo año con un bienestar interior estable o con la necesidad de experimentar infelicidad interior, con ayuda de los principios del amor inteligente usted podrá responder de forma positiva y constructiva a los retos que su hijo habrá de afrontar.

Siete

❧

De los seis a los doce años: amar inteligentemente a su hijo mayor

Se espera que entre los seis y los doce años los niños desarrollen nuevas capacidades intelectuales, sociales y físicas, por ejemplo, crear relaciones estrechas y enriquecedoras con los compañeros, reflexionar y captar ideas complejas, y realizar actividades extraescolares como deporte, música u otras artes. Al igual que en las demás etapas del desarrollo, los padres deben ofrecerles el mayor número de oportunidades para elegir al tiempo que los orientan y protegen.

Le aconsejamos que ofrezca a su hijo más libertad para elegir de la que suele recomendarse y, al mismo tiempo, un amor y un apoyo incondicionales. De esta forma le estará ayudando a alcanzar el objetivo más importante de esta fase, esto es, que su felicidad interior —el bienestar derivado de las actividades diarias— proceda cada vez más del placer de tomar buenas decisiones y llevarlas a cabo. A medida que crezca, su hijo dependerá cada vez menos de la satisfacción que le proporciona la idea ilusoria de que puede cumplir todos sus deseos. En otras palabras, su hijo se dará cuenta de que el placer que obtiene con su propia creatividad, diligencia y competencia es superior al placer poco fiable que le aporta la afirmación de su ser todopoderoso de que puede controlar el mundo.

Aunque usted sigue siendo indispensable en esta etapa, ya no es el foco directo de las necesidades más acuciantes de su hijo. Usted, a partir de ahora, es un oído disponible y atento que, además, fomenta en su hijo la participación en actividades extrafamiliares. Cuando la realidad resulte frustrante, su hijo le necesitará para que le ayude a reaccionar de forma constructiva.

Los días escolares

Los niños cuyas necesidades de desarrollo han sido satisfechas vivirán la creciente dificultad de los sucesivos cursos escolares como un desafío positivo y emocionante. Puesto que poseen una felicidad interior inalterable —el bienestar interior que les produce saber que están haciendo que sus padres atiendan amorosamente sus necesidades— y dado que su felicidad secundaria depende cada vez menos de los éxitos y los fracasos diarios, el proceso de aprendizaje será, por lo general, una experiencia placentera y estimulante. Si estos niños, por ejemplo, se encuentran durante el primer curso con nuevas palabras, intentarán pronunciarlas correctamente y, en caso de no conseguirlo, pedirán ayuda sin sentirse por ello menoscabados.

La gente que no comprende nuestra insistencia en la necesidad de alimentar la felicidad interior podría llegar a la conclusión de que los niños felices son niños satisfechos de sí mismos y poco motivados. Nada más lejos de la verdad. Puesto que tienen capacidad para tomar buenas decisiones y llevarlas a cabo sin problemas, los niños realmente felices son seres flexibles y llenos de iniciativa. Son curiosos, no se dejan intimidar por los contratiempos y alcanzan su máximo potencial. Ello no significa que siempre estén felices o satisfechos. Felicidad interior no es sinónimo de buen humor. La felicidad interior estable hace referencia a la felicidad primaria inalterable del niño y, también, a una felicidad secundaria fiable.

Al niño con las necesidades de desarrollo atendidas le gustará la escuela y será un estudiante bueno y entusiasta. Su felicidad secundaria dependerá poco de los logros y los fracasos, por lo que raramente una nota baja o un error conseguirán desequilibrarle. Para este niño el proceso de adquirir competencia académica será divertido.

El niño infeliz, en cambio, suele ponerse nervioso o se paraliza ante las tareas de aprendizaje, ya sea porque la desconfianza en sí mismo lo atormenta o porque la necesidad de triunfar es tan grande que le impide pensar con claridad.

Ayudar a su hijo con los deberes

En este punto, aplique el mismo enfoque que utilizó cuando le enseñó a atarse los cordones de los zapatos o a montar en bicicleta. Muéstrese siempre dispuesto a ayudarle con calma y cariño. Muchos padres se preguntan hasta dónde deberían supervisar o intervenir en los deberes de sus hijos. Por fortuna, es muy probable que el niño con felicidad interior estable le resuelva el dilema. Partiendo de que su hijo disfruta utilizando su propia mente, no dudará en pedir ayuda si la necesita, pero en caso contrario no la pedirá. Con todo, es probable que durante los primeros cursos tenga que recordarle de vez en cuando que ha de hacer los deberes.

La ayuda más efectiva que puede ofrecerle es establecerle un horario de trabajo, ya sea antes o después de la cena. Usted, entretanto, puede utilizar ese tiempo para leer, coser, hacer crucigramas o escribir cartas. El niño se sentirá orgulloso y mayor por hacer los deberes al lado de mamá, papá, la hermana mayor o el hermano mayor. Durante este rato no realice actividades que puedan distraer la atención del niño, como ver la televisión o jugar con videojuegos.

Su objetivo es fomentar la capacidad de su hijo para hacer que su felicidad secundaria provenga de tomar decisiones constructivas y llevarlas a cabo satisfactoriamente (por ejemplo, ayudarle a organizar, programar y realizar los deberes) en lugar de asegurarse de que haga una tarea escolar concreta.

Si su hijo le pide ayuda con un problema o un proyecto, désela sin olvidar que el niño quiere sentirse competente. Cuanto más positiva sea su respuesta («Será un placer ayudarte; ¿por qué no intentamos solucionar el problema juntos?») y cuanto más enseñe a su hijo cómo analizar las preguntas, más fácil le será a este último encontrar el equilibrio entre insistir en una tarea difícil y pedir ayuda si la necesita.

A veces los niños son víctimas de los objetivos que fija su ser todopoderoso. Tal vez lleguen a creer que pueden hacer los deberes antes de acostarse cuando en realidad a esa hora están demasiado cansados para concentrarse, o que pueden hacerlos en cinco minutos cuando en realidad necesitan media hora. Si se producen estos errores de cálculo, no los utilice para dar una lección a su hijo. No diga: «Por lo menos habrás aprendido que si no entregas los deberes a tiempo el maestro te bajará la nota.» Demuestre a su hijo que porque haya cometido un fallo usted no va a pensar que no quiere tomar buenas decisiones o que no puede aprender. Diga algo como: «Estás aprendiendo a calcular cuánto rato necesitas para hacer los deberes. Con el tiempo conseguirás ser más preciso.» Este comentario ayudará al niño a mantener la autoestima y el optimismo en cuanto a su capacidad para tomar buenas decisiones y llevarlas a cabo con entusiasmo y competencia.

Ayudar a su hijo con otras responsabilidades escolares

Puede emplear un enfoque similar con otras responsabilidades escolares, como por ejemplo prepararse para ir al colegio, estar al tanto del plazo de entrega de los libros de la biblioteca o administrarse el dinero del almuerzo. Habrá ocasiones en que se dejarán llevar por su ser todopoderoso y creerán que pueden vestirse y desayunar en cinco minutos o recordar los plazos de entrega de los libros de la biblioteca sin necesidad de consultarlos. Es evidente que a los niños les resulta menos satisfactoria la experiencia de tener que apurarse que llegar al colegio con tranquilidad. Usted puede ayudar a su hijo a organizar sus enseres escolares la noche antes o sugerirle que, si lo tiene todo listo un rato antes de salir hacia la escuela, podrán pasar más tiempo juntos.

Si su hijo olvida el almuerzo o los deberes en casa, lléveselos a la escuela. Dejar que los niños experimenten las «consecuencias naturales» de sus actos es, en realidad, una forma de castigo. Además el niño, si olvida algo importante y usted se niega a ayudarle aunque pueda hacerlo, se sentirá doblemente herido. La única lección que los padres enseñan al hijo cuando le obligan a sufrir las consecuencias de sus errores es la de no perdonarse a sí mismo.

Normas y reglamentos apropiados
para niños de entre seis y doce años

Según el enfoque del amor inteligente, el grado en que los niños están dispuestos a cooperar con las normas y reglamentos depende no sólo de las normas en cuestión, sino también de la etapa de desarrollo en que se encuentran. Creemos que, salvo en cuestiones de salud y seguridad, pocas normas son tan importantes como para ser obedecidas ciegamente. Su principal objetivo no es hacer que su hijo obedezca, sino darle la libertad de descubrir que prefiere regirse por normas sensatas porque ello le hace más feliz. Si su hijo comete un error, no le haga sentir que usted debe controlar su conducta porque no confía en él, porque sus intenciones no son buenas o porque es incapaz de controlarse.

A veces se aconseja tratarlos como si cada norma o petición estuviera poniendo a prueba la autoridad paterna y la virtud del niño. Sin embargo, entre los seis y los doce años los niños todavía creen, en cierta medida, que no tienen que hacer nada que no deseen. Al cumplir los doce, el niño apenas abrigará ya la creencia de que es omnipotente.

Los niños con las necesidades de desarrollo satisfechas se darán cuenta poco a poco de que son más felices cuando siguen las normas y ceden a las peticiones. Procure no entorpecer el proceso que ha de llevar a su hijo a esta conclusión. No le exija el cumplimiento inmediato y estricto de cada norma. Sin embargo, no todas las normas deberían ser objeto de discusiones interminables ni todas las normas o peticiones tienen la misma importancia. No obstante la mayoría, aunque no todas, son negociables.

ALGUNOS PLAZOS SON NEGOCIABLES

Cuando a un niño de ocho años sus padres le dijeron que tenía que escribir tarjetas de agradecimiento por los regalos de cumpleaños que había recibido, contestó que lo haría el fin de semana porque tendría más tiempo. Sus padres estuvieron de acuerdo. Cuando, al llegar el fin de semana, le recordaron el trato, el niño lo cumplió, aunque protestó ligeramente por tener que aplazar el montaje de su nuevo tren.

Las normas y reglamentos sobre salud y protección (por ejemplo, llevar el cinturón de seguridad) no son negociables. Su hijo debe seguirlas por mucho que se enoje su ser todopoderoso. Otras normas y reglamentos no negociables son las que surgen de la necesidad de respetar los derechos y deseos de otros miembros de la familia.

Responsabilidad de las tareas

Una de las cuestiones más espinosas que deberá afrontar en esta etapa de la vida de su hijo es hasta qué punto puede exigirle que ayude en la casa (o en la granja, o en el negocio). Como es lógico, cuanto mayor sea el niño más podrá esperar de él. Un niño de seis años debería asumir menos responsabilidades domésticas (como sacar la basura, hacer las camas o pasar el aspirador) que uno de doce. A los padres se les suele decir que en esta etapa es cuando han de inculcarle hábitos de disciplina y responsabilidad y que, por tanto, deben comunicarle claramente lo que esperan de él y, si es necesario, instarle a asumir sus responsabilidades mediante sanciones (por ejemplo, la reducción de privilegios).

Nosotros le aconsejamos que evalúe hasta qué punto está su hijo preparado para ayudar y utilice la regulación con amor cuando no realice las tareas que le han sido asignadas. A los seis años el niño es demasiado pequeño para acordarse de todas las tareas, para hacerlas según el horario que usted ha establecido o incluso para querer hacerlas con constancia. Para cuando su hijo cumpla doce años, es mucho más probable que se acuerde de lo que debe hacer, quiera hacerlo bien y lo haga en el momento previsto.

Al principio, puede intensificar la relación positiva con su hijo proponiéndole hacer las tareas conjuntamente y de una forma divertida. Existe el caso de un padre que abría la cesta de la ropa y proponía a su hijo de siete años que «encestara» las prendas sucias que había esparcidas por la habitación.

Los niños están tan enamorados de sus padres que la mayoría de las veces se mostrarán encantados de ayudar. Al niño de seis años es mejor proponerle tareas conjuntas y atractivas. A muchos les gusta ayudar en la cocina pelando guisantes o removiendo la masa de las galletas, y en tareas que impliquen agua (como fregar el suelo o las baldosas del cuarto de baño) o animales (como alimentar y cepillar al perro).

Puesto que su principal objetivo es mostrar a su hijo que trabajar juntos puede ser divertido y, únicamente en segundo lugar, que lleve a cabo una tarea concreta, no hay necesidad de pedirle que coopere en labores que detesta realmente. Si su hijo de seis años odia hacerse la cama pero le gusta ordenar sus juguetes, no hay razón por la que usted no pueda hacer la cama mientras su hijo guarda los juguetes. Si tiene un día malo y se niega a colaborar, no lo vea como una sublevación que es preciso sofocar de inmediato. Si usted inicia la labor verá como muchas veces su hijo se sumará a ella. Y si un día no ordena los juguetes, no habrá quebrantado ninguna norma de salud o seguridad. Para ser sinceros, los padres deberían preguntarse cuántas veces dejan «para mañana» cosas que no les apetece hacer hoy.

Su hijo sigue imitándole a medida que crece. Si a usted le gusta la limpieza y el orden, su hijo tendrá tendencia a ordenar sus cosas siempre y cuando no se lo recuerden continuamente. Por el contrario, si usted se lleva bien con el desorden, es posible que su hijo tampoco vea nada de malo en él. Las costumbres de los padres sirven de ejemplo a los hijos.

Aunque es necesario establecer expectativas razonables, si el niño ve que sus padres le exigen más nivel del que se exigen a sí mismos, lo vivirá como una injusticia. Y con razón. Un ejemplo es el lenguaje soez. Hay padres que utilizan continuamente palabrotas y exigen a sus hijos que no las digan fuera de casa. Es inútil prohibir a un hijo que emplee palabras que los padres utilizan con frecuencia.

Higiene

Al igual que las tareas domésticas, aprender las normas de higiene personal debería verse como un proceso y no como un medio de poner a prueba la capacidad del niño para obedecer. Es cierto que entre los seis y los doce años los niños necesitan cepillarse los dientes, peinarse y bañarse, pero no pasa nada si algunos días no lo hacen. El amor inteligente en este caso aconseja evitar los enfrentamientos innecesarios por conductas que el niño tarde o temprano asumirá.

EL NIÑO QUE NO QUERÍA BAÑARSE

Un niño de siete años, por lo demás muy razonable, se resistía rotundamente a darse su baño diario. Decía que bañarse era un «fastidio». Con todo, siempre estaba dispuesto a lavarse la cara y las manos. Sus padres intentaron tácticas ingeniosas, como la ducha y las pistolas de agua, pero el niño siguió detestando bañarse. El pediatra les dijo que un baño a la semana bastaba para prevenir las enfermedades de la piel. El niño aceptó bañarse una vez a la semana y así lo hizo hasta que cumplió once años y empezó a asistir a fiestas donde también había niñas. A partir de ese momento comenzó a ducharse cada día.

No nos cansaremos de remarcar que el factor más importante que habrá de determinar si su hijo asumirá la responsabilidad de su cuerpo y sus cosas cuando sea mayor es el grado en que usted haya medido sus motivaciones. Si ve a su hijo como una persona dispuesta a asumir el grado de responsabilidad propio de su edad, le será más fácil abordarle de forma afectuosa y serena y concentrarse en los logros en lugar de los fallos. Por ejemplo, antes de dar a su hijo el beso de buenas noches, pregúntele con dulzura: «¿Te acordaste de lavarte los dientes, cariño?» Si el niño dice que no, no le riña ni le amenace. Dígale, simplemente: «¿Te importaría hacerlo ahora?» Si el niño dice que está demasiado cansado, responda: «De acuerdo, pero no es bueno estar mucho tiempo sin cepillarse los dientes. Quedemos en que te los lavarás mañana por la mañana sin falta.»

Los padres que adoptan una postura suspicaz o crítica («¿Estás seguro de que te cepillaste los dientes?» o «¡Ya tienes edad para recordar esas cosas!») están, de hecho, minando el deseo natural del niño de ser como sus padres y cuidar de sí mismo y de sus cosas. Fomentar ese deseo ayudará al niño a seguir cuidando de sí mismo cuando viva solo. Los padres deben tener presente que cuando el niño crece y se marcha de casa puede decidir que nunca más volverá a cepillarse los dientes, hacerse la cama u ordenar sus cosas, o, por el contrario, puede que siga cuidándose con el mismo placer con que lo hacía en casa.

Fomentar las decisiones personales

Trate de satisfacer, en la medida de lo posible, la necesidad de su hijo de dirigir su propia vida. Se trata de un principio particularmente importante, pues su hijo se pasa la mayor parte del día siguiendo las normas de la escuela. Lógicamente, existen restricciones por motivos de salud y seguridad (por ejemplo, el niño no puede nadar solo en el lago o ir a una fiesta si tiene fiebre), y a veces los niños tienen que ceder a las necesidades y deseos de otros miembros de la familia (por ejemplo, cuando los padres piden a un hijo que renuncie a comer pizza con sus amigos para asistir al recital de su hermana). Con todo, es importante que los niños de esta edad gocen de una vasta libertad de elección en las numerosas áreas que no afectan a su salud, no se interponen en los intereses legítimos de otras personas y no entran en conflicto con una autoridad externa como sería el colegio.

Un área de la vida en la que tienen derecho a elegir es su aspecto. Su hijo tiene el mismo derecho que usted a elegir la ropa y el corte de pelo. Por mucho que a usted le ofendan las mezclas de colores chillones o las prendas que parecen caducas o tres tallas más grandes, es importante evitar los comentarios y dejar que el hijo se cree su propia imagen. Un padre tenía problemas para decir cumplidos a su hija cuando se ponía sus tejanos con agujeros en las rodillas. A una madre no le hacía ninguna gracia que su hijo llevara la misma camiseta tres días seguidos. Pero del mismo modo que usted adaptó su casa para que su hijo gozara de la máxima libertad de movimientos, intente ahora no poner trabas a sus decisiones personales siempre que sea posible.

Separar el trabajo del juego

Existe una diferencia esencial entre el mundo del trabajo y el mundo recreativo. Su hijo «tiene que» ir al colegio, realizar los deberes, hacer exámenes y obedecer las normas de conducta de la escuela. Su hijo «no tiene que» realizar una actividad extraescolar ni destacar en ella.

Permitir a los niños la máxima libertad de elección fomenta su determinación, y ello es fundamental a la hora de convertirse en seres competentes y desarrollar una felicidad interior estable. Es importante permitir que el niño elija las actividades recreativas que le atraen y decida el nivel de dedicación y rendimiento que desea alcanzar. Los niños, al igual que los adultos, necesitan destinar una parte de su vida cotidiana al ocio. Siempre que no resulte perjudicial para la salud, la seguridad o el desarrollo, su hijo tiene tanto derecho a decidir qué hacer con su tiempo libre como usted. Este principio es difícil de aceptar cuando el niño destaca en una actividad y decide que ya no le interesa o deja de practicarla con entusiasmo.

El niño cuyas necesidades emocionales han sido debidamente atendidas soportará bien las desilusiones y perseverará en las actividades que le gustan. Cualquier niño, no obstante, puede decidir en un momento dado que ya no le divierte o satisface una actividad determinada. Huelga decir que tal vez al adulto le cueste aceptar esa decisión. Es comprensible que los padres que han hecho de chófer de su hijo durante horas interminables e invertido dinero en material y clases se sientan decepcionados, y hacen bien en intentar convencer a su hijo de los beneficios de seguir practicando una habilidad que tanto esfuerzo le ha costado adquirir. Con todo, si el niño insiste en abandonar, los padres le harán un gran favor si no le responsabilizan de su frustración personal y aceptan la decisión con buen talante. Si obran así, tendrán la alegría de haber satisfecho la necesidad de su hijo de elegir cómo emplear su tiempo libre.

Ganar y perder

Al igual que otras actividades recreativas, los juegos pretenden divertir. No deberían emplearse para dar lecciones sobre la vida o sobre cómo vivirla. El disfrute que su hijo obtenga de un juego dependerá de su edad y de cómo se sienta ese día.

A los niños de seis años les gusta ganar y es probable que no se diviertan si pierden. Teniendo en cuenta que gran parte de su autoestima todavía depende de ganar más que de jugar bien, para ellos los pasatiempos apenas se diferencian de la vida real. No debe sorprender, por tanto, que los niños de seis años organicen el juego de una forma que les asegure la victoria, ya sea girando los dados si el resul-

tado no es de su agrado, ignorando las tarjetas de penalización o lanzando los dados las veces que sean necesarias para ponerse en cabeza.

Si usted adopta el principio del amor inteligente de que los juegos son para divertirse y no para establecer las bases morales de su hijo, le será más fácil aceptar que el niño ajuste las reglas del juego en beneficio propio. Si su hijo quiere jugar con amigos o hermanos mayores, aconséjele que siga las reglas si no quiere que los otros niños se enfaden. Con todo, añada que si no le gusta cumplir las reglas, tal vez debería esperar a crecer un poco más para jugar con otros niños.

Si las necesidades de desarrollo han sido satisfechas, el niño irá obteniendo más felicidad secundaria de la satisfacción de haberse esforzado que del placer de ganar. Así pues, querrá participar siguiendo las reglas del juego, pues la posibilidad de controlar el resultado le aburrirá en lugar de tranquilizarle. No saber quién ganará le parecerá más interesante y divertido.

Amistad

Usted puede desempeñar un papel importante a la hora de ayudar a su hijo a navegar por los mares a veces tempestuosos de las relaciones con los compañeros. La experiencia de tener amigos es importantísima para los niños de entre seis y doce años desde el punto de vista emocional. Empiezan a tener amigos íntimos con quienes comparten sus secretos.

El niño con sus necesidades debidamente atendidas soportará bien los baches de las relaciones con sus compañeros. Su felicidad primaria es ahora inquebrantable y su felicidad secundaria —el bienestar derivado de las actividades diarias— depende cada vez menos del hecho de conseguir lo que quiere, incluida la aprobación de sus compañeros. Aunque es posible que le duela o decepcione que sus amigos le excluyan o ser burlen de él, no se hundirá porque será capaz de recurrir a otros amigos o a otras fuentes de satisfacción. No se embarcará en luchas de poder con los amigos ni buscará formas de hacerse infeliz, es decir, no provocará peleas ni será dado a los desaires. Tampoco le atraerán actividades autodestructivas porque todo el mundo las practique (por ejemplo, el consumo de drogas).

La relación de confianza y amor que ha establecido con su hijo hará que éste recurra a usted cuando los amigos hieran sus sentimientos. Si los planes con los amigos fracasan, usted puede ayudar a su hijo ofreciéndole su apoyo y comprensión.

AYUDAR AL NIÑO QUE NO HA SIDO INVITADO A UNA FIESTA

Una niña de nueve años regresó de la escuela con el ánimo alicaído. Explicó que una amiga no le había invitado a su fiesta de cumpleaños. Los padres escucharon y dijeron: «Es duro que te excluyan de una fiesta, y aún más cuando pensabas que iban a incluirte, pero la única que sale perdiendo aquí es tu amiga porque no gozará del placer de tu presencia. ¿Te gustaría hacer algo con nosotros esa tarde, como ir al cine?» La niña respondió: «Qué buena idea. Sí, vayamos al cine esa tarde.»

El ser todopoderoso suele convencer al niño de que puede hacer que una amistad difícil fluya suavemente. Es posible que los padres tengan que ayudarle a comprender que poco puede hacer por cambiar la personalidad de un amigo.

LA AMIGA INTRATABLE

Mary, de ocho años, se sentía herida a causa de su amiga Eleanor. Su amistad transcurría del siguiente modo: se llevaban bien durante unos días, hasta que Eleanor hacía alguna observación afilada sobre la inteligencia o el aspecto de Mary. Ésta, debido a su ser todopoderoso, creía que conseguiría que Eleanor la tratara mejor. Así pues, siempre le estaba dando nuevas oportunidades, pero su amiga tarde o temprano volvía a herirla con alguna observación agraviante. Los padres explicaron a Mary que no podía hacer nada por cambiar la forma en que Eleanor la trataba. Tras ofenderla en dos ocasiones más, Mary reconoció que sus padres tenían razón y entabló amistad con niños que le ofrecían una relación más gratificante y fiable.

Los niños se relacionan con sus compañeros de acuerdo con sus ideales de relación. Como ya explicamos en el capítulo 6, este ideal nace a partir del modo en que sus padres se tratan entre sí y lo tratan a él. La persona aporta este patrón de trato a todas las relaciones que entabla a lo largo de la vida. El ideal de relación de un niño cuyas necesidades de desarrollo han sido satisfechas incluirá el respeto por los deseos de otras personas aun cuando sean incompatibles con los suyos, el interés profundo por su pareja y la capacidad para enfrentarse a los intentos de otras personas de destruir sus buenas intenciones.

Si un niño pequeño tiene un amigo íntimo y lo ve divirtiéndose con otros niños, tal vez el ser todopoderoso le lleve a verlo como un desprecio. Por consiguiente, es posible que se sienta dolido y enfadado. Con el tiempo, no obstante, el niño se dará cuenta de que este tipo de malestar es innecesario, pues comprenderá que la diversión que su mejor amigo comparte con otros niños no perjudica los buenos momentos que ambos experimentan juntos.

El niño de entre seis y doce años cuyas necesidades emocionales han sido debidamente atendidas buscará relaciones adecuadas y realistas y no permitirá que sus compañeros le arrastren hacia actividades que no le convienen. Dos ejemplos obvios son las drogas y las prácticas sexuales prematuras. Este niño no se dejará influir por la idea de que debería experimentar el sexo porque todos los demás lo hacen.

LA FIESTA SIN VIGILANCIA

Molly, de once años, fue invitada a una fiesta que celebraba una amiga. Como ya había sido invitada en otras ocasiones, sus padres creyeron que no era necesario hablar con los padres de la niña. Al final resultó que el día de la fiesta éstos estaban fuera de la ciudad, algo que Molly ignoraba. Se ofreció alcohol a los invitados. Molly no bebió, pero cuando se hartó de hablar con amigas que sólo decían tonterías llamó a sus padres para que fueran a buscarla. Les contó lo ocurrido y decidió que en el futuro se aseguraría de evitar las fiestas sin vigilancia. Al día siguiente, sus amigas le preguntaron por qué se había ido tan pronto. Ella respondió simplemente que quería estar en casa. De ese modo consiguió cuidar de sí misma sin ofender a sus amigas, pues veía su propia actitud como una elección personal y no como un signo de superioridad moral.

Pubertad

El ser todopoderoso del niño recupera credibilidad cuando el cuerpo madura y las relaciones entre chicos y chicas se calientan. La unión que el niño mantiene con los padres que responden de forma positiva a sus necesidades tendrá un papel importante a la hora de ayudarle a evitar las tentaciones de su ser todopoderoso y a confiar en el placer constructivo y fiable que puede ofrecerle su ser competente. El bienestar interior del ser competente no depende de los resultados, sino de la experiencia de tomar decisiones constructivas y llevarlas a cabo.

Muchos niños desarrollan características sexuales secundarias (aparición del vello pectoral y púbico, cambio de voz, etc.) y a muchas niñas les llega la menstruación antes de alcanzar la adolescencia. Las fiestas de preadolescentes pueden incluir juegos sexualmente estimulantes, además de alcohol y drogas. El niño que siempre ha recibido de sus padres un trato positivo y afectuoso, tendrá más facilidad para hablar con ellos de sus transformaciones físicas y pedirles información sobre cómo afrontar la pubertad. Los compañeros no conseguirán convencerle de que participe en actividades peligrosas o desagradables. Al haber superado con éxito los deseos y desengaños de la etapa romántica, no se dejará influir por la presión de los amigos para que experimente el sexo prematuramente. Y, sobre todo, este niño seguirá valorando y apreciando la ayuda y el apoyo que le aportan sus padres.

EL NIÑO QUE DEJÓ DE PRACTICAR LOS TIROS LIBRES

Una estrella del baloncesto llamada Tim, cuando empezó a dar el estirón, cambiar la voz y tener bigote, se sintió tan mayor que creía que podía saltarse la media hora de tiros libres diaria que su entrenador había prescrito. En otras palabras, el ser todopoderoso predominó sobre el ser competente. Como consecuencia, su promedio de tiros libres bajó y en un partido importante fue enviado al banquillo. Después del partido confesó a sus padres que le había indignado que le sacaran en un momento tan decisivo. Estaba convencido de que el entrenador tenía favoritos y le había apartado injustamente. Sus padres comentaron cariñosamente que debía de ser muy frustrante tener que ver el partido desde el banquillo. Luego sugirieron que había otra forma de ver lo ocurrido: tal vez el entrenador admiraba el talento de Tim pero no había podido mantenerle en juego porque estaba fallando sus tiros libres.

Como los padres le hablaron con cariño y aceptación, Tim se vio animado a buscar apoyo en ellos. Se alegró de recibir una explicación que hacía desaparecer el dolor de haberse sentido menospreciado y que le demostraba que tenía el poder de cambiar la situación. Decidió volver a practicar los tiros libres, por lo que su precisión aumentó y empezó a jugar más tiempo en los partidos. Gracias a este triunfo Tim redujo su confianza en su ser todopoderoso, pues comprendió que era esa parte de sí mismo la que le había instado a abandonar el entrenamiento, decisión que le había perjudicado. El ser competente ganó terreno cuando Tim vio que el proceso de practicar y mejorar era, de por sí, gratificante.

Los niños que no han adquirido la necesidad de hacerse infelices llegarán a la etapa intermedia de la infancia con una felicidad y un entusiasmo que trasladarán al mundo de la escuela, los amigos y las actividades recreativas. Siempre querrán asistir al colegio y aprender, serán flexibles en los contratiempos con los amigos y realizarán actividades extraescolares con ilusión. Estos niños entrarán en la adolescencia debidamente preparados para dar el paso a la edad adulta. Aunque también sufrirán frustraciones y desengaños, los afrontarán con una felicidad primaria inalterable y una felicidad secundaria cada vez más estable basada en el hecho de saber que pueden tomar buenas decisiones y llevarlas a cabo. Puesto que estarán cómodos con el éxito y serán justos y atentos con sus amigos, la mayoría de sus días serán agradables y gratificantes.

Amar inteligentemente al niño de entre seis y doce años que padece infelicidad interior

Dado que entre los seis y doce años los niños gozan de libertad para tomar decisiones personales importantes, más numerosas son las formas en que pueden expresar infelicidad interior. Puede que, por ejemplo, ignoren las normas, no hagan los deberes, elijan amigos que les hacen desgraciados o provoquen a quienes intentan ayudarles. También cabe la posibilidad de que se metan en serios problemas por realizar actos de vandalismo, robo o consumo de sustancias controladas.

El amor inteligente aconseja tener presente que por muy agresiva o autodestructiva que sea su conducta, el niño conserva el deseo innato de llevar una vida feliz y satisfactoria y tener relaciones estrechas. La mejor forma de ayudarlo es evitar los castigos, los enfados y la desaprobación, pues tales reacciones sólo conseguirán reforzar su necesidad de crearse infelicidad. Intente responder a su hijo ofreciéndole comprensión y apoyo, pues así reforzará su deseo de buscar el placer constructivo.

«¡QUIERO MI COLCHA!»

Noah, un niño de ocho años al que estábamos tratando, era incapaz de salir de casa sin su colcha favorita en la mochila. Un día, al llegar a la escuela, se dio cuenta de que había olvidado la colcha en casa. Se desesperó tanto que el maestro telefoneó al padre, quien se marchó del trabajo para llevarle la colcha a su hijo.

Por fortuna, el padre sabía que Noah dependía de la presencia de la colcha para mantener su equilibrio interior y no calificó su pánico de manipulador o infantil. Sabía que al demostrar a su hijo que comprendía que en esos momentos necesitaba su colcha para conservar la calma en la escuela, no estaba frenando su desarrollo sino ayudándole a madurar. Con el tiempo, su necesidad de tener su colcha en todo momento perdió intensidad.

Ningún objeto material puede sustituir la atención positiva de los padres. Los niños que carecen de dicha atención y padecen, por tanto, de infelicidad interior, no adquirirán el bienestar interno que esperan ni con la obtención del objeto más deseado. En cambio, el niño que al expresar sus frustraciones recibe la comprensión y la compasión de sus padres, entenderá al final que la relación con ellos le aporta un bienestar genuinamente satisfactorio.

CUANDO LOS NIÑOS SE DESILUSIONAN TRAS CONSEGUIR LO QUE QUIEREN

Heather, una niña de ocho años, suplicó a sus padres que le compraran una muñeca muy cara. Cuando el día de su cumpleaños recibió la muñeca, se llevó una desilusión y apenas le prestó atención. Los padres creían que su hija estaba mostrando síntomas de niña malcriada, de modo que la regañaron por su «ingratitud» y le dijeron que no le comprarían más juguetes hasta que aprendiera a ser agradecida. La niña aprendió a ocultar sus desilusiones cada vez que recibía un regalo, pero no por ello dejó de sentirlas.

Los padres de Nathaniel, un niño de ocho años, actuaron de forma diferente en una situación similar. Su hijo había reaccionado negativamente al recibir los automóviles de carreras en miniatura que había pedido con tanta insistencia. Aunque los padres no habían sido capaces de darle el apoyo emocional que necesitaba desde su nacimiento, vinieron a vernos cuando Nathaniel cumplió dos años y empezó a mostrar síntomas de infelicidad. Los padres sabían de antemano que los coches de carreras no conseguirían hacerle feliz para siempre, que era lo que el niño esperaba de ellos. Así pues, en lugar de enfadarse cuando Nathaniel enumeró malhumoradamente todos los defectos que veía en los coches, abrazaron a su hijo y le dijeron que lo lamentaban, ya que era un regalo que anhelaba. Luego intentaron ayudarle a considerar la posibilidad de que los coches no fueran los responsables de su decepción; probablemente le hacían todo lo feliz que podían hacerle. «Sabemos que no son perfectos —dijeron—, pero ningún coche de carreras tendrá todas las características que tú quieres, y estamos seguros de que te divertirás con las cosas que éstos pueden hacer. ¿Por qué no nos enseñas cómo corren?» Nathaniel se alegró de que sus padres comprendieran su desilusión y no se enfadaran. Animado por el cariño que sintió por ellos, se dio cuenta de que ya no estaba tan decepcionado y que podía pasarlo bien jugando con sus nuevos coches de carreras.

Problemas en la escuela

Los niños infelices suelen tener problemas a la hora de aprender e incluso de participar en las actividades de clase. Los padres pueden trabajar con los hijos para estimularles el deseo de aprender.

Fomentar los intereses y puntos fuertes de su hijo

En este caso el amor inteligente aconseja fomentar los intereses y puntos fuertes de su hijo en lugar de concentrarse en los puntos flacos. Si un niño flaquea en todas las asignaturas pero muestra un especial interés por la clase de historia, es aconsejable que los padres empiecen por ayudarle en los deberes de esa asignatura. Una vez el niño comience a experimentar pequeños éxitos en historia, verá que la escuela puede ser una fuente de placer constructivo. Los padres que saben que su hijo reacciona negativamente al éxito, no se desaniman si saca de vez en cuando una nota baja, y evitan comentarios del tipo «Sé que entiendes el tema porque lo repasamos juntos. Seguro que no te concentraste durante el examen». Los padres deberían decir cosas como «Sé que estudiaste mucho para este examen. Es una pena que no pudieras demostrar lo mucho que has aprendido, pero lo importante es que lo aprendiste. Ya tendrás otras oportunidades de demostrárselo al maestro».

Si los padres descubren que, por la razón que sea, sus esfuerzos por enseñar a su hijo hacen que éste se vuelva más irritable y distante, tal vez deberían pedir a otros miembros de la familia (por ejemplo, a una tía o un abuelo) que le ayuden con los deberes. O quizá en su barrio haya un muchacho responsable o un jubilado que agradezca la oportunidad de ganarse un dinero dando clases particulares.

Miedo a la escuela

El niño que de repente muestra miedo o aversión hacia la escuela está experimentando una crisis emocional. Es importantísimo que los padres utilicen la regulación con amor en lugar de enfadarse y recurrir a amenazas o castigos. En primer lugar, hay que averiguar si el origen del problema está en la filosofía de la escuela. ¿Se espera que los niños cumplan las reglas o satisfagan las expectativas con excesiva rigidez para su edad? ¿Existe un problema con la personalidad de determinado maestro? ¿Acaso el maestro prefiere, por ejemplo, las niñas estudiosas a los niños revoltosos como el suyo? ¿Tiene su hijo problemas con sus compañeros? ¿Está recibiendo amenazas del matón de la escuela? Una vez haya identificado el origen del problema, intente mejorar el entorno escolar de su hijo. Tal vez tenga que cambiarlo de clase o incluso de escuela, o hablar con el director sobre el asunto.

Si la escuela no es el problema, averigüe si su hijo está preocupado por algún asunto familiar. Una niña cuyos padres estaban pensando en divorciarse creía que si se quedaba en casa podría ayudar a sus padres a reconciliarse. Un niño que oyó decir a su padre que su perro «estaba en las últimas» rompía a llorar cuando llegaba la hora de ir al colegio. Tras interrogarle con dulzura los padres averiguaron que temía que el perro muriera mientras él estaba ausente.

Aunque a usted este miedo al colegio le resulte desconcertante, explique a su hijo que comprende que no se trata de un capricho y que es consciente de que la escuela le aterroriza de veras. Demuéstrele que, aunque deba insistir en que asista a la escuela, siempre estará a su lado para ayudarle. Ofrézcase, por ejemplo, a acompañarle a pie o en coche en lugar de enviarlo en el autobús. O levántese cada mañana media hora antes y pase un rato con su hijo antes de partir hacia el colegio.

La infelicidad puede crear dificultades al niño en la escuela primaria

Algunos niños niegan su necesidad de ayuda porque sienten vergüenza cuando no saben algo. Es posible que finjan conocer el significado de palabras que ignoran, se convenzan de que leer es una estupidez y se nieguen a intentarlo, padezcan dolores de cabeza o de estómago de origen emocional para no tener que estudiar o acusen a sus maestros de encargarles deberes demasiado difíciles. Por otro lado, a estos niños puede aterrarles tanto la experiencia de no saber hacer una tarea que acaban aferrándose al maestro y suplicando constantemente ayuda y atención.

Los niños en edad escolar que carecen de felicidad interior estable constituyen un auténtico reto para padres y maestros. Por razones que ya hemos mencionado puede que estos niños se busquen consecuencias desagradables (por ejemplo, rindiendo poco en la escuela o llegando tarde) y, además, se nieguen a pedir ayuda (véase el capítulo 9 para más detalles sobre los problemas con el aprendizaje y la escuela).

UNA NIÑA SE EQUIVOCA DE PREGUNTA

Justine, de once años, tenía muchos problemas para seguir instrucciones. Tras invertir muchas horas en un trabajo para la escuela, se dio cuenta de que la pregunta planteada difería considerablemente de la que ella había contestado. Cuando la maestra le bajó la nota, Justine se enfadó y la acusó de haber cambiado la pregunta.

Nosotros sabíamos que Justine había adquirido la necesidad de hacerse infeliz y que por eso saboteaba inconscientemente su trabajo. Les sugerimos que, en lugar de reñir a su hija por no interpretar bien la tarea, intentaran ayudarla a comprender por qué lo hacía.

La siguiente ocasión en que Justine malinterpretó una pregunta, sus padres comentaron: «Sabemos que has trabajado duro, pero hay personas a las que les incomoda ver su trabajo premiado. Tal vez no interpretaste bien la pregunta y por eso tu trabajo no recibió el reconocimiento que merecía.»

Al principio Justine insistió en que era culpa de la maestra, pero luego reconoció que todos sus compañeros habían respondido a la pregunta correcta. La siguiente ocasión en que la maestra les asignó un trabajo, Justine se aseguró de anotar bien la pregunta y esta vez, como contestó lo que se pedía, recibió una nota acorde con su esfuerzo. Más importante aún, desde ese día se habituó a asegurarse de que comprendía bien la tarea asignada.

Cómo ayudar a los hijos cuando reaccionan negativamente al éxito

Los padres que comprenden que su hijo tiene problemas para disfrutar de la vida tienen menos dificultades para ayudarle en las ocasiones en que estalla o se sabotea al conseguir lo que quiere. Si este entendimiento no existe, los padres juzgarán la conducta de su hijo de deliberada e indignante.

ATAQUES DE IRRITABILIDAD

En una ocasión trabajamos con un niño de diez años cuya infelicidad interior se manifestaba en su dificultad para llevarse bien con sus compañeros. Ron irritaba a sus amigos desvelando sus secretos y difundiendo rumores infundados. Un día recibió una invitación a la fiesta de cumpleaños de un muchacho al que admiraba. Entusiasmado, dijo a sus padres que no podía creer que le hubiesen invitado a la «fiesta del año». Ron, no obstante, se fue tornando más irritable y conflictivo a medida que se acercaba el gran día. Atormentaba a su hermana menor y cuando su padre le decía que la dejara en paz, Ron rompía a llorar y decía: «¡Todo el mundo me odia!»

Ron ignoraba por qué estaba tan irritable o por qué se creía de pronto que todo el mundo le odiaba. Los padres, seguros de que su hijo necesitaba reaccionar negativamente al placer de ser incluido en la fiesta de cumpleaños, le sugirieron que a lo mejor se sentía irritable y rechazado porque le incomodaba el sentimiento positivo generado por la invitación.

UN NIÑO ARRUINA UNA TARDE CON SU AMIGO

Norman invitó a su mejor amigo a casa después del colegio. Una vez allí, reaccionó al placer iniciando una discusión sobre cómo debían repartirse los coches de carreras para la competición. La discusión fue a más y los niños parecían destinados a pasarse la tarde refunfuñando.

El padre de Norman, que había venido a vernos por las dificultades que experimentaba su hijo, se dio cuenta de que la necesidad de Norman de pelearse era su forma de reaccionar al placer de tener a su amigo en casa. Le recordó lo mucho que había esperado este momento y lo mal que se sentiría después si la tarde no transcurría satisfactoriamente. Añadió que tal vez sería más feliz si dejaba a su amigo elegir los coches que quisiera o si los guardaba y buscaba otro juego.

El padre habló a su hijo con cariño y dulzura. Norman comprendió, por tanto, que estaba de su lado y deseaba ayudarle a tener lo que realmente quería, es decir, pasar un buen rato con su amigo. Con la ayuda de su padre, Norman fue capaz de construir con su compañero un garaje para los coches. Los niños pasaron el resto de la tarde jugando alegre y pacíficamente.

Perder resulta especialmente doloroso para el niño infeliz

Aunque todos los niños de entre seis y doce años se enfadan cuando pierden, los infelices pueden hundirse y tener una reacción explosiva. En este caso el amor inteligente enseña que la peor respuesta que puede recibir un niño que no soporta perder son los sermones, los castigos o la desaprobación. Cuando los padres u otros adultos responden negativamente, el niño no sólo se siente mal por haber perdido, sino también herido e incomprendido. Si los adultos importantes para el niño como los padres, los maestros o el entrenador, le hacen saber que comprenden lo mal que se siente cuando pierde, dicha solidaridad hará que la experiencia de perder sea menos traumática.

LA RESPUESTA DEL AMOR INTELIGENTE
A UN MAL PERDEDOR

Ken, de diez años, solía enfadarse mucho cuando perdía. Un día que su hermano le ganó al ajedrez, arrojó las piezas y el tablero al suelo. Los padres le dijeron que no podría utilizar ningún juego de mesa mientras no supiera perder. Ken se encerró en su cuarto y gritó: «Me da igual. Nunca volveré a jugar a ese estúpido juego.» En la escuela siguió teniendo problemas por sus reacciones inaceptables ante la derrota, que iban desde lanzar la pelota fuera del campo cuando el equipo contrario marcaba hasta negarse a estrechar la mano de sus contrincantes después de un partido reñido.

Cuando los maestros y entrenadores dijeron a los padres que debían hacer algo para controlar la «mala actitud» de su hijo, éstos vinieron a vernos. Les aconsejamos que enfocaran el asunto partiendo de la idea de que su hijo, cuando perdía un partido, no «elegía» irritarse ni comportarse con poca deportividad. Era verdad que no soportaba perder, pues su bienestar interior dependía de obtener el resultado que él quería. Perder le desequilibraba emocionalmente y eso, a su vez, lo enojaba. Aconsejamos a los padres que, dulcemente, hicieran saber a Ken que comprendían lo mal que se sentía cada vez que perdía. De ese modo contribuirían a crearle un equilibrio interno que la rabia por haber perdido no conseguiría desestabilizar.

La siguiente ocasión en que Ken volvió a arrojar un tablero al suelo porque había perdido, su padre, en lugar de enviarlo a su habitación, dijo: «Sé que te sientes mal por haber perdido. ¿Por qué no hacemos otra cosa juntos?» Ken se sorprendió de que su padre no le censurara y estuviera dispuesto a seguir con él y hacer otra cosa. Tras reflexionar unos instantes, preguntó a su padre si le gustaría ayudarle a montar la maqueta de un avión. Su padre respondió que le encantaría.

Respaldado por esa actitud comprensiva, Ken decidió que en su casa no participaría en juegos que implicaran ganadores y perdedores. En lugar de eso, propondría proyectos conjuntos. En la escuela empezó a mostrar un mayor autocontrol cuando su equipo perdía. Así pues, la respuesta solidaria de los padres ayudó a Ken a conseguir un nuevo equilibrio que luego trasladaría a la escuela.

El amor inteligente le ayudará tanto a usted como a su hijo de entre seis y doce años a atravesar con éxito y satisfacción este difícil y emocionante período. Aunque su hijo entre en esta estapa con la necesidad de crearse infelicidad, si usted responde a su conducta descontrolada con la regulación con amor y le ofrece diariamente diversas oportunidades para elegir, le estará ayudando a desear elegir experiencias que le aporten un placer constructivo. Esta orientación positiva tendrá un valor incalculable cuando se embarque en los exigentes y transformadores años de la adolescencia.

Ocho

~

Amar
inteligentemente
a su hijo adolescente

Contrariamente a la creencia popular, el paso de la infancia a la edad adulta puede transcurrir con tranquilidad si el niño entra en la adolescencia con una felicidad primaria firme forjada a través de la relación con sus padres. Hemos definido la «felicidad primaria» del niño como el bienestar interior que nace de la certeza de poder provocar el amor incondicional de los padres por atender sus necesidades de desarrollo. Los padres cuyos hijos poseen una felicidad primaria estable pueden, con ayuda de los principios del amor inteligente, apoyarles para que lleguen a ser unos adolescentes entusiastas, considerados, afectuosos y amables.

Si tiene un adolescente conflictivo e infeliz, también podrá utilizar los principios del amor inteligente para incrementar el deseo de su hijo de experimentar placeres constructivos. De ese modo le estará ayudando a ser más feliz y competente.

El objetivo de la adolescencia es la felicidad secundaria estable

En nuestra sociedad, la adolescencia es una fase bastante prolongada que comprende: 1) el final de la pubertad y las últimas etapas del desarrollo intelectual y musculoesquelético, 2) un incremento drástico de las exigencias y expectativas sociales y académicas, y 3) un mayor número de oportunidades de actuar con iniciativa y desarrollar la creatividad.

Pero, sobre todo, a lo largo de la adolescencia los niños cuyas necesidades emocionales han sido debidamente satisfechas conseguirán aislar por completo su felicidad secundaria —el placer generado por las actividades diarias— de los éxitos y los fracasos. El niño acaba adquiriendo su felicidad secundaria únicamente de su ser competente, que siempre tiene acceso al placer de tomar buenas decisiones y llevarlas a cabo.

Un adolescente se convierte en un auténtico adulto cuando pierde todo interés por las afirmaciones de su ser todopoderoso de que siempre puede conseguir lo que quiere, y se acerca al mundo con los ideales y valores de su ser competente, lo cual le permitirá disfrutar de las actividades y las relaciones por amor a las mismas. El niño ha alcanzado el verdadero objetivo del desarrollo dentro de la infancia cuando su bienestar interior deja de depender por completo de los éxitos y los fracasos y se alimenta de la reserva de unión y amor que comparte con sus padres y del placer de tomar buenas decisiones y llevarlas a cabo. Cuando este hito del desarrollo se alcanza, el adolescente deja de adoptar ante las desilusiones actitudes como la introversión, la depresión, la autocrítica o la rabia. Aunque todo el mundo se desanima cuando experimenta desengaños o frustraciones a lo largo del día, los adultos cuyas necesidades de desarrollo han sido debidamente atendidas no se sentirán inferiores, no se enfadarán irracionalmente ni perderán la felicidad interior que les produce el sentirse completos, dignos de amor y amados.

ESTOY TRISTE, PERO NO ME SIENTO MAL

Una estudiante de instituto que había ensayado arduamente con la orquesta de su colegio sintió una gran satisfacción cuando llegaron a la final de su estado. No obstante, una compañera que había ensayado poco cometió un error que les costó la victoria. La joven se llevó una terrible desilusión, pero estaba contenta con su intervención y con lo mucho que había trabajado. La felicidad interior inalterable que sus padres le habían ayudado a desarrollar impidió que se dejara arrastrar por la decepción y se deprimiera, reprochase a su compañera por no haber ensayado o se enfadara consigo misma por haber perdido el tiempo. La muchacha siguió ensayando, esta vez con miras a la prueba de ingreso en la orquesta sinfónica de una universidad que iba a celebrarse un año más tarde.

—

Al igual que en la niñez, el adolescente está estimulando a su ser todopoderoso cada vez que experimenta nuevos deseos y habilidades intelectuales, físicas y sociales (por ejemplo, aprender a conducir, votar, correr más deprisa que sus padres, adquirir una destreza propia de un adulto, etc.). Si usted actúa con sensibilidad, la necesidad de su hijo de sentir, para ser feliz, que tiene el control durará poco. El resurgimiento de este deseo de control no tardará en experimentar frustraciones, lo cual dejará al descubierto la fragilidad de los cimientos sobre los que se apoya el ser todopoderoso. A lo largo de la adolescencia esta realidad acaba golpeando incluso a los jóvenes más competentes y seguros de sí mismos. La creencia de que son invencibles se desmoronará ante una mala nota, una oportunidad de gol desaprovechada o el rechazo de un amor. Al mismo tiempo, el ser competente del adolescente obtiene placer de tomar decisiones constructivas y llevarlas a cabo, es decir, su bienestar no depende de los resultados. Y dado que el ser competente nunca tropieza, al final triunfa sobre el ser todopoderoso.

Usted desempeña en este período un papel fundamental que consiste en ayudar a su hijo adolescente a superar las desilusiones animándole y fomentando su capacidad para obtener placer del trabajo constante y bien hecho. Siguiendo las directrices del amor inteligente, usted hará posible que su hijo pase de una felicidad secundaria basada en la certeza irreal de que puede satisfacer todos sus deseos a una felicidad secundaria procedente de la capacidad del ser competente para tomar buenas decisiones y llevarlas a cabo. Aunque no haya utilizado antes los principios del amor inteligente en la educación de su hijo, nunca es demasiado tarde para adoptarlos y, de ese modo, asegurarse de que el joven desarrolla una felicidad secundaria estable.

EL PREMIO DE HISTORIA RECAE EN OTRO ALUMNO

Carl había trabajado con ahínco y entusiasmo en la clase de historia y se llevó una gran desilusión cuando el premio de la escuela al mejor estudiante de historia recayó en otro alumno. Tras la entrega de premios dijo a sus padres que estaba muy desilusionado. Los padres le dieron un fuerte abrazo y dijeron que comprendían su decepción porque sabían que había hecho un gran esfuerzo. Luego añadieron que la ausencia de premio no restaba valor a la calidad de su trabajo. Carl asintió con la cabeza y contestó que, con todo, le habría gustado recibir el premio. Sus padres estuvieron de acuerdo. Carl se sintió aliviado gracias al cariño, la comprensión y la admiración de sus padres. Al cabo de unos minutos estaba hablando con sus amigos, si bien todavía parecía algo desanimado.

Carl necesitaba que sus padres le ayudaran a superar la infelicidad provocada por un ser todopoderoso que le había convencido de que el esfuerzo siempre generaba reconocimiento social. El muchacho se sintió aliviado cuando sus padres, a quienes respetaba y adoraba, le dejaron claro que, pese a estar tan desilusionados como él, no le culpaban por no haber recibido el premio, algo que Carl sí hacía. Seguían admirando su trabajo aunque no hubiese sido premiado. Gracias a eso, Carl siguió sintiéndose orgulloso de sí mismo y de sus logros, y el desengaño no consiguió atormentarle ni estropearle el día.

LA GIMNASTA QUE CRECIÓ DEMASIADO

Sandra era una gran gimnasta que aspiraba a competir a nivel nacional. No obstante, tras cumplir trece años dio un estirón y alcanzó una estatura demasiado elevada para competir con éxito. La joven estaba destrozada. Sentía que todo el sacrificio y el esfuerzo que había invertido en su formación no habían servido de nada. Sus padres, tras solidarizarse con ella, le ayudaron a buscar otras formas de aplicar su talento. Siguiendo sus consejos, Sandra decidió enseñar gimnasia a niños pequeños e ingresó en el club de baile moderno del colegio, convirtiéndose en su estrella. Aunque a Sandra todavía le dolía que su carrera de gimnasta hubiese terminado, ya no creía que su esfuerzo había sido en vano, y disfrutaba mucho de las actividades alternativas que sus padres le habían animado a probar.

Cómo ayudar a su hijo adolescente a ser realmente independiente

Existe la creencia popular de que en la adolescencia hay que independizarse de los padres y que los adolescentes deben pasar por períodos de rechazo hacia los mismos para poder liberarse. Partiendo de este enfoque, resulta comprensible e incluso beneficioso que los adolescentes desprecien las opiniones, la inteligencia y los valores de sus padres, les dé vergüenza que les vean con miembros de su familia y adopten los gustos y las opiniones de sus compañeros. En nuestra opinión, los adolescentes que se comportan de ese modo padecen una infelicidad interior evitable y corregible. Estos jóvenes necesitan negar la importancia de sus padres a fin de sentir que se han independizado de ellos.

Dado que la verdadera emancipación se alcanza cuando el bienestar interior del niño ya no se ve afectado por los altibajos de la vida diaria, es imposible que los adolescentes adquieran una auténtica autonomía mediante el rechazo de los padres. Todo lo contrario. Los adolescentes que alcanzan la verdadera independencia trasladan la comprensión y el amor que comparten con sus padres al mundo de la escuela, los amigos y las actividades recreativas. Los adolescentes no deberían huir del nido familiar ni los padres deberían instarles a abandonarlo. Saber que todavía puede contar con la disponibilidad y la atención de sus padres es, de hecho, el ingrediente más importante que necesita el adolescente para convencerse de que puede regular su propia vida para hacerse feliz a sí mismo y a los demás.

Los adolescentes no están preparados para arreglárselas solos. Si no permite que su hijo adolescente se apoye en usted cuando así lo quiera, le estará instando a recurrir a otros bálsamos menos constructivos (dormir doce horas al día, llegar a casa más tarde de la hora fijada, volcarse demasiado en una relación sentimental). Permita a su hijo que recurra a usted e intente aletear por sí mismo.

Si su hijo adolescente quiere pasar su tiempo libre con usted, déle la bienvenida. No insinúe que es demasiado mayor para desear la compañía de sus padres o que debería dedicarse a actividades más «propias» de su edad, como salir con los amigos. Por otro lado, si el muchacho está pasando por un período de socialización constructiva que lo mantiene fuera de casa casi todo el día, hágale saber que no hay ningún problema en ello.

Los adolescentes que pueden contar con padres que atienden sus necesidades no se sienten atraídos por actividades autodestructivas o antisociales. Un chico cuyos amigos pasaban las noches de los sábados metiéndose en líos para divertirse, logró evitar esa tentación porque siempre conseguía que sus padres alquilaran una película para verla todos juntos o le llevaran a jugar a minigolf. Y como a sus padres les gustaba que invitara a sus amigos, el muchacho podía, al mismo tiempo, hacer vida social.

Los padres que se quejan de que sus hijos adolescentes nunca quieren pasar tiempo con ellos suelen cometer alguno de los siguientes errores:

- Intentan obligar a sus hijos a ir a sitios que no les atraen (por ejemplo, a casa de un familiar).
- Imponen su criterio sobre cuánto tiempo deberían pasar con ellos y se muestran dolidos o críticos si dicho criterio no se cumple.
- Crean involuntariamente una atmósfera negativa al regañarles o censurarles por sus modales, aspecto, opiniones o lenguaje.

Si deja que su hijo decida cuándo y cómo desea pasar tiempo con usted y acepta su forma de vestirse y de hablar, descubrirá que, de hecho, lo verá mucho más y sus encuentros serán, por lo general, agradables.

SI SU HIJO ADOLESCENTE LLAMA, NO DUDE EN RESPONDER

Larry, de diecisiete años, aceptó un trabajo de monitor en un campamento de verano que nos había contratado como consejeros. Larry telefoneaba frecuentemente a sus padres para saludarles y pedirles consejo sobre cómo tratar a los niños difíciles. Una vez les preguntó si les gustaría ir a verle en su día de asueto. Como los padres conocían y aceptaban la necesidad de su hijo de mantener una relación positiva con ellos, respondieron con generosidad y cariño. Como consecuencia, Larry tuvo un verano feliz.

En el campamento había otro monitor de la misma edad llamado Jim cuyos padres interpretaban su necesidad de apoyo paternal como una dependencia insana. Cuando Jim expresó el deseo de llamar a casa con frecuencia, los padres se burlaron de él, de modo que el muchacho se avergonzó de sus ganas de sentirse unido a ellos. A partir de entonces, cuando se sentía solo en lugar de hablar con sus padres buscaba consuelo en otros monitores. Éstos tenían la costumbre de beber por la noche en sus cabañas, de modo que Jim no tardó en aficionarse a ello a pesar de que hasta entonces no había probado el alcohol.

Es posible que usted tema la llegada de la adolescencia porque le han dicho que este período es la prueba última para la paciencia y la buena voluntad de los padres. Con todo, los niños que han adquirido una felicidad interior inalterable no experimentarán una adolescencia agitada, turbulenta y en continuo conflicto con los padres. Hasta los niños que han desarrollado infelicidad interior pueden vivir una adolescencia relativamente tranquila si sus padres prestan atención a sus necesidades y siguen las directrices del amor inteligente.

Cómo responder al adolescente que «lo sabe todo»

Casi todos los problemas y tensiones pasajeros que afectan a hijos de padres que han atendido sus necesidades se producen por la influencia del ser todopoderoso, el cual exacerba la susceptibilidad y la determinación del adolescente. Por ejemplo, la certeza temporal pero atractiva de que puede hacer y tener cualquier cosa puede llevarlo a reaccionar con vehemencia cuando sus padres ven la necesidad de orientarle.

Si trata de recordar que su hijo adolescente no es un producto terminado, probablemente no se enfadará tanto cuando su conducta muestre la influencia inequívoca del ser todopoderoso. Por ejemplo, muchos se indignan cuando su hijo asegura que sabe más que ellos. La mayoría de los padres son demasiado conscientes de los conocimientos que tanto les ha costado adquirir y de la ingenuidad de su hijo adolescente, de modo que no es de extrañar que, cuando éste asegura saber más que ellos, los padres saquen a la luz su experiencia acumulada a lo largo de la vida con comentarios del tipo: «Yo era capaz de conservar mis trabajos antes de que tú nacieras y sé qué esperan los empresarios de sus empleados.» Si tiene presente que la sobrevaloración que hace su hijo de sus propios conocimientos es temporal y propia de su edad, le será más fácil responder con la misma calma y cariño que sentía cuando su hijo tenía tres años y aseguraba ser más grande y fuerte que usted.

LA ADOLESCENTE QUE LO SABÍA TODO SOBRE EL ÓXIDO

Karen había trabajado arduamente para comprarse una buena bicicleta. Un día que regresaba de la escuela le sorprendió un aguacero. Una vez en casa, su padre le aconsejó que secara la bicicleta con un trapo para que no se oxidara. Karen contestó que no hacía falta porque la bicicleta era inoxidable, y rechazó la advertencia de que, aun así, algunas piezas podían oxidarse. El padre sabía que Karen no pretendía ser impertinente y que la necesidad de sentir que lo sabía todo sobre bicicletas la estaba cegando. No se sintió agraviado ni empujado a dejar que su hija averiguara mediante la experiencia que estaba en un error, de modo que, con cariño, repuso: «Puede que tengas razón, pero no se pierde nada por secarla. Si no lo haces tú, lo haré yo.» La hija puso los ojos en blanco y dijo: «De acuerdo, la secaré, pero que sepas que no es necesario.» Si su padre hubiese terminado la conversación con un «Tú sabrás lo que haces» y la bicicleta se hubiese oxidado, su hija (comprensiblemente) se habría sentido traicionada.

No contemple impasible cómo falla
su hijo adolescente

Muchos expertos opinan que los padres deben dejar que sus hijos, tanto pequeños como adolescentes, experimenten las «consecuencias naturales» de su inmadurez y obstinación. El amor inteligente enseña que si usted se muestra impasible y permite que el percance tenga lugar, su hijo se llevará dos desengaños: que las cosas salieran mal y que a usted no le importaba lo suficiente para intentar evitarlo. El enfoque de las «consecuencias naturales» es una forma más de castigo. Su hijo nunca creerá que usted no tuvo nada que ver con el desagradable resultado.

Una situación en la que se aconseja a los padres que dejen que las «consecuencias naturales» enseñen una lección a su hijo adolescente es cuando éste tiene problemas para levantarse por la mañana. Las consecuencias de llegar tarde al colegio podrían ser, por ejemplo, una nota más baja o la imposición de deberes suplementarios. Si los padres siguen este consejo el hijo pensará que o bien les es indiferente lo que haga o están enfadados con él. Más eficaz sería hablar con el joven la noche antes sobre su dificultad para levantarse y pedirle que proponga métodos eficaces para despertarle. Un adolescente decidió que lo único que conseguía despertarle era la aplicación de una toalla fría sobre la cara, y tenía razón. Si, pese a todos sus esfuerzos, no logra despertar a su hijo, por lo menos éste no creerá que usted está permitiendo que salga perjudicado.

Algunos padres suelen decir: «Ya es casi un adulto. Si sigo haciendo esas cosas tan básicas por él, ¿cuándo aprenderá a cuidar de sí mismo?» La respuesta del amor inteligente es que su hijo le necesita tanto ahora como cuando tenía seis meses. No nos cansaremos de repetir que la adolescencia es una fase más del desarrollo. El adolescente todavía necesita amor y atención de sus progenitores, y ni el «amor severo» ni la desaprobación favorecerán su crecimiento.

ENCONTRAR EL EQUILIBRIO ENTRE LAS RELACIONES SOCIALES Y LA ESCUELA

Habrá ocasiones en que la conversación telefónica con el amigo sea tan absorbente que el adolescente se pondrá a hacer los deberes demasiado tarde o los hará deprisa y corriendo. Pat estaba continuamente pegada al teléfono. Sus padres, que habían venido a vernos por los problemas que tenía su hija en la escuela, solían recordarle afectuosamente que se le estaba haciendo tarde, pero nunca establecieron límites arbitrarios en el uso del teléfono ni la castigaron por pasar demasiado tiempo pegada a él. No obstante, pese a sus amables advertencias un día Pat entregó los deberes con retraso y recibió una nota muy baja.

Los padres le dieron la oportunidad de reconocer que había sido víctima de la creencia poco realista de que podía hablar por teléfono toda la tarde y luego hacer bien los deberes. La joven se dio cuenta de que sus padres habían intentado ayudarla a hacer una elección más positiva, de modo que fue capaz de compartir con ellos su pesar por la mala nota y pedirles que la ayudaran a planificar sus tardes. La vez que tuvo nuevamente la tentación de seguir hablando por teléfono cuando debía entregar un trabajo importante al día siguiente, fue capaz de decir a su amiga que la llamaría cuando lo hubiese terminado.

Es preciso señalar que Pat no cambió de actitud porque sus padres la dejaran experimentar las «consecuencias naturales» de sus actos. Sin castigarla ni censurarla, habían intentado ayudarla advirtiéndole que estaba tomando una decisión que tendría consecuencias desagradables.

El adolescente aprende a tomar decisiones constructivas y a llevarlas a cabo eficazmente sólo cuando los padres favorecen su deseo de cuidarse sin exigirle obediencia. Con las directrices del amor inteligente usted puede mostrar a su hijo que quiere ayudarle a vivir una vida gratificante. En otras palabras, él verá que usted no pretende controlarle en exceso ni contemplar impasible cómo se perjudica.

Normas y reglamentos adecuados
para los adolescentes

Trate de no imponer demasiadas normas y reglamentos a su hijo adolescente. Limite las normas no negociables a cuestiones de salud y seguridad. Si le impone reglas sobre cómo vestirse, qué comer y demás, es probable que usted y él se enzarcen en una lucha de poder sobre cualquier asunto. Su hijo comprenderá mejor las normas destinadas a mantenerle sano y salvo —como llegar a casa a una hora determinada, no subir al coche de un amigo que ha estado bebiendo y evitar sustancias narcóticas—, porque verá sensatez y cariño en tales limitaciones y, aunque gruña, eso le aliviará. Por otro lado, su hijo aceptará mejor las normas si le insta a participar en la elaboración de las mismas. No tiene nada de perjudicial preguntarle a qué hora cree que debería volver a casa las noches de los fines de semana. Muchos jóvenes propondrán una hora razonable, y si participan en la elaboración de las normas se mostrarán más dispuestos a cumplirlas.

Si su hijo infringe las normas de salud y seguridad que ha establecido conjuntamente con usted, pregúntele qué medida cree que sería más eficaz. Durante la adolescencia se desarrolla la capacidad para pensar de forma abstracta, de modo que los jóvenes pueden sorprender con soluciones muy aceptables. Por ejemplo, un adolescente no se dio cuenta y llegó a su casa una hora más tarde de lo convenido sin avisar a sus padres. Cuando éstos le preguntaron qué podría hacer en el futuro para evitar que eso ocurriera, el joven sugirió llamar a casa una hora antes del toque de queda para así acordarse de que el final de la noche estaba cerca.

Evite los castigos y las recompensas

Aunque tiene que proteger a su hijo adolescente de las consecuencias de su inmadurez, evite caer en la trampa de las recompensas y los castigos para conseguir que tome decisiones constructivas. Aquellos cuyas necesidades de desarrollo han sido debidamente satisfechas ya poseen el deseo inherente de experiencias positivas (aun cuando su ser todopoderoso pueda meterles en líos), de modo que no necesitan ser premiados para que hagan algo que les beneficia ni castigados por hacer cosas que saben que les harán infelices. Usted puede ayudar al hijo infeliz aplicando los principios del amor inteligente, pues éstos fomentarán su deseo de tomar decisiones constructivas. El deseo de controlar a los adolescentes, o a los niños de cualquier edad, mediante recompensas y castigos entorpece el proceso que ha de llevarles a adquirir una felicidad secundaria estable y aprender a regularse.

Si su hijo adolescente incumple una norma o un reglamento importante, trate de establecer límites que le mantengan sano y salvo. Evite los castigos o restricciones que no tengan relación con el error cometido. Por ejemplo, si su hijo llega más tarde de la hora convenida, no le prive de utilizar el teléfono, pues de ese modo sólo conseguirá que vea en usted a un adversario, alguien cuya función consiste en retirarle privilegios de forma arbitraria. Si a su hijo le sigue costando ser puntual, considere la posibilidad de ir a buscarle personalmente. El objetivo, como en etapas anteriores, no es castigarle por cometer un error sino ayudarle a convertirse en una persona capaz de cuidarse por sí mismo. Su hijo tendrá muchas más probabilidades de alcanzar este objetivo si ve en usted a un aliado en el deseo de tomar buenas decisiones.

Cuando los adolescentes toman decisiones para obtener una recompensa o evitar un castigo, sólo están intentando complacer o no desagradar a sus padres. Al igual que los castigos, las recompensas son dañinas porque no fomentan el reconocimiento por parte del adolescente de que la verdadera felicidad secundaria proviene de tomar decisiones constructivas y llevarlas a cabo eficazmente.

SI PRACTICAS CON EL PIANO, PODRÁS UTILIZAR EL COCHE

Un padre que lamentaba no haber tenido la oportunidad de aprender a tocar un instrumento musical se llevó una gran desilusión cuando su hija Beth dejó de practicar regularmente al piano tras varios años de estudio. Detestaba ver cómo perdía una habilidad que tanto trabajo le había costado adquirir. Hizo lo posible por demostrarle que existían buenas razones para seguir practicando, pero al ver que no obtenía resultados intentó mantener el interés de su hija mediante recompensas. Le dijo que podía utilizar el coche de la familia los sábados por la noche si practicaba cada día de la semana.

Beth, que quería disponer del coche los fines de semana, se puso a practicar de nuevo al piano, pero pronto empezó a vivir la música como una forma de conseguir algo, no como una actividad gratificante en sí misma. Así pues, empezó a ensayar mecánicamente con un ojo puesto en el reloj, y su forma de tocar perdió espontaneidad y sensibilidad. El padre, que tenía buen oído para la música, comprendió que la estrategia de las recompensas no estaba funcionando, de modo que vino a vernos. Opinamos, como él, que dicha táctica era contraproducente. Le sugerimos que se sentara con su hija y reconociera que lo del coche no había sido una buena idea porque la instaba a practicar cuando en realidad no quería hacerlo. También le aconsejamos que dijera que para él estudiar piano era una oportunidad maravillosa pero también optativa, y que si su hija deseaba abandonar las lecciones, lo reconociera sin miedo.

Beth respondió que todavía disfrutaba tocando, pero que estaba tan atareada con otras cosas que le costaba encontrar tiempo para ensayar. Dijo que le gustaría recibir la clase cada dos semanas porque así no tendría que practicar tanto y, sin embargo, seguiría progresando. Con nuestro apoyo, el padre aceptó el trato. Beth continuó tocando y su música siguió siendo una fuente de placer tanto para ella como para su familia y amigos.

Si su hijo adolescente le pide consejo, trate de responder con el mismo amor con que le mantenía alejado de la calle o del fogón de la cocina cuando era pequeño. Con todo, no olvide que ahora su hijo tiene más oportunidades de tomar decisiones en su ausencia y, por tanto, más oportunidades de cometer errores. Intente evitar que su ser todopoderoso le haga creer que nada puede perjudicarle.

EL ADOLESCENTE QUE QUERÍA TENER RELACIONES SEXUALES

Tim, un estudiante de instituto, contó a sus padres que había conocido a una muchacha maravillosa y que se estaba enamorando de ella. Durante varios meses siguió compartiendo con ellos la sensación de estar en una nube. Una noche les preguntó qué opinaban sobre la relaciones sexuales prematrimoniales. Los padres, conscientes de que este momento iba a llegar, nos habían pedido nuestra opinión. Preguntaron a su hijo si era algo que tenía en mente hacer y respondió que sí. Los padres le explicaron por qué pensaban que las personas de su edad debían esperar a ser un poco más mayores para tener relaciones sexuales, pero también dijeron que comprendían que, a veces, los adolescentes no querían esperar. El hijo dijo que él pertenecía a este grupo.

Los padres le dijeron que se alegraban de que hubiese confiado en ellos y que si no quería esperar, debía utilizar siempre preservativo. Le hablaron de la importancia de evitar los embarazos y de las enfermedades de transmisión sexual. Por un lado, siempre existía la posibilidad de que su novia estuviera infectada y no lo supiera. Por otro lado, algunos estudios habían demostrado que la gente que sabe que está infectada no siempre lo dice y que los análisis de sangre no siempre son fiables.

Tim escuchó atentamente. Estuvo de acuerdo en que el embarazo no deseado y la amenaza de contraer una enfermedad eran riesgos muy elevados. Decidió que él y su novia se harían las pruebas necesarias, sobre todo la del VHI, por duplicado y que utilizarían siempre preservativo aunque los resultados fueran negativos. Los padres contestaron que les parecía una decisión sensata.

Lógicamente, si el muchacho hubiese vivido en una familia que censuraba las relaciones sexuales prematrimoniales, los padres habrían reaccionado de otra manera. Habrían hecho lo posible por convencerle de que aceptara los valores morales que ellos defendían.

Los adolescentes cuyas necesidades de desarrollo han sido debidamente satisfechas se mostrarán cautos ante los demás peligros que plantea la adolescencia. Aunque su ser todopoderoso les diga que no hay nada de malo en experimentar con drogas «inofensivas», todavía querrán hablar del tema con sus padres y sentirán placer al dejarse orientar por su experiencia y sabiduría. Si su hijo no acostumbra a pedirle consejo sobre estos temas, cambie su relación con él haciéndole saber que está dispuesto a hablar de ellos sin emitir juicios de valor.

Tareas

La cuestión sobre qué tareas debería realizar un adolescente —y cuándo— suele estar en el centro de los conflictos entre padres e hijos. No olvide que aunque su hijo pueda ser más alto y fuerte que usted, todavía está en proceso de crecimiento. Su ser todopoderoso aún es capaz de convencerle de que puede hacer lo que quiera cuando quiera. Así pues, usted debería tener expectativas realistas en cuanto a qué es adecuado para la edad de su hijo. Por otro lado, plantee el tema de las tareas familiares con diplomacia.

Es razonable esperar que el adolescente ayude en la casa, la granja o el negocio. No obstante, como siempre hay mucho trabajo que hacer, procure esquivar al ser todopoderoso de su hijo pidiendo a éste que elija sus tareas. Del mismo modo que hay adultos que prefieren cocinar y otros que prefieren lavar los platos, su hijo tiene sus preferencias personales y no hay razón para obligarle a realizar labores que detesta.

Por otro lato, dado que los adolescentes pueden ser despistados y olvidadizos, ayude a su hijo a conseguir hacer las tareas y trate de no crear situaciones que le induzcan a evitarlas.

EL AMOR INTELIGENTE CAMBIA LAS TAREAS DOMÉSTICAS EN UNA FAMILIA

Cada domingo por la noche los padres de Ned anotaban las tareas que querían que su hijo adolescente hiciera durante la semana, pues opinaban que los jóvenes debían tener el mismo sentido de la responsabilidad que los adultos. Esa semana una de las tareas era limpiar el sótano. Al ver que llegaba el viernes y el sótano seguía lleno de trastos, el padre preguntó a Ned: «¿Cuándo piensas limpiar el sótano? ¡Ya es viernes!» Ned, que se estaba preparando para ir a una fiesta, dijo: «No te preocupes, ya lo haré.» «Si mañana por la noche no está limpio —repuso el padre—, no podrás salir con tus amigos.» Ned se enfadó y se marchó de casa dando un portazo. El día siguiente lo pasó trabajando malhumoradamente en el sótano hasta que llegó la hora de encontrarse con sus amigos.

Preocupados por las disensiones con su hijo, los padres de Ned vinieron a vernos. Cuando comprendieron que, en ciertos aspectos, Ned todavía era un niño aunque pareciera un adulto, cambiaron su forma de ver las cosas. Desde entonces, cada domingo le preguntaban qué tarea de las que habían anotado le gustaría hacer durante la semana. La primera semana eligió cortar el césped. Cuando llegó el viernes y el césped seguía sin cortar, el padre dijo: «Veo que todavía no has tenido tiempo de segar el césped. Tengo que arrancar algunos hierbajos mañana por la tarde. ¿Por qué no lo cortas entonces y así me haces compañía?» Ned respondió: «Por la tarde me gustaría ver el partido de béisbol. ¿Qué tal por la mañana?» Su padre aceptó. El sábado por la mañana lo pasaron trabajando juntos y luego celebraron su esfuerzo comiendo en un restaurante.

⁓

Su hijo: un amigo para toda la vida

Durante la adolescencia de su hijo usted también pasa por un proceso de desarrollo propio. Aunque durante años ha tenido el placer de cuidar a su hijo, ahora éste experimenta períodos cada vez más largos en que puede cuidar de sí mismo. Poco a poco, el placer de cuidarlo cede terreno a la satisfacción de tener un amigo afectuoso, leal, divertido y estimulante. Por otro lado, usted gozará de la dicha permamente de haber dado a su hijo el don de una felicidad interior estable que resistirá las pruebas y dificultades que le plantee la vida. En ese sentido, la dicha de haber cuidado a su hijo será tan estable como la felicidad interior de éste.

Es posible que le pida consejos superada la adolescencia, y usted verá en él un amigo especial y un confidente sabio. Por otro lado, sentirá que cada vez puede confiar más en la amistad de su hijo.

Todos los padres nacen con la capacidad de satisfacer las necesidades de desarrollo de sus hijos, y todos los niños nacen esperando recibir ese amor especial. Si usted le da un amor basado en los principios del amor inteligente, estará haciendo un amigo para toda la vida. Su hijo recibirá el don supremo de una felicidad interior inalterable y la bendición adicional de tener unos padres que acabarán convirtiéndose en compañeros que lo admiran y adoran.

Amar inteligentemente al adolescente infeliz

Este adolescente encontrará muy difícil pedir consejo a los padres o aceptarlo una vez recibido. No ha crecido sintiendo la unión que se crea cuando el hijo puede contar con que los padres comprendan su punto de vista y atiendan sus necesidades de desarrollo. Además, el adolescente infeliz habrá desarrollado inconscientemente la necesidad de hacerse infeliz, de modo que es posible que las situaciones arriesgadas le atraigan y que incluso las busque.

Conducta autodestructiva

El correr riesgos peligrosos, consumir sustancias narcóticas, sufrir trastornos alimenticios, rendir poco en el colegio, provocar el desprecio o la agresividad de los compañeros, etc., suele desconcertar a los padres. Éstos tienen problemas para entender por qué su hijo, a quien han hecho lo posible por hacer feliz, parece decidido a perjudicarse. Pero cuando se dan cuenta de que su hijo necesita inconscientemente experiencias autodestructivas para conservar el equilibrio interior, acaban comprendiendo por qué no puede simplemente detener su comportamiento autodestructivo y por qué los castigos sólo consiguen aumentar las probabilidades de que sufra algún daño.

Los padres que reaccionan a la conducta autodestructiva del hijo causándole aún más infelicidad (por ejemplo, prohibiéndole que juegue a fútbol después de la escuela porque ha destrozado la bicicleta), reflejan la necesidad de éste de hacerse infeliz. Los padres que utilizan los principios de la regulación con amor demuestran a su hijo que harán cualquier cosa por evitar que le pase algo malo y que nunca le castigarán ni le negarán su amor al intentar protegerle.

SANO Y SALVO

Los padres de Kelsey, de catorce años, vinieron a vernos porque su hijo era sumamente imprudente y ya se había fracturado varios huesos con la bicicleta y el patinete. Estaban preocupados porque Kelsey les había dicho que quería esquiar.

Les ayudamos a ver que el interés de Kelsey por el esquí constituía una mezcla de deseo de placer constructivo (estar al aire libre y hacer ejercicio) y del deseo inconsciente de tener experiencias desagradables (hacerse daño). Los padres le explicaron que les preocupaba que su imprudencia le llevara a tener un accidente esquiando. Le propusieron acompañarle los fines de semana a una estación cercana para recibir clases. Ello le ayudaría a mejorar su técnica y garantizaría la orientación de un experto en cuanto a la velocidad que podía alcanzar y el terreno donde debía esquiar. Kelsey aceptó y aprendió a esquiar sin hacerse daño.

UN VERANO DIVERTIDO

Los padres de Kim vinieron a vernos porque les preocupaba que su hija pasara el verano con unos amigos que sólo sabían divertirse metiéndose en líos. Como a Kim le gustaba pintar, les sugerimos que se informaran sobre cursos de arte de verano y entregaran a su hija los folletos diciéndole que, si quería, estarían encantados de inscribirla en el curso que fuera de su agrado.

Al principio Kim no pareció interesada, pero poco después mostró cierta curiosidad por un curso concreto de dibujo, aunque no hizo nada por inscribirse. Su madre le preguntó si quería que ella misma entregara la solicitud de inscripción al día siguiente. Kim asintió. La madre también se ofreció a acompañarla a clase cada mañana camino del trabajo. Kim tuvo un verano entretenido y productivo y sus habilidades artísticas mejoraron tanto que durante el siguiente curso escolar recibió numerosos elogios por parte de sus compañeros y profesores. Además, hizo un grupo nuevo de amigos que compartían su pasión por el arte.

Como los padres comprendían que Kim sentía una atracción inconsciente por el placer destructivo de salir con sus amigos descontrolados, no se habían desanimado cuando su hija no mostró interés por los cursos de arte. Tampoco se enfadaron ni le exigieron que asumiera la responsabilidad de hacer los trámites de la inscripción. Sin empujarla para que no sintiera que le robaban la iniciativa, la encaminaron suavemente hacia un verano de placer constructivo.

❦

El amor severo perjudica al hijo infeliz

Los problemas más desconcertantes y dolorosos para los padres los plantean los adolescentes que, de forma crónica y desafiante, mantienen una conducta como beber en exceso, consumir drogas, pasar toda la noche fuera de casa o hacer novillos. Aunque se aconseja que los padres utilicen el «amor severo» para ayudar a esta clase de hijos, este amor sólo los vuelve más infelices y conflictivos.[6] La regulación con amor ayudará a mantener a su hijo a salvo y aumentará su deseo de placer constructivo.

La receta para reformar a los niños difíciles conocida como «amor severo» nace de la creencia popular de que tratar a estos niños con demasiada amabilidad los empeora en lugar de mejorarlos. De acuerdo con esta idea, los padres deberían negarse a ayudar a sus hijos a salir de los apuros en que se meten (por ejemplo, el consejo sería «no pague la fianza de su hijo»). Si la conducta antisocial del adolescente prosigue, se aconseja a los padres que lo echen de casa hasta que se enmiende.

Los defensores del amor severo recomiendan a los padres de hijos problemáticos (hijos que se drogan, hacen novillos, roban, «contestan», son violentos, o con los que simplemente es difícil convivir) que establezcan normas de comportamiento estrictas e incondicionales. Si el adolescente no las cumple, los padres deben imponer medidas severas que van desde retirar privilegios hasta cambiar la cerradura de la puerta para que el hijo no pueda entrar en casa. El enfoque del amor severo parte de la idea de que los padres que realmente aman a sus hijos deberían impedir que éstos les «manipulen»; el mensaje, por tanto, nos dice que es preferible perder al hijo adolescente a fomentar su mala conducta permitiéndole disfrutar de la seguridad y las comodidades de casa.

El enfoque del amor severo es totalmente erróneo y se basa en una visión equivocada y pesimista de la naturaleza humana. En la práctica ha causado serios e innecesarios sufrimientos a adolescentes y padres. Los defensores del amor severo dan por sentado que los niños tienden por naturaleza a manipular a los padres para conseguir sus deseos prohibidos, y que los padres han de permanecer alerta a fin de evitar esa manipulación. De ese modo se está animando a los padres a dudar de las motivaciones de los hijos, incluso de las que parecen más positivas y benignas. Los defensores del amor severo alegan que los padres que dejan a sus hijos adolescentes problemáticos disfrutar de los privilegios de casa están fomentando su conducta antisocial, y que si abandonan esa actitud «fomentadora» y los obligan a elegir entre el comportamiento antisocial y la familia, los adolescentes salvables eligen finalmente la familia. Nosotros no hemos visto ningún caso que respalde esta conclusión. Los niños ven a los padres que practican el amor severo como seres negativos, críticos y suspicaces. Paradójicamente los padres con esta actitud suspicaz y crítica, en realidad están favoreciendo la conducta que intentan erradicar, pues fomentan la necesidad del hijo de utilizar las experiencias desagradables para proporcionarse bienestar interior.

El amor severo parte de una visión negativa de las inclinaciones naturales del niño. Los padres, al adoptar esta visión, creen que para salvar a sus hijos de sí mismos han de estar dispuestos a sacrificarlos. Los defensores del amor severo aseguran que esta determinación de sacrificar a los hijos para rescatarlos representa el modelo más elevado y desinteresado del amor paterno.

Hasta en los casos en que el adolescente no cambia y se va de casa consideran los defensores del amor severo que los padres han actuado correctamente. La opinión es que la pérdida del hijo adolescente sólo demuestra que los padres han estado negando la gravedad de los problemas del joven y su propia impotencia para cambiarle.

ESTAMOS DISPUESTOS A DEJAR QUE KEVIN SE MATE

Un ejemplo representativo de la dureza del amor severo es la postura adoptada por la madre de un adolescente que fumaba marihuana. Decía que los principios del amor severo le permitían «aceptar» el carácter intratable de los problemas de su hijo y, según explicó, recordarse que ella no podía impedir que sus hijos fumaran droga o sacaran malas notas. Así pues, dijo a su hijo: «Porque te quiero, te doy a elegir entre que dejes las drogas o te vayas de casa.» Al hablar de este ultimátum, comentó: «No teníamos ninguna garantía de que Kevin quisiera cambiar. Teníamos que estar dispuestos a dejar que la marihuana lo matara si era lo que él quería.»[7]

El principal inconveniente del enfoque del amor severo es, simplemente, que no funciona. Las sanciones externas son tan capaces de cambiar a los adolescentes como de controlar las mentes de los ciudadanos de un gobierno represivo. En el mejor de los casos, las sanciones producen una tregua frágil en forma de cooperación superficial o de conformidad fingida; en el peor, a la rebelión y el desafío. Las sanciones instan a los adolescentes a buscar experiencias desagradables y les disuaden de basar su bienestar en el placer constructivo. El amor inteligente, por el contrario, dice que el cambio significativo se produce solamente cuando el niño o el adolescente eligen activa y libremente el placer constructivo como la fuente de felicidad más deseable.

El amor inteligente es más eficaz

Tanto el amor inteligente como el severo se basan en la premisa de que los padres deben evitar fomentar la conducta conflictiva de los adolescentes. Según el amor severo, toda implicación de los padres con el hijo adolescente problemático constituye una conducta «fomentadora», y los padres deberían sospechar de sus propios sentimientos de ternura y deseos de proximidad con sus hijos. La perspectiva del amor inteligente es que cuando los adolescentes adoptan conductas autodestructivas o antisociales, éstas no representan la totalidad de sus deseos funcionales, ni siquiera de los deseos que encuentran intrínsecamente más atractivos. Por tanto, rechazamos el que la única forma de cambiar la conducta conflictiva sea imponer sanciones severas para obligar a los adolescentes a obedecer. Cuando los padres niegan al hijo su amor y apoyo, están reforzando sus deseos autodestructivos.

El amor inteligente enseña que por muy intenso que parezca el deseo de los adolescentes por las conductas autodestructivas, siempre coexiste con el deseo de un bienestar interior basado en el placer constructivo. Este último deseo puede reforzarse mediante experiencias positivas con los padres (y, si se busca ayuda, con psicoterapia).

Dada la popularidad del enfoque sancionador expresado en el viejo refrán «Quien bien te quiere te hará llorar», es importante señalar que el amor inteligente no favorece la indulgencia irresponsable ni aconseja a los padres que ignoren la existencia o la intensidad de los deseos autodestructivos y antisociales de los adolescentes infelices. El enfoque del amor inteligente ayuda a los padres a reconocer los problemas de sus hijos y les muestra cómo utilizar la regulación con amor para protegerles y, al mismo tiempo, mantener con ellos una relación afectuosa y estable.

Si usted utiliza la regulación con amor, podrá ayudar a su hijo adolescente a través de actitudes concretas, como mostrarse dispuesto a conversar, llevarle en coche a la escuela, ayudarle con los deberes y, si se lo han aconsejado y resulta factible, buscar la ayuda de un psicoterapeuta. Por otro lado, no olvide que su hijo adolescente podría reaccionar negativamente al placer, lo cual dificultaría forzosamente el proceso de abandonar la conducta antisocial y autodestructiva. Sabiendo esto, usted podrá responder a los errores inevitables de su hijo con mayor entrega. Intente evitar la autocrítica y la idea de que sus esfuerzos están fomentando la conducta autodestructiva de su hijo. Si persevera, el adolescente tendrá la experiencia, importantísima para su desarrollo, de saber que usted comprende su intensa necesidad de conservar su equilibrio interior mediante experiencias desagradables, pero que también está dispuesto a hacer lo posible por apoyar su deseo de crearse una felicidad interior realmente positiva.

Nueve

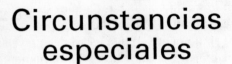

Circunstancias especiales

En este capítulo hablaremos de cuestiones que, aun siendo importantes, no afectan a todas las familias. Merecen un tratamiento más extenso, pero las limitaciones de espacio solamente nos permiten facilitar algunas directrices generales.

Amar inteligentemente al hijo adoptado

Los artículos y libros sobre adopción generalmente dan por sentado que los niños adoptados, incluso los recién nacidos, sufrirán un perjuicio importante si no llegan a conocer a sus padres biológicos. Esta afirmación, sin embargo, se basa en una visión equivocada del ejercicio de la paternidad. El cuidado de los hijos es una experiencia constante y no un simple acto de procreación. Si los padres adoptivos satisfacen las necesidades del hijo con amor y sensibilidad, éste desarrollará la misma felicidad interior estable que los niños que viven con sus padres biológicos. Su hijo, por tanto, se sentirá completo y completamente amado. Los niños adoptados cuyas necesidades han sido debidamente atendidas no sienten que les falte la presencia de sus padres naturales. Tal vez deseen conocerlos, pero no lo harán para sentirse completos.

Cómo y cuándo decir a su hijo que es adoptado

No hay un tema sobre adopción que genere tantas discrepancias como el de cuándo y cómo decir al niño que es adoptado. El amor inteligente aconseja permitir que las necesidades de desarrollo de su hijo determinen el momento en que usted deba revelarle las circunstancias de su nacimiento y adopción. Contrariamente a la creencia popular, su hijo no sufrirá perjuicio alguno si llega a los tres años sin saber que es adoptado. De hecho, resulta beneficioso esperar a que su felicidad primaria adquiera estabilidad antes de hablarle de la existencia de un hombre y una mujer que le proporcionaron la vida y luego decidieron entregarle a otros padres.

La mayoría de los niños adoptados no empiezan a hacer preguntas sobre dónde estaban antes de nacer hasta que cumplen tres años. Por otro lado, puede que el niño se entere de que es adoptado por un hermano o un familiar, o que circunstancias especiales —por ejemplo, si existen claras diferencias de aspecto entre el niño y el resto de la familia, si la adopción se hace abiertamente o si los padres adoptan a un hermanito— le lleven a querer información a una edad temprana.

El amor inteligente aconseja esperar a contar a su hijo que es adoptado hasta que éste le haga alguna pregunta que demuestre que está preparado para oír la respuesta. De ese modo hay menos probabilidades de que la noticia le caiga como un cubo de agua fría. Por ejemplo, puede que un día el niño pregunte: «¿Te daba muchas patadas cuando estaba en tu barriguita?» o «¿Lloré mucho al nacer?». En ese momento los padres deberían intentar dar respuestas verídicas. Por ejemplo, la madre podría decir: «No me diste patadas porque estabas en la barriguita de otra mujer que quería que nosotros fuéramos tus padres una vez que hubieras nacido.» Luego hay que ver cómo reacciona el niño. Muchos niños tardan varios meses en querer recibir más información, mientras que otros enseguida empiezan a hacer preguntas.

A veces el niño demuestra que no está preparado para asimilar una notica de semejante calibre ignorando por completo los hechos. Un día después de que una madre dijera a su hijo que era adoptado y le explicara detenidamente el significado de esa palabra, éste dijo: «Recuerdo que cuando vivía en tu barriga estaba todo muy oscuro.»

Por fortuna la madre, que sabía que el pequeño no tenía problemas de oído ni de memoria, comprendió que su hijo estaba demasiado abrumado para hacer frente a la noticia. Por tanto, en lugar de contradecirle, simplemente respondió: «¿De veras?» Pasaron varios meses antes de que el niño quisiera oír más cosas sobre su adopción.

Como es natural, cuando la adopción es abierta los niños saben cosas de sus padres biológicos desde el principio. Con todo, es importante no obligarles a asimilar hechos si todavía no están preparados para ello. Si su hijo llama a sus padres biológicos «tía y tío» o no parece interesado en saber qué es un «padre biológico», no le corrija ni instruya.

Si permite que sea el niño quien regule la corriente de información sobre su pasado, cuando esté realmente preparado para conocer los detalles sobre su adopción desarrollará un sentimiento de orgullo en cuanto a su categoría de adoptado. Un niño que no mostró interés en conocer sus orígenes hasta que tuvo cuatro años sorprendió a sus padres cuando contó orgullosamente a todo el jardín de infancia que era *doptado* y tenía *cuatro* padres.

El hijo que es adoptado después del año

A diferencia de quienes adoptan niños de meses, los que adoptan niños de mayor edad se enfrentan a la difícil tarea de introducir en sus vidas y corazones a una criatura cuyo corazón pertenece a otras personas. Puede que resulte muy difícil criarlos, pues éstos añoran a sus padres biológicos y algunos incluso su lugar de origen. Además, cabe la posibilidad de que hayan adquirido la necesidad de hacerse infelices y, por tanto, reaccionen negativamente a los tiernos y denodados cuidados de sus padres adoptivos.

Si éstos comprenden que, por muy buenos que sean sus cuidados, en ocasiones el niño reaccionará con rechazo y rabia, les será más fácil evitar culparse o creer que el niño no les quiere o es un ingrato malcriado. Serán más capaces de responder a la conducta negativa de su hijo con bondad, y le concederán el tiempo que necesite para llegar a valorar sus esfuerzos. Si los padres utilizan el principio de la regulación con amor para contener la conducta descontrolada del niño adoptado y le ofrecen su amor sin esperar ni exigir nada a cambio, descubrirán que, con el tiempo, su hijo les adorará y aceptará como sus verdaderos padres.

«¡YO YA TENGO MAMÁ!»

Suzie, de tres años, fue apartada de su madre drogadicta y adoptada por unos padres estériles. La pareja estaba feliz con su nueva hija, pero a pesar de sus esfuerzos por hacer que se sintiera amada, la pequeña seguía mostrando una actitud resentida y reservada. Cuando los padres la presentaban como su hija, Suzie gritaba con todas sus fuerzas: «¡No soy vuestra! ¡Yo ya tengo mamá!» Tampoco aceptaba los abrazos y besos de la pareja. Desconcertados, los padres vinieron a vernos.

Comprendimos su pesar y les explicamos que para forjar una relación estrecha y afectuosa con su hija lo primero que debían hacer era tratar de no despertar en ella la sensación de que estaba siendo desleal con su madre biológica. Aunque la gente mayor sabía que no había sido una madre adecuada, Suzie la adoraba, pues era la primera madre que había conocido. Sugerimos que en lugar de presentar a la pequeña como su hija, simplemente dijeran: «Os presento a Suzie.»

También les aconsejamos que siguieran dándole abrazos y besos pero sin esperar que ella respondiera, y que no la hicieran sentirse culpable, mala o alienada por no ser capaz de darles cariño. Los padres siguieron estas y otras directrices y durante los dos años siguientes Suzie fue aceptando cada vez más la situación. La pareja se llevó una gran alegría el día que Suzie, con cinco años, dijo con orgullo a una amiga que había invitado a casa: «¡Te presento a la mejor mamá y el mejor papá del mundo!»

Las familias no tradicionales y la etapa romántica

Antes hemos descrito el hito del desarrollo referente al ideal de relación que aparece al final de la etapa romántica (véase capítulo 6). El niño, durante el resto de su vida, se inspirará en la forma en que sus padres se trataban entre sí y lo trataban a él.

Dado que la etapa romántica y el ideal de relación son hitos fundamentales del desarrollo, muchos padres se preguntan cómo experimentan la etapa romántica los niños que viven con un solo padre o que pertenecen a otras familias no tradicionales como las formadas por parejas homosexuales. Estos niños tal vez no tengan la oportunidad de experimentar la etapa romántica con unos padres de sexos opuestos que se aman. Sin embargo, todos los padres pueden ayudar a sus hijos a sacar partido de la configuración familiar en la que viven, no importa cuál sea.

Si los padres son homosexuales, el niño, por lo general, elegirá a uno de ellos como progenitor del sexo opuesto, intentará atraer su atención y temerá que el otro desee vengarse. El paso fundamental del niño en esta etapa es aceptar paulatinamente que aunque puede hacer que sus padres adoren cuidar de él, no tiene el poder de controlar la forma en que éstos satisfacen sus deseos personales. Los padres homosexuales pueden ayudar al niño a alcanzar este hito del desarrollo si se muestran positivos ante su necesidad temporal de relacionarse de forma muy diferente con cada uno de ellos.

Si usted no tiene pareja no debe olvidar que su hijo se relacionará mentalmente con una persona del sexo opuesto. Intente ofrecer a su hijo oportunidades de pasar mucho tiempo con amigos o familiares del sexo opuesto afectuosos y atentos. Si ello no es factible, puede que el pequeño cree un vínculo con personas adultas que se cruzan en su camino o dé vida a situaciones románticas en su imaginación. Una niña que no tenía padre dijo que iba a casarse con el policía que dirigía el tráfico en su esquina. Le llevaba galletas cada día y hablaba con él largo y tendido. Un niño cuya madre había muerto imaginaba que volvía cada noche para darle un beso y se quedaba leyendo con él hasta el amanecer.

Los padres sin pareja que comprendan la naturaleza e intensidad de los deseos románticos de su hijo serán más capaces de ayudarle a vencer la tempestad que estalla en la etapa romántica en los casos de separación, divorcio o muerte del cónyuge.

«¡MAMÁ SE FUE PORQUE RONCAS!»

Clyde, un niño de cinco años que se quedó a vivir con su padre tras el divorcio de la pareja, acusó a éste de haber espantado a su madre con sus ronquidos y de alegrarse de que se hubiera marchado. El padre vino a vernos para buscar la mejor forma de ayudar a su hijo. Una vez hubo comprendido el fenómeno de la etapa romántica, pudo responder a los ataques de su hijo sin sentirse herido ni adoptar una postura defensiva.

«Sé que echas mucho de menos a mamá —dijo a Clyde—, y que te gustaría que volviéramos a estar juntos. Soy consciente de que a veces piensas que todo es culpa mía, que dejé que mamá se fuera y que no me importa que el divorcio te haga infeliz. Mamá y yo necesitamos vivir separados por razones que no tienen nada que ver contigo, pero los dos sabemos lo tristísimo que estás y confiamos en que sigas comunicándonos tus sentimientos.» «¡Odio el divorcio!», dijo Clyde. «Lo sé —respondió el padre—, y yo también lo odiaría si estuviera en tu lugar. Pero mamá y yo haremos lo posible por demostrarte que el divorcio no significa una ruptura con ninguno de los dos.»

El padre se dio cuenta de que su hijo interpretaba el divorcio como una manera de vengarse de él por los deseos románticos que abrigaba hacia la madre. Le dijo a Clyde que comprendía su deseo de que su madre volviera y que sabía que estaba enfadado con él. Luego le ayudó a comprender que aunque no tenía poder para influir en la decisión de sus padres de divorciarse, siempre tendría el poder de hacer que su padre escuchara amorosa y comprensivamente su dolor, rabia y frustración. El padre, además, pese a estar muy enfadado con su ex mujer, se esforzó por aceptar el amor que su hijo sentía por ella y por no volcar en el pequeño su resentimiento.

Los niños salen perjudicados cuando los padres fingen tener una relación estable a fin de conservar la configuración familiar convencional. Si los padres se desagradan, es preferible que se separen. Los padres homosexuales, por otro lado, no deberían buscar un cónyuge heterosexual para dar a sus hijos la experiencia de una familia heterosexual. Y si una persona soltera desea el placer de comprometerse a cuidar de un niño pero no tiene pareja, no necesita casarse para cubrir las apariencias.

Es mucho peor para el niño vivir en una familia tradicional llena de amargura, indiferencia, odio o infelicidad que vivir en una familia no tradicional donde reina la armonía. Los niños de familias no tradicionales con padres atentos y cariñosos serán más felices y competentes que los niños de familias tradicionales donde la relación conyugal es corrosiva o donde uno de los cónyuges está siempre malhumorado y negativo. Por tanto, la discriminación en estos casos no está justificada. Los criterios para evaluar la capacidad de un padre o una madre soltera o de una pareja homosexual de criar a un hijo nunca deberían ser diferentes de los aplicados a las parejas tradicionales.

Cómo ayudar al niño que tiene problemas de aprendizaje

Los problemas de aprendizaje comprenden un complejo conjunto de conductas que incluyen, entre otras, el comportamiento perturbador, los problemas de concentración y las dificultades para dominar una o más asignaturas. Si su hijo está sano pero tiene problemas en la escuela, lo más probable es que padezca infelicidad interior. Con todo, pida a un especialista que le haga un reconocimiento para descartar la existencia de un problema fisiológico en el sistema nervioso central.

En nuestra experiencia clínica, respaldada por importantes estudios científicos, hemos visto que la mayoría de trastornos del aprendizaje, entre ellos la hiperactividad, son el resultado de una infelicidad interior. La inteligencia de estos niños suele estar subordinada a la necesidad inconsciente de crearse malestar. Esta inteligencia puede permanecer prácticamente intacta (el niño con un miedo paralizador a la oscuridad puede ser un estudiante brillante) o estar profundamente afectada (un niño infeliz y fisiológicamente normal puede tener problemas para aprender a leer o sumar). Entre ambos extremos, la capacidad del niño para desarrollar y ejercitar su inteligencia hasta el máximo suele verse perjudicada hasta cierto punto por la presencia de infelicidad interior. Como ejemplos tenemos el niño que destacaba en los trabajos escritos pero no podía pensar con claridad en los exámenes, y el niño que leía como los niños de tres cursos superiores pero estaba convencido de que no servía para las matemáticas.

Independientemente de la causa, cuando los niños tienen problemas de aprendizaje, la respuesta más eficaz por parte de los padres y maestros es crear una relación de ayuda positiva, estable y relajada. Resulta difícil dar esta clase de apoyo. Es natural que los padres se preocupen cuando su hijo muestra problemas para aprender, pues desean para él la mejor educación. Y los maestros que han de dirigir una clase entera no tienen tiempo ni recursos para concentrarse en los alumnos más lentos.

Estos niños aprenden más cuando un padre, un hermano mayor, un pariente, un amigo de la familia o un tutor se sienta con ellos, observa su trabajo y les ofrece ayuda si la necesitan. El amor inteligente aconseja no ofrecer ayuda si el niño está haciendo un esfuerzo, pero tampoco hacer que el niño con problemas para aprender algo tenga que suplicar su ayuda. Si ofrece ayuda cuando el niño todavía lo está intentando, éste percibirá su impaciencia y aceptará aún menos sus propias limitaciones. Por otro lado, si retiene las respuestas con comentarios como «Seguro que si te esfuerzas un poco más lo resolverás» o «Ayer resolviste este mismo problema; seguro que hoy también puedes», tal vez el niño deje de sentir que está participando en un esfuerzo conjunto o sienta que se halla en una lucha de poder con usted para que le facilite las respuestas.

Por otro lado, no debe obligarse a los niños con problemas de aprendizaje a recibir clases particulares que odia. Acepte el rechazo del niño de buen talante y trate de buscar otra hora del día, otro maestro u otra forma de enseñarle la asignatura. Lo más importante es conservar la curiosidad y las ganas de aprender del niño. Enseñarle conceptos específicos es siempre secundario.

Dado que los niños aman a sus padres más que a nada y a nadie en el mundo, éstos pueden ayudarles mucho cuando tienen dificultades para aprender a través de una actitud amable y de apoyo. Si su hijo recibe ayuda profesional —con especialistas, por ejemplo, en lectura o dicción—, o está en una clase de educación especial, controle el proceso de aprendizaje para asegurarse de que es tratado con amabilidad y paciencia. Compruebe si a su hijo le gusta el profesional o el maestro y si acude a clase con alegría. Si el niño protesta o se niega a ir, tome en serio su reacción y busque una persona con la que trabaje a gusto.

La importancia de evitar medicamentos que afectan el cerebro

A diferencia de la epilepsia clínica, que tiene una causa neurológica claramente identificable y recibe el efecto directo y positivo de la medicación, no existen pruebas científicas que demuestren que los problemas de aprendizaje o concentración sean, en su mayor parte, debidos a una lesión cerebral concreta e identificable.[8] La mayoría de los niños que perturban la clase o desarrollan dificultades de aprendizaje y concentración padecen infelicidad interior, y la mejor forma de tratar sus problemas es a través de una relación atenta y afectuosa, no de una medicación.

Aunque la idea de resolver un problema tomando una pastilla puede resultar atractiva, la administración de sustancias químicas que afectan el cerebro aumentará la infelicidad del niño y disminuirá su capacidad de desarrollar una aptitud para el aprendizaje. El tratamiento con sustancias que afectan el cerebro minan aún más la precaria confianza del niño en su propia capacidad, pues interpreta que sus padres y otros adultos instruidos han llegado a la conclusión de que hay algún problema con su cerebro. Los niños que reciben este mensaje se sentirán menos dueños de su propia mente, y la necesidad inconsciente de crearse experiencias desagradables aumentará. En el mejor de los casos, los medicamentos producirán una sumisión narcotizada, pero el niño estará aún más lejos del verdadero objetivo, esto es, descubrir que el aprendizaje puede ser una fuente de placer y competencia.

Existen muchas razones convincentes para no suministrar sustancias que afectan el cerebro a niños con problemas de aprendizaje o conducta:

- No existen pruebas definitivas que demuestren que la causa de los problemas sea un problema fisiológico. Salvo raras excepciones, jamás se ha demostrado que si los niños perturban la clase y/o tienen problemas de aprendizaje es porque su cerebro está dañado o es anormal.
- Aunque existen fármacos que afectan el cerebro capaces de hacer que los niños nerviosos sean más tratables, no se ha demostrado

que tales sustancias tengan un efecto positivo a largo plazo en los problemas de aprendizaje o de adaptación social.[9]
- Por otro lado, se ha demostrado repetidas veces que todos los medicamentos que inciden en el cerebro —entre ellos estimulantes como el Ritalin y las anfetaminas, así como tranquilizantes y antidepresivos— tienen serios efectos secundarios en los niños. No parece que existan dosis lo suficientemente pequeñas para evitar el riesgo de sufrir efectos secundarios, como retraso del crecimiento y discinesia tardía, un síndrome irreversible de tics faciales y linguales.
- Las sustancias químicas que afectan el cerebro intensifican el sentimiento negativo del niño hacia el aprendizaje, pues le impiden creer en su habilidad para regular su propia conducta. Los medicamentos pueden reforzar la sensación de impotencia del niño con respecto a su vida. Quizá llegue a la conclusión de que sus padres y los especialistas han decidido que no pueden ayudarle a gobernarse solo.

Los padres únicamente deberían permitir el uso de medicamentos que afectan el cerebro para tratar la conducta perturbadora como último recurso (y temporal), esto es, cuando no existe otra forma de mantener la seguridad del niño y de las personas con que se relaciona. También es importante que si dichos fármacos no pueden evitarse, sólo se utilicen junto con una terapia destinada a ayudar al niño a descubrir que el aprendizaje y la cooperación pueden ser una auténtica fuente de placer. La única ocasión en que hemos utilizado fármacos alteradores del cerebro en nuestra profesión fue de forma temporal con adolescentes suicidas y homicidas internados. Los medicamentos se empleaban junto con la atención individualizada y constante, y eran la única forma de controlar los impulsos destructivos el tiempo suficiente para que el adolescente pudiera establecer una relación terapéutica con sus cuidadores y psicoterapeutas.[10]

Existen pruebas científicas sólidas que desmienten las razones terapéuticas utilizadas comúnmente para recetar fármacos que afectan el cerebro: hacer más tratables a los niños y ahorrarse intervenciones profesionales que exigen más tiempo y dinero, como psicoterapeutas o especialistas en el aprendizaje.

Además del riesgo de producir serios efectos secundarios, las sustancias químicas entorpecen la búsqueda de las verdaderas causas de la infelicidad de los niños. El único beneficio de estas sustancias es la restricción de la conducta perturbadora, pero el niño paga un alto precio por ello. Como ya hemos dicho, los niños acaban creyendo que su mente necesita control externo. Los fármacos minan su necesidad de sentir que ha elegido personalmente abandonar la conducta problemática y tomar las riendas de su vida. Existe una gran diferencia entre un niño nervioso que permanece sentado en clase porque está drogado y el que permanece sentado porque le han ayudado a sentirse más satisfecho de sí mismo y a disfrutar del proceso de aprendizaje. En otras palabras, las sustancias que afectan el cerebro perjudican a los niños y adolescentes aun cuando parezca que funcionan porque los vuelven más sumisos. Una solución más eficaz a los problemas de aprendizaje y conducta es ofrecer a los niños un apoyo que les permita descubrir y buscar el placer de poseer y utilizar su propia mente.

Lamentamos no haber podido incluir en este capítulo todos los asuntos de interés para los padres. Algunos casos que no hemos podido abordar por problemas de espacio son el niño maltratado, el niño con serios trastornos lingüísticos, el retrasado, el propenso a los accidentes, el agresivo, el temeroso, el antisocial, el que alucina y se engaña y el autista. Los padres de estos niños pueden inspirarse en los principios del amor inteligente descritos a lo largo del libro. Podrán ayudarlos satisfaciendo su necesidad de amor y admiración y fomentándoles el deseo de sentir que tienen el control de sí mismos. Procure no concentrarse exclusiva ni principalmente en cambiar su conducta. En otras palabras, ayudará a estos niños a satisfacer sus propios deseos innatos de felicidad y competencia si fomenta sus deseos constructivos y emplea la regulación con amor para tratar las conductas destructivas o disfuncionales.

Epílogo

El amor inteligente: su compañero en el viaje de su hijo a la madurez

En muchas áreas de nuestra vida antes de tomar decisiones trascendentales hacemos una profunda reflexión, e incluso es posible que experimentemos un poco para asegurarnos de que hemos elegido el camino correcto. Los padres, sin embargo, se enfrentan diariamente a una lluvia de decisiones vitales. Dado que no pueden ver el resultado final de sus decisiones hasta que el hijo ha alcanzado la edad adulta, les cuesta evaluar sus reacciones y les preocupa no haber tomado la decisión adecuada. Algunos dilemas a los que se enfrentan diariamente los padres son: ¿Alimentamos a nuestro bebé cada vez que tiene hambre o le imponemos un horario de comidas? ¿Obligamos a nuestro hijo preescolar a compartir y no arrebatar o dejamos que supere esas inclinaciones por sí mismo? ¿Castigamos a nuestro hijo cuando es desobediente o destructivo o existe un método de orientación más amable? ¿Imponemos castigos al hijo que no hace los deberes o no ordena el cuarto o le ayudamos con sus tareas? ¿Deberíamos responder al adolescente difícil con amor severo o con amor tierno?

Este libro pretende ayudarle con las mil y una decisiones que tiene que tomar como padre o madre. Dado que los principios del amor inteligente son los mismos tanto para un recién nacido como para un adolescente, *Padres perfectos, hijos perfectos* puede ser su compañero en cada etapa del viaje de su hijo a la madurez.

Para los padres resulta particularmente difícil tomar decisiones cuando el hijo es conflictivo o infeliz, y más aún si se trata de un estado crónico. Si tiene un hijo problemático, sea de la edad que sea, también este libro le será útil. Siguiendo los principios del amor inteligente puede ayudar a su hijo a recuperar el derecho innato a la felicidad interior que no se tambalee ante las desilusiones e infortunios inevitables de la vida. Este objetivo es posible si establece con su hijo una relación placentera en lugar de desatender sus necesidades privándole de su atención. El bienestar interno del niño se basa en la certeza de que él ha hecho que usted adore cuidarle. De todos los regalos, éste es el más importante, pues constituye la base de toda felicidad y bondad, y el escudo protector contra la infelicidad autoprovocada.

Si decide utilizar los principios del amor inteligente, sabrá qué tiene que hacer cada día y cada año para apoyar y alimentar el bienestar emocional de su hijo. Una de las razones por las que puede confiar en este enfoque para ayudarse a tomar las decisiones diarias es que el amor inteligente considera la infancia desde el punto de vista del niño. En realidad, todo su enfoque se basa en esta visión. El amor inteligente establece un programa realista y distendido para el desarrollo emocional del niño; presenta nuevos hitos del desarrollo y le muestra cómo ayudar a su hijo a alcanzarlos; y le ofrece una forma de proteger a su hijo de las consecuencias de su inmadurez sin recurrir a medidas contraproducentes como la indulgencia, los castigos o las recompensas. Con la ayuda de las directrices del amor inteligente usted podrá criar un hijo próspero, bien regulado y, sobre todo, feliz, al tiempo que le brinda todo su amor y disfruta de su existencia.

Notas

1. De esta nueva percepción de la naturaleza humana hacemos un análisis exhaustivo en nuestro libro *Intrapsychic Humanism: A Comprehensive Introduction to a New Psychology and Philosophy of Mind* (Humanismo intrapsíquico: introducción exhaustiva a la nueva psicología y filosofía de la mente) (Falcon II Press, Chicago, 1990). Elegimos el término «humanismo intrapsíquico» porque expresa los dos principios fundamentales en que se fundamenta esta nueva psicología: 1) la fuente de la única felicidad humana perdurable y realmente satisfactoria es «humanista» en cuanto a que se basa enteramente en las relaciones humanas, más concretamente en las relaciones paternofiliales; y 2) esta felicidad surge de la certeza demostrable del niño (denominada «placer intrapsíquico» en nuestro primer libro y «felicidad primaria» en la obra actual) de que tiene la capacidad para hacer que sus padres atiendan amorosamente sus necesidades de desarrollo. El humanismo intrapsíquico no debe confundirse con la psicología humanística desarrollada en el ámbito académico estadounidense, pues nosotros no vemos la naturaleza humana como una tendencia hacia la autorrealización que no depende de la experiencia de las relaciones (sobre todo, de la relación paternofilial).

2. Hemos cambiado los nombres de todos los individuos, así como otros datos reveladores, a fin de proteger su identidad.

3. Mary Taylor Previte, «What Will They Say at My Funeral?» (¿Qué dirán en mi entierro?), *The New York Times*, 7 de agosto de 1994, sección E, p. 17.

4. El estudio de los gemelos de Minnesota en el que se basan muchas teorías sobre el carácter innato de la personalidad (Bouchard y otros, «Sources of Human Psychological Differences: The Minnesota Study of Twins Reared Apart» [Causas de las diferencias psicológicas humanas: el estudio de los gemelos de Minnesota criados por separado] [*Science*, 12 de octubre de 1990, p. 223]), proporciona, en realidad, más pruebas de que la personalidad es algo adquirido. Aunque el estudio los describe como «criados por separado», lo cierto es que algunos gemelos habían vivido hasta cuatro años juntos antes de separarse (el período medio de convivencia era de

ocho meses). Por otro lado, muchos de los gemelos se vieron de nuevo antes de iniciarse el estudio (dos de ellos vivieron separados sólo seis meses). Se ha defendido mucho la existencia de genes determinantes de la personalidad, pero todos los estudios realizados hasta la fecha presentan problemas fundamentales y ninguno de sus hallazgos han sido corroborados.

5. Arlene Eisenberg, Heidi Murkoff y Sandee Hathaway, *What to Expect the First Year* (Qué esperar el primer año), Workman Publishing, Nueva York, 1989, p. 275.

6. Esta crítica al amor severo está tomada de nuestro artículo «It's Not Tough, It's Tender Love» (No es amor severo, es amor tierno), *Chicago Medicine* 94, núm. 7 (1991), pp. 10-16; segunda edición en *Child Welfare* 71 (1992), pp. 369-377.

7. Pauline Neff, *Tough Love: How Parents Can Deal with Drug Abuse* (Amor severo: cómo pueden los padres tratar el consumo de drogas), Abingdon Press, Nashville, 1982, pp. 93 y 98.

8. Permanece el hecho de que no existe un síndrome establecido, comprobable y diagnosticable para el que estén indicados Ritalin y otros fármacos que afectan el cerebro, lo que significa que estas sustancias se administran de forma sintomática y anecdótica dentro de un grupo aleatorio de conductas que pueden parecer similares pero carecen de una identidad demostrada (véase *The Physician's Desk Reference* —El vademécum del médico—, edición de 1997). Asimismo, aunque estas sustancias suelen recetarlas médicos sin formación psiquiátrica, lo hacen por un problema psicosocial que no están capacitados para tratar ni diagnosticar, no por un trastorno médico establecido. Además, la lista de contraindicaciones descarta a la vasta mayoría de niños a los que van dirigidos estos fármacos. Para Ritalin, las conductas contraindicadas comprenden ansiedad, tensión, tics, agitación, fatiga e inestabilidad emocional (*Physician's Desk Reference*). Por otra parte, no existe un ensayo científico reconocido que establezca la utilidad terapéutica de Ritalin, lo que hace que sus muchos efectos secundarios potenciales resulten especialmente espantosos, entre ellos convulsiones (con un EEG y un historial neurológico normales), insomnio, agitación, psicosis e inhibición del crecimiento. También existen pruebas de que Ritalin provoca cáncer hepático en ratones.

9. Larry S. Goldman y otros, «Diagnosis and Treatment of Attention-Deficit/ Hyperactivity Disorder in Children and Adolescents» (Diagnosis y tratamiento de la falta de atención/hiperactividad en niños y adolescentes), *JAMA* 279, núm. 14, 8 de abril de 1998, p. 1103.

10. Martha Heineman Pieper y William J. Pieper, «Treating Violent "Untreatable" Adolescents: Applications of Intrapsychic Humanism in a State-Funded Demostration Project» (Tratamiento de adolescentes violentos «intratables»: aplicaciones del humanismo intrapsíquico en un proyecto subvencionado por el Estado) en *New Foundations for Scientific Social and Behavioral Research* (Nuevos cimientos para la investigación científica social y conductual) (Katherine Tyson, Allyn and Bacon, Boston, 1995), pp. 455-473.

Glosario

Amor inteligente: Enfoque sobre el cuidado de los hijos que tiene como objetivo el establecimiento de una felicidad interior sólida y estable. Esta felicidad permitirá al niño alcanzar su máximo potencial. Los padres que utilizan los principios del amor inteligente descubren un método amoroso y eficaz, diferente de las recompensas y los castigos, para regular la conducta de sus hijos y fomentar su crecimiento emocional. El amor inteligente insta a los padres a ver el mundo a través de los ojos del niño, y sus principios se adaptan a cada etapa de su desarrollo.

Deseos personales: Todas las motivaciones de los padres que no están destinadas a atender las necesidades de desarrollo del hijo.

Disciplina: Intento de regular conductas no deseadas vinculándolas a consecuencias desagradables que no sólo comprenden el castigo, sino también el sermón, la desaprobación y el aislamiento.

Ejercicio de la paternidad: Va dirigido a ayudar a los hijos a adquirir una felicidad interior y una sensación de competencia inalterables.

Estímulo: Estimular en el niño el deseo de placer constructivo es útil. A diferencia de las recompensas, el estímulo no depende de ningún resultado, pues el niño lo recibe tanto si alcanza como si no, si intenta como si no, un objetivo dado.

Etapa romántica: Los niños de entre tres y seis años desean tener con el progenitor del sexo opuesto la misma relación que tiene el progenitor de su mismo sexo. Su idea en cuanto a la relación de sus padres es muy difusa. Imagina que incluye elementos de posesividad, afecto y exclusividad.

Felicidad primaria: El bienestar interior generado por la certeza innata del niño de que puede conseguir que sus padres adoren satisfacer sus necesidades de desarrollo.

Estable: Surge de la certeza profunda del niño de que ha conseguido que sus padres amen atender incondicionalmente sus necesidades. No depende de la capacidad del niño de provocar a cada instante una respuesta dada por parte de los padres. Adquiere estabilidad cuando el niño tiene aproximadamente tres años.

Inestable: Desde el nacimiento hasta los tres años, la felicidad primaria es inestable porque depende de la capacidad constante de los padres de responder a las necesidades de atención del niño, o de gratificaciones sustitutorias.

Felicidad secundaria: El bienestar interior que proviene de las actividades diarias.

Inestable: Depende de los resultados. La felicidad secundaria permanece relativamente inestable hasta el final de la adolescencia.

Estable: Se produce cuando las necesidades de desarrollo del niño están atendidas. Esta felicidad nace de tomar buenas decisiones y llevarlas a cabo eficazmente, y no depende de los altibajos de la vida cotidiana. No se asienta por completo hasta el final de la adolescencia.

Ideal de relación: La identificación del niño con los ideales y compromisos de los padres y otros adultos importantes en toda clase de relaciones, entre ellas las románticas, las de amistad y las paternofiliales. Esta identificación determinará si el niño tendrá de mayor relaciones estrechas y gratificantes o relaciones conflictivas e insatisfactorias.

Identificación: Intento consciente o inconsciente del niño de ser como los padres o como otras personas que tienen importancia emocional en su vida. El niño elige libremente las identificaciones si tiene las necesidades de desarrollo debidamente atendidas; en caso contrario, las identificaciones son siempre involuntarias.

Independencia: La verdadera independencia del hijo consiste en liberarse de la necesidad de utilizar satisfacciones diarias como fuente de felicidad interior. La independencia no es únicamente la separación de los padres. La verdadera independencia sólo es posible si los padres satisfacen las necesidades de desarrollo de su hijo.

Indulgencia: La no imposición de regulaciones innecesarias en la conducta del niño.

Infelicidad interior: Si las necesidades del niño no son debidamente atendidas, su felicidad interior es inestable. Felicidad inestable es sinónimo de infelicidad. La felicidad interior se vuelve crónicamente inestable cuando permanece vulnerable a los altibajos de la vida cotidiana y cuando el niño adquiere el deseo inconsciente de una felicidad interior desnaturalizada, esto es, el deseo de hacerse infeliz.

Lapsus de atención: Los lapsus de atención son aberraciones que se producen cuando los padres que normalmente responden de forma adecuada y afectuosa a las necesidades de desarrollo del hijo persiguen objetivos personales en un momento en que éste necesita su atención. Tales episodios, al ser esporádicos, no perjudican el desarrollo emocional del niño.

Miedo a la separación: Es la infelicidad que surge hacia el final del primer año y que hace que el niño reaccione a la partida del padre o la madre como si fuera el final de su seguridad y felicidad en la tierra. El miedo a la separación es un logro del desarrollo que nace del creciente reconocimiento por parte del niño de la importancia del placer único (felicidad primaria) que siente con la presencia de sus padres.

Miedo a la venganza: El miedo del niño, derivado de la certeza de estar compitiendo con el progenitor de su mismo sexo por obtener una relación exclusiva con el otro progenitor, de que aquél se vengue de él. Este miedo aparece en la etapa romántica, entre los tres y los seis años.

Miedo a los desconocidos: Aunque se manifiesta como infelicidad, es, en realidad, un logro del desarrollo que nace de la nueva capacidad del bebé de reconocer y preferir la cara de sus padres a la de otras personas. Aunque hasta los ocho meses había sido abierto y sociable, ahora es posible que al ver una cara desconocida su labio inferior empiece a temblar e incluso que rompa a llorar y no se calme hasta ver de nuevo la amada cara de sus padres.

Normalidad: La verdadera normalidad es un estado de felicidad interior que los altibajos de la vida cotidiana no pueden interrumpir ni desestabilizar. La normalidad suele definirse incorrectamente como experiencias y conductas típicas. Como consecuencia, suele incluir sentimientos y comportamientos que son, en realidad, síntomas de una infelicidad interior evitable y tratable.

Personalidad: Conjunto de formas adquiridas de evaluar y responder a las experiencias de la vida. La característica más importante de la personalidad de un niño cuyas necesidades de desarrollo han sido debidamente atendidas es una felicidad interior que no depende de los altibajos cotidianos. La personalidad caracterizada por patrones de respuesta rígidos se produce únicamente en niños cuyas necesidades de desarrollo no han sido satisfechas. Contrariamente a la creencia popular, los rasgos de la personalidad no son innatos.

Reacción negativa al placer: El sabotaje de momentos agradables debido al deseo adquirido e inconsciente de experiencias desagradables o placeres destructivos. Estas reacciones pueden ser leves o graves, pero solamente se dan en individuos que han adquirido la necesidad de hacerse infelices.

Recompensas: Técnica destinada a controlar la conducta del niño garantizando privilegios u objetos a cambio del comportamiento deseado. Las recompensas no estimulan sino que entorpecen la capacidad del niño de basar su felicidad secundaria en su habilidad para tomar decisiones constructivas y llevarlas a cabo eficazmente. Véase también Estímulo.

Regulación con amor: Enfoque del amor inteligente con respecto a las conductas descontroladas de los niños. La regulación con amor frena la conducta descontrolada del niño sin coaccionarle con recompensas ni añadir consecuencias desagradables. Nunca interrumpe la experiencia del niño de sentirse amado, admirado y respetado por sus padres, y es la única forma de regular su comportamiento inmaduro sin disminuir su felicidad primaria. Todas las medidas disciplinarias, como el aislamiento, la desaprobación, las restricciones y otros castigos, son incompatibles con la regulación con amor y contraproducentes para el niño. Puede utilizarla cualquier adulto que tenga niños a su cargo, por ejemplo padres, maestros, entrenadores, pediatras o niñeras.

Ser competente: Fuente de felicidad secundaria basada en la capacidad de tomar decisiones constructivas y llevarlas a cabo eficazmente. Se adquiere como resultado del amor inteligente de los padres.

Ser todopoderoso: Fuente temporal de felicidad secundaria basada en la convicción del niño de que siempre puede hacer y tener lo que quiere. Al final de la adolescencia, es sustituido por el ser competente. Los niños que no gozan de la suerte de tener las necesidades de desarrollo debidamente atendidas nunca se deshacen del ser todopoderoso.

Síntomas: Conductas, pensamientos y sentimientos no deseados ni regulados. Pueden dividirse en dos categorías: las conductas, pensamientos y sentimientos no regulados típicos, y los que son más graves de lo habitual. Los síntomas típicos de infelicidad interior suelen considerarse expresiones normales de la naturaleza humana. Típicos o graves, los síntomas indican la presencia de una infelicidad interior que se produce cuando las necesidades de desarrollo del niño no están satisfechas. Por tanto, la tristeza provocada por conductas no deseadas es evitable y curable.